Gymnasium Nordrhein-Westfalen

Natur-
wissenschaft

5|6
Teil 2

Cornelsen

Sonne – Wetter – Jahreszeiten 169

Langzeitbeobachtungen 172
Die Jahreszeiten 172
Wir messen Temperaturen 174
Vom Stand der Sonne 176
Ein Laubbaum im Jahreslauf 177
Vögel beobachten 178
Beobachtungen auf einer Wiese .. 179
Windrichtung und Windstärke 180
Bewölkung und Niederschläge 182
Der Luftdruck 184
Ergebnisse präsentieren 185

Tag – Monat – Jahr 186
Die Sonne bestimmt unsere
　Zeiteinteilung 186

Die Sonne und andere Wärmequellen 192
Nicht nur die Sonne spendet
　Wärme 192
Wie die Sonnenenergie zu uns
　kommt 196
Im Winter wird geheizt 200
Energie sparen – mit den richtigen
　Materialien 202
Wie sich Menschen und Tiere
　vor Kälte schützen 204
Schnee, Eis, Regen – alles nur
　Wasser 206
Wie das Thermometer
　zu einer Skala kommt 210

Sommerhitze und Winterkälte 214
Verbogene Schienen – platzende
　Rohre 214
Lernstationen
　Wärmeausdehnung 216
Wasser verhält sich
　außergewöhnlich 220
Warum frieren Seen nicht bis
　zum Boden zu? 222

Rund ums Wetter 226
Das Wetter – genauer betrachtet .. 226
Luftfeuchtigkeit und Wolken-
　bildung 228
Hat Luft ein Gewicht? 229
Der Luftdruck 230
Kannst du das Wetter
　vorhersagen? 234

Mein Körper – meine Gesundheit 237

Bewegung und Fortbewegung beim Menschen 240
Wie Bewegung in unseren
　Körper kommt 240
Wie Gelenke dich beweglich
　machen 242
Wunderwerk der Natur:
　deine Knochen 246
Der aufrechte Gang 248
Wie Muskeln deinen Körper
　bewegen 250
Ich halte mich fit 252

Ernährung und Verdauung 258
Woraus unsere Nahrung besteht .. 258
Unser Energiebedarf 262
Der Weg der Nahrung im Körper . 264
Fit bleiben durch gesundes Essen . 266

Atmung und Blutkreislauf 268
Wie wir atmen 268
Die Lunge – das Riesenorgan 272
Blut bringt den Körper in Schwung. 274

Sich entwickeln – erwachsen werden 280
Ich bin kein Kind mehr 280
Ich werde eine Frau
　– Ich werde ein Mann 282
Menstruation und Empfängnis-
　regelung 284
Was in der Schwangerschaft
　geschieht 286
Mein Körper und meine Gefühle . 288
Kommt Sucht von Suchen? 292
Stark sein: Nein sagen! 294

Geräte und Stoffe im Alltag 297

Elektrische Geräte im Alltag 300
Geräte erleichtern unseren
　Alltag 300
Elektrische Geräte 304
Wie funktioniert die Fahrrad-
　beleuchtung? 308
Elektrizität „geht nicht überall
　hindurch" 310
Wir bauen einen
　Haartrockner nach 312
Batterien, Dynamos und
　Solarzellen 314
Elektrische Geräte sind
　Energiewandler 318

Magnete im Alltag 322
Eigenschaften von Magneten 322
Mit Magneten die Richtung finden
　– der Kompass 326

Stoffeigenschaften 330
Tausende Stoffe
　für unseren Alltag 330
Stoffeigenschaften erkennen –
　ohne Hilfsmittel 332
Stoffeigenschaften untersuchen –
　mit einfachen Hilfsmitteln 336
Stoffgruppen bringen Übersicht ... 338
Die Stoffgruppe der Säuren –
　nicht nur eine Frage des
　GeschmacksZ 340
Stoffe vergleichen und zuordnen .. 342
Stoffeigenschaften messen –
　Schmelz- und Siedetemperatur . 344

Stoffe mischen und trennen 348
Auf die Mischung kommt es an ... 348
„Was ist da drin?" 350
Trennverfahren und ihre
　Anwendung 352
Mischen und Trennen besser
　verstehen 354
Ein teures Gemisch – Müll 356

Anhang I

Projekt Windräder II
Der Wind wird genutzt II
Wir bauen Windräder IV
Elektrische Energie aus
　Windenergie VIII

Zum Nachschlagen X
Kontrolliere deinen Lernstand –
　Lösungen XII
Sach- und Namenverzeichnis XV

Übersicht Arbeitsweisen

Sonne – Wetter – Jahreszeiten

Sonne – Wetter – Jahreszeiten

Wie schützen sich Tiere vor der Kälte?

Auch wir müssen uns vor der Kälte schützen ...

Wieso ist es im Sommer warm und im Winter kalt?

Wieso ist es im Sommer länger hell?

„Sonne – Wetter – Jahreszeiten"
Der Sonnenstand bestimmt die Jahreszeiten. Die Natur passt sich an die unterschiedlichen Temperaturen an. Damit wir nicht frieren, müssen wir heizen und dafür viel Geld ausgeben. Für Mensch und Tier ist daher eine gute Wärmedämmung wichtig.
In Winter gefriert Wasser. Das ist z. B. die Ursache dafür, dass Felsen zerbröckeln.

Ständig verdunstet Wasser. Aus dem Wasserdampf entstehen Wolken und Nebel, Regen, Schnee und Hagel.
Wenn du über längere Zeit beobachtest, kannst du erfahren, welchen Einfluss Temperaturen und Sonnenstand auf die Pflanzen und Tiere haben.

In diesem Kapitel kannst du
– beobachten, wie sich die Natur im Lauf von Wochen und Monaten verändert,
– untersuchen, wie sich Wärme ausbreitet,
– Wasser in verschiedenen Zustandsformen kennen lernen,
– einfache Feuermelder erfinden und bauen,
– einiges zum Thema Wetter erfahren.

Das soll nichts als Wasser sein?

Woraus bestehen Wolken?

Sommerhitze und Winterkälte

Verschiedene Arbeitsmethoden
Du wirst
– Langzeitbeobachtungen durchführen und protokollieren,
– aus Messwerten ein Diagramm erstellen,
– deine Beobachtungsergebnisse darstellen,
– Gasbrenner und Thermometer benutzen,
– an Lernstationen selbstständig arbeiten.

Ausblick
Zum Thema „Sonne – Wetter – Jahreszeiten" gehören z. B. auch die Klimazonen auf der Erde mit ihren unterschiedlichen Lebensbedingungen. Darauf wirst du in diesem Buch keine Antwort finden.
Du möchtest aber gerne mehr zu diesem Thema wissen?
Vielleicht bekommst du Informationen aus Erdkundebüchern, in der Bücherei oder im Internet.

Langzeitbeobachtungen

Die Jahreszeiten

Jahreszeiten bestimmen das Leben in der Natur und haben auch großen Einfluss auf unser Leben ...

In den nächsten Wochen und Monaten sollt ihr viele verschiedene Beobachtungen zu Wetter und Jahreszeiten sammeln. Überlegt euch, für welche der folgenden Langzeitbeobachtungen ihr euch interessiert. Am besten arbeitet ihr in Gruppen zusammen.
In diesem Kapitel findet ihr Hilfen und Hinweise für eure Beobachtungen und Messungen.

1

1. Für die Jahreszeiten ist der Sonnenstand von großer Bedeutung.
   – Wann geht die Sonne auf, wann geht sie unter?
   – Wo am Horizont geht sie auf, wo unter?
   – Wie hoch steht sie mittags am Himmel?
   – Wie ändert sich die Länge der Schatten?

2. Welche Veränderungen können wir in der Natur beobachten?
   – Wie verändern sich die Bäume und Sträucher, wie eine Wiese?
   – Welche Vögel lassen sich auch im Winter beobachten?
   – Wie bereiten sich die Tiere auf den Winter vor?

3. Das Wetter ändert sich im Lauf des Jahres, oft auch von Tag zu Tag. Wir wollen das Wetter beobachten.
   – Wie ändern sich die Temperaturen von Luft, Wasser und Boden?
   – Wie stark und aus welcher Richtung weht der Wind?
   – Wie viel Niederschlag fällt?
   – Welchen Einfluss haben Luftdruckänderungen auf das Wetter?

2

3

4

Arbeitsweise Was bei Langzeitbeobachtungen zu tun ist

Bei euren Langzeitbeobachtungen werdet ihr verschiedene Arbeitsmethoden anwenden.

Beobachten |5
Ihr könnt zum Beispiel beobachten,
- welche Vögel eine Hecke besuchen,
- wie sich das Wetter ändert, wenn der Luftdruck steigt oder fällt,
- wo genau die Sonne aufgeht.

Messen |6
Beispiele für Messungen:
- Wie viele Zentimeter wächst eine Pflanze in einer Woche?
- Wie ändert sich die Wassertemperatur eines Teichs im Lauf eines Jahres?

Vergleichen |7
Ihr könnt zum Beispiel vergleichen:
- die Temperaturen von Luft, Wasser und Boden zu verschiedenen Tageszeiten;
- Möglichkeiten, wie Tiere den Winter überleben können.

Sammeln |8
Sammeln könnt ihr zum Beispiel:
- Blätter zu verschiedenen Jahreszeiten,
- Früchte verschiedener Sträucher und Bäume.

Dokumentieren |9 |10
Zum Festhalten eurer Beobachtungen gibt es verschiedene Möglichkeiten. Beispiele:
- Protokollieren der Beobachtungen an Tieren und Pflanzen
- Anlegen von Tabellen der täglich gemessenen Temperaturen
- Fotografieren von Pflanzen zu verschiedenen Jahreszeiten
- Zeichnen, um den Ort des Sonnenaufgangs festzuhalten
- Anfertigen eines Temperaturdiagramms

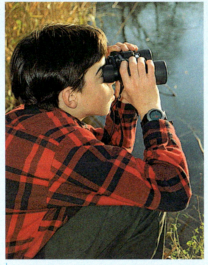
|5 Beobachten

|6 Messen

|7 Vergleichen

|8 Sammeln

|9 Fotografieren

|10 Zeichnen

Wir messen Temperaturen

Wie kalt wird es im Herbst und Winter, wie warm im Frühjahr und Sommer? Wie viele Tage im Jahr herrscht Frost, wie viele Tage ist Badewetter? Um solche Fragen zu beantworten, muss man Temperaturen messen.

1 Temperaturmessung im Teich

2 Messung der Lufttemperatur

Grundlagen Temperaturmessung

Die Temperatur gibt an, wie warm oder kalt etwas ist. Als Messgerät benutzt man ein Thermometer. Es gibt Flüssigkeitsthermometer und Digitalthermometer. |3
Sehr vorsichtig sollte man mit Quecksilberthermometern sein. Beim Zerbrechen wird Quecksilber frei, dessen Dämpfe giftig sind. Man muss dann das ganze Quecksilber einsammeln (Sondermüll).

Temperaturen werden in der Einheit 1 Grad Celsius (1 °C) gemessen. Temperaturen unter 0 °C erhalten ein Minuszeichen. Bei Temperaturen über 0 °C kann man ein Pluszeichen schreiben. Beispiel: Die Körpertemperatur des Menschen beträgt +37 °C.

Regeln zur Temperaturmessung
Man liest die Temperatur erst ab, wenn sich die Anzeige nicht mehr ändert. Es dauert nämlich eine Weile, bis der Temperaturfühler die Umgebungstemperatur angenommen hat. Der Fühler ist beim Flüssigkeitsthermometer der Glasbehälter mit der Flüssigkeit, beim Digitalthermometer die Spitze des Metallstabs. Der Temperaturfühler muss trocken sein, sonst wird eine zu niedrige Temperatur angezeigt.

So berechnest du die Durchschnittstemperatur eines Tages
Beispiel: Anna und Markus haben am 1. November folgende Temperaturen gemessen:
7 Uhr   4 °C
14 Uhr 10 °C
21 Uhr   5 °C
In der Nacht ändert sich die Temperatur nicht wesentlich. Um nicht nachts messen zu müssen, zählt man die 21-Uhr-Temperatur doppelt und teilt dann die Summe durch 4.
4 °C + 10 °C + 5 °C + 5 °C = 24 °C
24 °C : 4 = 6 °C
Die Durchschnittstemperatur vom 1.11. beträgt also 6 °C.

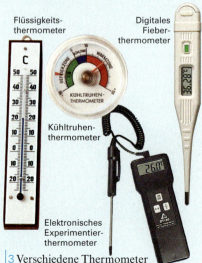

3 Verschiedene Thermometer

1 Luft-, Boden- und Wassertemperaturen messen

Wir wollen über einen längeren Zeitraum die Temperaturen von Luft, Wasser und Boden messen.
Benötigt werden: ein Außenthermometer oder ein Digitalthermometer mit flexiblem Fühler (auch für Wasser- und Bodentemperaturen geeignet), je Woche ein DIN-A4-Blatt zum Protokollieren der Ergebnisse.
Durchführung:
a Lufttemperatur: Messt dreimal täglich die Lufttemperatur, möglichst immer zur gleichen Zeit. Sie wird im Schatten 2 m über dem Boden gemessen.
b Bodentemperatur: Messt eine Woche lang dreimal täglich die Bodentemperatur in 10 cm Tiefe (im Garten oder im Blumenkasten).
c Wassertemperatur: Messt eine Woche lang dreimal täglich die Wassertemperatur in 10 cm Wassertiefe (z. B. im Gartenteich oder im Schulteich). Ab der zweiten Woche messt ihr die Boden- und Wassertemperatur nur noch einmal am Tag.
d Tragt alle Ergebnisse in eine Tabelle ein. |4
Für die Lufttemperatur berechnet ihr einen Tagesdurchschnittswert.
Am Ende einer jeden Woche stellt ihr die Messwerte in einem Diagramm dar.

Arbeitsweise Diagramme anfertigen

Luft-temperatur	Wochentag						
	Mo.	Di.	Mi.	Do.	Fr.	Sa.	So.
morgens	4 °C	2 °C	−1 °C	6 °C	8 °C	10 °C	10 °C
mittags	10 °C	8 °C	5 °C	12 °C	15 °C	17 °C	17 °C
abends	6 °C	5 °C	4 °C	10 °C	10 °C	9 °C	9 °C

Anna und Markus haben eine Woche lang dreimal täglich die Lufttemperaturen gemessen. Sie tragen die Messwerte in ein Diagramm ein. |5

Arbeitsschritte:
Am besten eignet sich ein DIN-A4-Blatt mit Millimetereinteilung.
1. Schritt: Zeichne und beschrifte die Achsen.
Senkrechte Achse: Temperaturachse, von −10 °C bis +30 °C, geeigneter Maßstab: 4 cm entsprechen 10 °C.
Waagerechte Achse: Zeitachse, Montag bis Sonntag, geeigneter Maßstab: 3 cm entsprechen 1 Tag.
2. Schritt: Zeichne die Messwerte ein, z. B. Donnerstagmittag, 12 °C.
a Suche auf der Zeitachse Donnerstagmittag. Ziehe mit Bleistift und Lineal von dort aus senkrecht nach oben eine dünne Gerade.
b Suche auf der Temperaturachse 12 °C. Zeichne durch diesen Punkt eine waagerechte Gerade.
c Der Schnittpunkt der beiden Geraden wird mit einem Kreuz markiert. Hier liegt der Messpunkt.
3. Schritt: Zeichne alle anderen Messpunkte und verbinde sie mit einem Lineal.
Auf die dünnen Hilfslinien kannst du sicher bald verzichten.

|5 Zeichnen eines Diagramms

A Fertige ein Diagramm mit den Lufttemperaturen an, die du gemessen hast. Verbinde die Punkte. Zeichne mit anderen Farben die Boden- und Wassertemperaturen ein.
B Warum ist es nicht unbedingt nötig, die Wasser- und die Bodentemperatur dreimal täglich zu messen?
C Vervollständige folgende Sätze: Wenn die Kurve steigt, … die Temperatur. – Wenn die Kurve sinkt, … die Temperatur.

Beobachtungsbogen von: ………………… *Ort:* ……………………

Datum	1. 9.	2. 9.	3. 9.	4. 9.	5. 9.	6. 9.	7. 9.
Lufttemperatur							
morgens	4 °C	?	?	?	?	?	?
mittags	10 °C	?	?	?	?	?	?
abends	6 °C	?	?	?	?	?	?
Durchschnitt	6 °C	?	?	?	?	?	?
Bodentemperatur	?	?	?	?	?	?	?
Wassertemperatur	?	?	?	?	?	?	?

|4 Muster für den Beobachtungsbogen

Vom Stand der Sonne

Tag und Nacht, Sommer und Winter werden durch den Stand der Sonne bestimmt – und auch unser Wetter hängt davon ab.
Im Sommer steht die Sonne viel länger am Himmel als im Winter. Wie kommt das eigentlich? Geht sie immer an der gleichen Stelle auf? |1

|1 Ort des Sonnenaufgangs

2 Die Sonne beobachten

Benötigt werden: 60 cm langer Maßstab (aufgeklappter Zollstock), Kompass, Geodreieck, Fotoapparat.
Durchführung:
a Haltet den 60-cm-Stab senkrecht auf den Boden. Messt und notiert die Schattenlänge …
– zunächst an einem sonnigen Tag in stündlichem Abstand,
– später zur immer gleichen Uhrzeit in 14-tägigem Abstand.
Beachtet: 14 Uhr Winterzeit entspricht 15 Uhr Sommerzeit.
b In Tageszeitungen findet ihr die Uhrzeiten für Sonnenaufgang und Sonnenuntergang. Überprüft die Zeitangaben durch eigene Beobachtungen.

c Beobachtet im Abstand einiger Tage (Wochen, Monate), an welchem Punkt ihr morgens die ersten oder abends die letzten Sonnenstrahlen seht. Stellt euch dazu immer an den gleichen Platz. |1
Vorsicht, auch mit Sonnenbrille dürft ihr nie direkt in die Sonne schauen! Das Bild der Sonne würde sich in die Netzhaut einbrennen. Bittet euren Lehrer, euch Stücke von einem schwarzen Diafilm zu geben.
Tragt in eine Skizze den Ort von Auf- oder Untergang mit Datum und Uhrzeit ein. Versucht eure Beobachtungen mit Fotos zu belegen.

In welche Himmelsrichtung wandert der Punkt des Sonnenauf- oder Sonnenuntergangs im Lauf der Zeit?
d Haltet ein Geodreick auf eine sonnenbeschienene Fensterbank. Sein Schatten und seine Grundkante müssen in gleicher Richtung verlaufen. |2
Mit einem Nagel ermittelt ihr dann den „Sonnenstandswinkel". Notiert den Messwert mit Uhrzeit und Datum. Wiederholt den Versuch immer zur gleichen Uhrzeit in wöchentlichem Abstand.
e Stellt eure Beobachtungen z. B. als Wandzeitung dar. |3

|2 Messung des Sonnenstandswinkels

Der Sonnenstand im Jahreslauf

Name: … Ort: Köln Uhrzeit: immer 14 Uhr MEZ

	15. Nov.	14. Dez.	12. Jan.	…
Schattenlänge des 60-cm-Stabs	190 cm	?	?	?
Sonnenstandswinkel	18°	?	?	?

Sonnenaufgang 10.11.2004 21.11.2004

|3 Beobachtung des Sonnenstands – Wandzeitung

Ein Laubbaum im Jahreslauf

4 Ein Kastanienbaum – vier Jahreszeiten

Baumbeobachtung
Name: …
Pflanze: Rosskastanie
Mitglieder der Arbeitsgruppe: …
Standort: hinter der Schule

Datum	Beobachtung
18. 9.	Die Blätter sind grün. Der Baum hängt voller Früchte. Der Zweig ist 60 cm lang.
20. 9.	…

5 Muster für ein Beobachtungsprotokoll

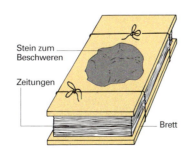

6 Blätter trocknen und pressen

3 Einen Baum beobachten

Benötigt werden: Baumschere, Zeichenkarton, Klebestreifen, Fotoapparat.
Durchführung: Sucht einen großen, einzeln stehenden Laubbaum in eurer näheren Umgebung aus. Besucht ihn möglichst ein ganzes Jahr lang z. B. alle vier Wochen und erfasst Veränderungen.

a Fotografiert den Baum jedes Mal vom gleichen Standort aus. Markiert diesen Standort.
b Sucht einen gut sichtbaren Zweig aus. Kennzeichnet ihn mit einem Bindfaden. So könnt ihr ihn später wiederfinden. Messt die Länge des Zweigs und der Blätter oder Blattknospen. 5 Notiert die Anzahl der Blüten, Blattknospen oder Blätter dieses Zweigs.
c Zeichnet die Knospen, Blätter, Blüten und Früchte. Fertigt auch Zeichnungen von der Rindenstruktur und von der Wuchsform des Baums an.
d Legt eine Sammlung von Blättern, Knospen, Blüten und Früchten an. Schneidet jedes Mal nur ein kleines Teil mit der Gartenschere ab. Reißt nichts ab, damit die Wunde nicht zu groß wird. Trocknet die Blätter ein paar Tage in einem Stapel Zeitungen. 6 Klebt sie dann auf Karton auf.
e Erstellt eine Karte vom Standort des Baums. Zeichnet zusätzlich die Wege, Gebäude, Hecken, Bäume und Wiesen in unmittelbarer Nähe des Baums ein.
f Schreibt zu dem Baum einen Steckbrief. Informationen findet ihr im Lexikon und in Bestimmungsbüchern.
g Überlegt euch, wie ihr eure Ergebnisse zusammenfassen und anschaulich darstellen könnt.

4 Eine Hecke beobachten

Hecken beherbergen auf engem Raum viele Pflanzen und Tiere. Sie sind ein lohnendes Beobachtungsobjekt in allen vier Jahreszeiten. Wählt ein 10 m langes Heckenstück aus.
a Versucht die Bäume und Sträucher zu bestimmen, die in der Hecke wachsen. Verwendet ein Bestimmungsbuch.
b Überlegt, wie ihr vorgehen wollt. In Auftrag 3 findet ihr viele Hinweise.

Vögel beobachten

Vogelbeobachtungen könnt ihr auf dem Schulgelände, aber auch einzeln zu Hause im Garten oder auf dem Balkon durchführen.
Ihr solltet schon im Herbst darüber nachdenken, ob sich das Schulgelände attraktiver für Vögel gestalten lässt. Finden sie genügend Nistmöglichkeiten? Wie steht es mit dem Nahrungsangebot? Locken im Frühjahr und Sommer blühende Pflanzen die Insekten an? Die meisten Vögel ernähren sich zur Brutzeit von Insekten. Vielleicht können zum Nestbau Sträucher gepflanzt oder Nistkästen angebracht werden.

1 Amsel

5 Vögel beobachten

Benötigt werden: je Beobachter 1 Fernglas, je Gruppe ein Bestimmungsbuch für Vögel.
Durchführung: Im Winter könnt ihr Vögel gut an einer Futterstelle in der Nähe des Fensters beobachten. In einem Futterhaus können sich die Vögel gegenseitig mit Krankheiten anstecken. Verwendet daher einen Futterspender, bei dem sie nur mit dem Schnabel ans Futter gelangen. Vögel sollte man nur bei strengem Dauerfrost füttern. Bietet ihnen Mischfutter an (Sonnenblumenkerne, Haferflocken, Erdnüsse …). Auf keinen Fall dürft ihr Brot füttern. Reinigt die Futterstelle regelmäßig. In wärmeren Monaten könnt ihr eure Beobachtungen an der Vogeltränke fortführen.

a Achtet bei der Beobachtung auf
– die Farbe des Gefieders,
– die Zeichnung der Flügel,
– die Augenstreifen und
– die Form des Schnabels (spitz, dick, zierlich).
Sucht den Vogel im Bestimmungsbuch.
b Nach einigen Tagen kennt ihr alle Besucher des Futterhäuschens. Entwerft Steckbriefe von den Vögeln. |2
Beobachtet jetzt alle zwei Wochen je zehn Minuten die Futterstelle etwa zur gleichen Zeit. Jedes Gruppenmitglied legt dazu eine Tabelle an. |3 Tragt jeden Vogel ein, der ans Futterhaus kommt.

Steckbrief Amsel

Gefieder:	beim Männchen schwarz, beim Weibchen Rücken dunkelbraun, Brust und Bauch heller braun mit hellerer, gefleckter Kehle
Schnabel:	spitz, zierlich, beim Männchen orangegelb, beim Weibchen braun
Auge:	beim Männchen orangegelber Augenring

2 Muster eines Steckbriefs

Beobachtungsprotokoll

Name: Thomas Wank   Mitglieder der Arbeitsgruppe: Thomas, Afra
Klasse: 5b   Standort: hinter der Schule

Datum	Uhrzeit	Temperatur	Haussperling	Grünfink	Buchfink	Amsel	Blaumeise	Kohlmeise
1. 2.	14.00–14.10	–6 °C	3	0	1	1	0	1
15. 2.	14.05–14.15	–3 °C	2	1	0	0	0	0
29. 2.	14.00–14.10	+1 °C	1	1	0	0	1	0

3 Muster für ein Beobachtungsprotokoll

Beobachtungen auf einer Wiese

Ist euch schon aufgefallen, dass auf einer Wiese in den verschiedenen Jahreszeiten unterschiedliche Pflanzen blühen?
Bestimmt findet ihr im Umfeld eurer Schule einen kleinen Fleck Wiese, der euch gut gefällt. Beobachtet, wie sich diese kleine Fläche im Lauf der Jahreszeiten verändert.
Fragt aber den Besitzer vorher um Erlaubnis. Arbeitet in Gruppen zusammen.

4 Wiese

6 Wie verändert sich eine Wiese?

Benötigt werden: Holzrahmen, Meterstab, Schnüre, Notizblock, Bestimmungsbücher für Pflanzen, Lupe, Zeitungen, Fotoapparat.
Durchführung:
1. Schritt: Am besten beginnt ihr im Spätherbst, wenn alle Blumen auf der Wiese verblüht sind. Mit einem quadratischen Holzrahmen könnt ihr die Beobachtungsfläche festlegen. Das Quadrat wird mit Schnüren in kleinere, jeweils gleich große Quadrate unterteilt und mit senkrechten Hölzern auf der Wiese verankert. |5
2. Schritt: Jeder aus der Gruppe übernimmt ein kleines Quadrat. Von jedem Quadrat wird für jeden Monat eine Karte gezeichnet, in die ihr die jeweils blühenden Pflanzen mit Namen oder Symbolen eintragt. Die Bestimmungsbücher helfen euch.
3. Schritt: Die kleinen Pflanzenkarten werden an einer Ausstellungswand im Klassenzimmer oder in der Aula zu einer großen Karte zusammengefügt. Sie zeigt, welche Pflanzen in welchem Monat auf unserer Wiese blühen.
4. Schritt: Fotografiert euer Wiesenstück jeden Monat vom gleichen Blickpunkt aus in Nahaufnahme. Diese Bilder ergänzen eure Aufzeichnungen.
5. Schritt: Regelmäßige Beobachtungen, auch im Winter, helfen alle Veränderungen im Lauf des Jahres zu erfassen. Spannend wird es im Frühling und Sommer: Welche Pflanzen beginnen wann zu blühen? Wie lange blühen die einzelnen Blumen? Welche Insekten besuchen die Blüten der Pflanzen? Alle Beobachtungen werden an der Ausstellungswand dokumentiert. |6
Pflanzen, die in einem Monat besonders häufig vorkommen, könnt ihr pressen, auf ein Blatt Papier kleben und mit einem kurzen Steckbrief versehen. Dadurch erhält eure Ausstellung einen weiteren Blickfang.

5 Festlegen der Beobachtungsflächen

6 Darstellung der Beobachtungen

Windrichtung und Windstärke

Der Wetterhahn schaut immer genau in die Richtung, aus der gerade der Wind weht.
Schaut der Hahn nach Westen, dann weht der Wind aus Westen in Richtung Osten.
Der Windsack zeigt in die Richtung, in die der Wind weht.
Ob man aus der Windrichtung und -stärke bereits abschätzen kann, wie morgen das Wetter wird?

1 Wetterhahn

2 Windsack

7 Wir beobachten Windrichtung und Windstärke

Benötigt werden: Windfahne, Windstärkemesser (gekauft oder selbst gebaut), Kompass, Fotoapparat.
Durchführung: Baut euch für zu Hause einfache Windmessgeräte. Bauanleitungen findet ihr auf der rechten Seite.

a Wenn ihr in der Schule ein Windstärkemessgerät leihen könnt: Übt mit dem Gerät und anhand der Tabelle auf der rechten Seite, Windstärken richtig zu schätzen. |3

b Stellt eure Windfahne und euer Windstärkemessgerät möglichst hoch und in freiem Gelände auf. Protokolliert im Abstand mehrerer Tage die vorherrschende Windrichtung und schreibt auf, wie sich das Wetter entwickelt. |4

c Im Wetterbericht der Tageszeitung werden Windrichtungen und -stärken vorhergesagt. Überprüft, ob die Vorhersagen stimmen.

d Fotografiert Wirkungen des Winds, z. B. Rauchfahnen über Schornsteinen, krumm gewachsene Bäume, Schneewehen, Sturmschäden …

e „Ziehn hohe Wolken dem Wind entgegen, gibt's am nächsten Tag schon Regen." – „Ostwind im Winter ist ein rauer Vetter, doch bringt er uns beständig Wetter." Informiert euch über solche „Bauern-Wetterregeln". Prüft, ob deren Vorhersagen zutreffen.

3 Windstärkemessgerät

Beobachtung von Windstärke und Windrichtung

Name: …   Klasse: …   Ort: Holzhausen

Datum	Uhrzeit	Windrichtung	Windstärke	Wetterbeschreibung
17. Dezember	10 Uhr	SW	3	sonnig
18. Dezember	10 Uhr	SW	4	Sonne u. Wolken mit Nieselregen
19. Dezember	16 Uhr	SW	5	ganz bewölkt
20. Dezember	12 Uhr	W	8	Sturm, starke Böen, Regenschauer
21. Dezember	9 Uhr	NW	3	sonnig und 2 cm hoch Schnee

4 Beobachtung des Winds – Wandzeitung

Windstärken

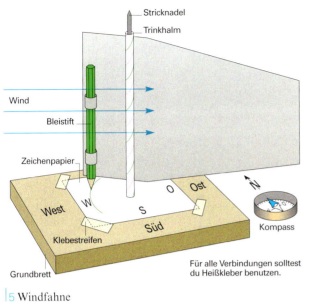

|5 Windfahne

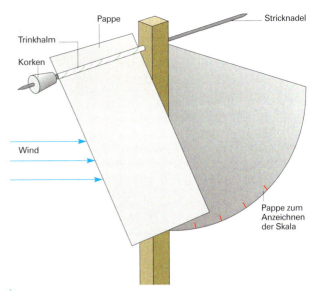

|7 Windplatte

8 Bauanleitung
Windfahne für die Windrichtung

Um die Windrichtung zu bestimmen, benötigt ihr eine *Windfahne* und einen Kompass.
Eine einfache Windfahne könnt ihr selbst bauen. |5 Das Modell zeichnet sogar auf, woher der Wind weht. Voraussetzung für das Ablesen der Windfahne ist allerdings, dass sie nach den Himmelsrichtungen ausgerichtet ist. Dazu benötigt ihr einen Kompass. Seine Nadel zeigt mit ihrer blauen Spitze nach Norden. |6

9 Bauanleitung
Windplatte zur Messung der Windstärke

Zum Bestimmen der Windstärke könnt ihr eine Windplatte bauen. |7 Die Windstärken müsst ihr zunächst nach der Tabelle schätzen. |8
Markiert an mehreren Tagen die von euch geschätzte Windstärke auf der Windplatte. So erhält die Windplatte nach und nach eine Skala.

|6 Kompass – nach Norden ausgerichtet

Windstärke	Bezeichnung	Geschwindigkeit in $\frac{km}{h}$	Auswirkungen des Winds
0	Windstille	0 bis 1	Rauch steigt senkrecht nach oben; auf See gibt es keine Wellen.
1	leichter Zug	1 bis 5	Rauch steigt schräg empor; Blätter bewegen sich nicht.
2	leichte Brise	6 bis 11	Wind im Gesicht spürbar; Blätter säuseln; Windfahne bewegt sich.
3	schwache Brise	12 bis 19	Blätter und dünne Zweige bewegen sich; Wimpel wird gestreckt.
4	mäßige Brise	20 bis 28	Wind bewegt Zweige und Äste, hebt Staub und loses Papier hoch.
5	frische Brise	29 bis 38	Kleine Bäumchen schwanken; weiße Schaumkronen auf See.
6	starker Wind	39 bis 49	Starke Äste bewegen sich; Leitungen und Drähte beginnen zu pfeifen; Regenschirme sind kaum noch zu halten; auf See schon etwas Gischt.
7	steifer Wind	50 bis 61	Bäume bewegen sich; Gehen gegen den Wind wird schwieriger.
8	stürmischer Wind	62 bis 74	Zweige brechen von Bäumen; das Gehen wird stark behindert.
9	Sturm	75 bis 88	Kleine Schäden an Häusern; Dachziegel lösen sich; Äste brechen.
10	schwerer Sturm	89 bis 102	Bäume entwurzelt; Autos fortgewirbelt; große Schäden an Häusern.
11	orkanartiger Sturm	103 bis 117	Überall große Schäden; außergewöhnlich hohe Wellen auf See.
12	Orkan	ab 118	Schwere Verwüstungen; die See ist aufgewühlt und vollständig weiß.

|8 Windstärken und Auswirkungen des Winds

Bewölkung und Niederschläge

„Es ist sieben Uhr. Sie hören den Wetterbericht. Heute ist es zunächst stark bewölkt. Im Lauf des Nachmittags setzt starker Südwestwind ein und es kommt zu heftigen Regenfällen …"

Neben der Lufttemperatur sind die Niederschläge das, was die meisten Menschen am Wetterbericht interessiert.

„Niederschläge" nennen die Wetterforscher alles, was an Wasser aus der Luft kommen kann: Regentropfen, Schneeflocken, Graupel, Hagel, Tau, Nebel …

|1 Bei solchen Wolken solltest du eine Regenjacke dabeihaben. Weitere Wolkenbilder findet ihr einige Seiten weiter.

10 Bewölkung und Niederschläge beobachten

Benötigt werden: Regenmesser (gekauft |2 oder selbst gebaut), Fotoapparat, Bücher mit Wolkenbildern.

Durchführung:

a Schreibt nach jedem Regen die Niederschlagsmenge auf und leert danach den Regenmesser.
Addiert die Messwerte für einen Monat. Stellt die Summe in einem Säulendiagramm dar.

b Protokolliert, was der Wetterbericht im Radio und in der Tageszeitung zu Bewölkung und Niederschlag vorhersagt. Notiert auch, wie das Wetter tatsächlich wird. |3 – |5

c Beobachtet an unterschiedlichen Tagen wenigstens 10 Minuten lang, wie sich eine Wolke verändert.

d Fotografiert Wolken und notiert gleichzeitig die Wetterentwicklung an diesem und dem folgenden Tag.

e Versucht aus der Art der Bewölkung vorherzusagen, ob es bald regnen wird.

f „Morgenrot – schlecht Wetter droht." Informiert euch über „Bauern-Wetterregeln". Prüft, ob deren Vorhersagen zutreffen.

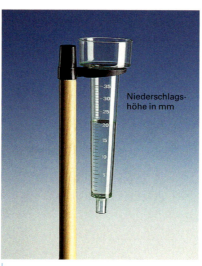

|2 Regenmesser

|3 Symbole für Bewölkung

|4 Symbole für Niederschlag

Beobachtung von Bewölkung und Niederschlägen

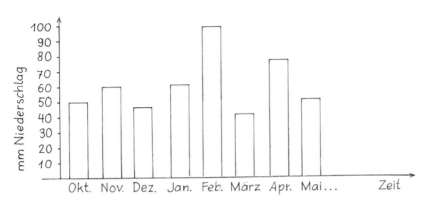

Alltag „2 mm Niederschlag"

„1 Liter Milch, 20 Milliliter Wasser", so gibt man Flüssigkeitsmengen an. Im Wetterbericht jedoch heißt es: „Die Niederschlagsmenge betrug gestern zwei Millimeter." Was bedeutet das?

Wäre der Regen z. B. auf ein Kuchenblech gefallen, so stünde das Wasser darin 2 mm hoch. Es würde dort aber rasch verdunsten; man müsste die Messung also schnell vornehmen. Deshalb benutzt man ja den Trick mit dem Trichter und der engen Auffangflasche.

Übrigens bedeutet „1 mm Niederschlag", dass auf jeden Quadratmeter Bodenfläche genau 1 Liter Regen gefallen ist.

Meldet der Wetterbericht z. B.: „Der Gewitterschauer brachte 20 Liter Regen pro Quadratmeter", so bedeutet diese Angabe: In einem Schwimmbecken wäre der Wasserspiegel um 20 mm angestiegen.

12. Oktober, 15.30 Uhr
Wetter: Es hat später geregnet.

6. Dezember, 16.10 Uhr
Wetter: Abendrot. Am nächsten Tag war schönes Wetter

Datum	Bewölkung vorhergesagt	Bewölkung tatsächlich	Niederschlag	Besondere Beobachtungen
1. Nov.	☁	☁	🌧	Regenbogen
2. Nov.	?	?	?	?
3. Nov.	?	?	?	?

|5 Darstellung der Beobachtungen (Wandzeitung)

11 Bauanleitung
Messgerät für Niederschläge

Niederschläge kannst du mit einem selbst gebauten Messgerät auffangen und messen.

a Du brauchst nur eine leere Saftflasche und einen Trichter.
Grabe die Flasche in die Erde ein. Auf diese Weise kann die Sonne sie nicht bescheinen. Setze in den Flaschenhals einen Trichter. |6
Ziehe die Flasche nach jedem Regen aus dem Boden. Notiere jeweils, wie viel Wasser sich gesammelt hat. Schütte dann das Wasser aus.

Zum Abmessen solltest du dir einen Messzylinder ausleihen – oder du holst dir vom Apotheker eine kleine Einwegspritze mit einer Milliliter-Skala. Addiere die Messwerte für jeden Monat.

b Wie viel Regen dein Messgerät auffängt, hängt nicht nur vom Wetter ab, sondern auch davon, wie groß der benutzte Trichter ist.
Frage deinen Lehrer oder deine Lehrerin, wie man die aufgefangene Menge in „Millimeter Niederschlag" umrechnet.

|6 Selbst gebauter Regenmesser

Der Luftdruck

1 Barometer

Ankes Mutter schaut aufs Barometer und sagt dann: „Morgen gibt es schlechtes Wetter."

Alltag Der Luftdruck

Wir leben auf dem Grund eines „Luftmeeres". Über uns befindet sich eine Luftschicht, die viele Kilometer weit nach oben reicht. 2 Wie beim Meer aus Wasser herrscht auch am Boden des Luftmeeres ein Druck. Du merkst von diesem Luftdruck deshalb nichts, weil du seit deiner Geburt daran gewöhnt bist. Je tiefer du unter Wasser tauchst, umso mehr spürst du, wie das Wasser von allen Seiten auf deinen Körper drückt. Die Fische in einem viele Kilometer tiefen Ozean sind auf diesen Wasserdruck eingestellt.
Im „Luftmeer" ist es ähnlich. Auch hier ist der Druck auf dem Grund am größten.
Gemessen wird der *Luftdruck* mit einem *Barometer*.
Der normale Luftdruck beträgt 1013 hPa (sprich: Hektopascal).
Je nach Wetterlage kann der Druck höher oder niedriger sein. Wetterforscher sprechen von einem Hoch oder einem Tief.

2 Die Lufthülle der Erde, aus dem Weltall fotografiert

12 Wir beobachten den Luftdruck

Benötigt werden: ein Barometer, 1 ein Glas mit großer Öffnung, Folie.
Vorversuch:
Legt das Barometer in ein Glas. Verschließt es ganz dicht mit einer Folie. Drückt auf die Folie. Erklärt, wieso sich die Barometeranzeige ändert.
Durchführung:
a Lest das Barometer eine Woche lang täglich zur gleichen Zeit ab. Protokolliert die Messwerte und eure Wetterbeobachtungen in einer Tabelle. 3
b Auf manchen Barometern steht „Schön, Veränderlich, Regen". Prüft, ob das mit dem Wetter übereinstimmt.
c Lest an einem besonders stürmischen Tag das Barometer jede Stunde ab. Notiert die Messwerte.
d Schneidet eine Woche lang jeden Tag die Wetterkarte aus der Zeitung aus und markiert auf ihr euren Wohnort. Sucht nach Hochdruckgebieten (H) und Tiefdruckgebieten (T). Verfolgt, wohin sich die Gebiete im Lauf der Woche bewegen. Wie müsste sich der Luftdruck an eurem Wohnort dabei ändern? Vergleicht mit der Anzeige eures Barometers.

Beobachtung des Luftdrucks

Name: …   Klasse: …   Ort: …

Datum	Luftdruck in hPa	Wetter
13. November	1021	Regen, Wind aus Nordwest, 7 °C
14. November	1023	vereinzelte Schauer, 7 °C
15. November	1028	teilweise bewölkt, 9 °C
…	?	?

13. November: Ein Hoch zieht vom Atlantik heran.

16. November: Ein Hochdruckgebiet über Frankreich.

3 Beobachtung des Luftdrucks

Ergebnisse präsentieren

Arbeitsweise Vorschläge zur Darstellung von Beobachtungsergebnissen

Ihr habt über einen längeren Zeitraum eure Beobachtungen aufgeschrieben.

Ihr könnt eure Ergebnisse auf Plakaten darstellen. Verwendet dazu Bilder, Tabellen, Fotos und Zeichnungen.

Ordnet eure Materialien übersichtlich an und achtet auf die Schriftgröße.

Nach Fertigstellung erläutert ihr vor der Klasse euren Teil der Arbeit. Bei der Elternversammlung wären sicherlich auch eure Eltern neugierig auf eure Ergebnisse …

Eure Beobachtungsobjekte waren recht verschieden. Daher werdet ihr die Ergebnisse auf unterschiedliche Weise darstellen müssen. Einige Beispiele zeigen, wie die Darstellungen aussehen könnten. |4 – |6
Aber sicherlich habt ihr selbst gute Ideen …

|4 Plakat zur Sonnenbeobachtung

|5 Plakat zur Vogelbeobachtung

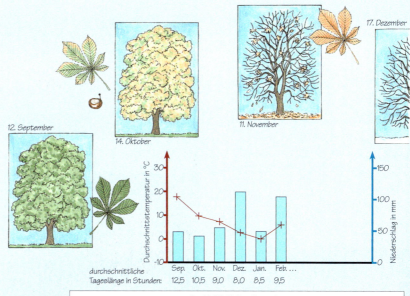

|6 Ein Baum im Jahreslauf – Wandzeitung

Tag – Monat – Jahr

Die Sonne bestimmt unsere Zeiteinteilung

- Warum ist auf dem Foto nur ein Teil der Erde zu sehen? |1
- Wo liegen die beiden Pole der Erde? Wo verläuft der Äquator?
- Welche Erdteile liegen im Licht und welche im Dunkeln? Nimm eine Weltkarte oder einen Globus zu Hilfe.

|1 Tag und Nacht auf der Erde

Probier's mal

1 Die Länge deines Schattens
Kannst du auch ohne Maßband sagen, wie lang dein Schatten ist? Und wusstest du, dass deine Schattenlänge sogar die Uhrzeit verrät?
Lege an einem sonnigen Tag eine Markierung auf den Boden. Gehe dann so weit zurück, dass dein eigener Schatten gerade bis zu dieser Marke reicht, wenn du aufrecht stehst. |2
Miss dann deine Schattenlänge in „Fuß" aus: Setze dazu Fuß vor Fuß und gehe auf die Marke zu.
Stelle auf diese Weise fest, wie viel „Fuß" dein Schatten misst.
Wiederhole den Versuch auch zu anderen Zeiten. Notiere dabei jedes Mal die Schattenlänge und die Uhrzeit.
Vergleiche mit den Werten größerer und kleinerer Schüler.

|2 Schattenlänge

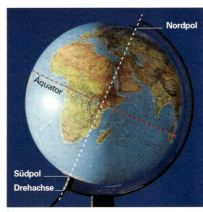

|3 Beleuchteter Globus

2 Die Erde als riesige Kugel
Die Erde dreht sich um eine gedachte Achse. Diese verläuft durch den Nordpol und den Südpol.
a An einem Globus kann man gut zeigen, wie sich die Erde dreht. Man kann auch sehen, wie unterschiedlich die Erdteile von der Sonne beleuchtet werden. Eine helle Lampe ersetzt dabei die Sonne. |3
b Befestige einen Aufkleber dort, wo auf dem Globus Deutschland liegt. Drehe dann den Globus langsam um seine Achse, und zwar entgegen dem Uhrzeigersinn.
Beobachte die Lage Deutschlands beim Lauf durch die Licht- und die Schattenseite der Erde.
c Wie muss der Globus stehen, um Folgendes darzustellen?
In Deutschland ist es …
- Mittag,
- Mitternacht,
- Morgen,
- Sonnenuntergang.

Grundlagen Tag und Nacht

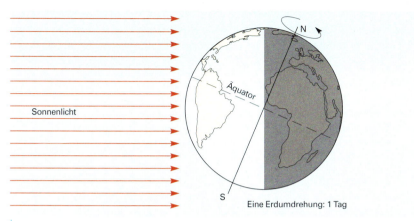

4 Eine Erdumdrehung ist 1 Tag.

Ohne die Sonne mit ihrem Licht und ihrer Wärme gäbe es auf unserer Erde kein Leben.
Jeden Morgen geht sie in östlicher Richtung auf; sie steigt am Himmel empor. Wenn sie den höchsten Punkt über dem Horizont erreicht hat, ist es Mittag. Die Sonne steht dann genau im Süden.
Anschließend sinkt sie in weitem Bogen wieder zum Horizont ab; sie geht im Westen unter.
Diese Beschreibung entspricht unseren Beobachtungen. Doch in Wirklichkeit bewegt sich die Sonne gar nicht um die Erde. 4

Die Erde dreht sich täglich einmal um sich selbst – und wir mit ihr.
Wenn wir dabei ins Sonnenlicht kommen, ist es bei uns Tag. Die „Reisezeit" im Schatten der Erde nennen wir Nacht.

Auf der „Tagseite" werfen alle Körper, die von der Sonne beschienen werden, einen Schatten. Dessen Länge und Richtung ändert sich langsam. 5 Das nutzten Menschen schon vor Jahrtausenden, um die Zeit einzuteilen. So kam es zum Bau von Sonnenuhren.
Noch heute bestimmt die Sonne unsere Zeiteinteilung – trotz modernster Quarz- und Funkuhren.

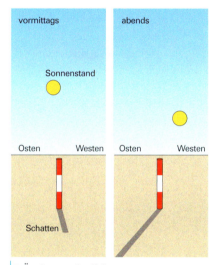

5 Änderung des Schattens

Die Zeitspanne zwischen zwei Höchstständen der Sonne ist ein Tag und dauert 24 Stunden.

A Wieso gibt es auf der Erde Tag und Nacht?
B Wann ist der Schatten eines Gegenstands am kürzesten?
C Marvin sagt: „Heute dauert der Tag 16 Stunden und die Nacht 8 Stunden." Sandra erwidert: „Unsinn, jeder Tag dauert 24 Stunden." Wer hat Recht?
D Jeden Tag „reisen" wir in Deutschland mit der Erddrehung mehr als 24 000 km weit im Kreis herum. Wir sind dabei schneller als ein Airbus. Wieso merken wir nichts davon?

Früher Verabredung per Sonnenuhr

Als es noch keine Uhren gab, verabredete man sich z. B. so:
„Wir treffen uns morgen auf dem Marktplatz, wenn dein Schatten zehn Fuß lang ist."
Der Schatten des eigenen Körpers wurde also als „Zeitmarke" benutzt. Das funktionierte recht gut, weil größere Menschen meistens auch größere Füße haben.
Genauere Zeiten lieferten die Sonnenuhren. Es gibt sie in vielen Ausführungen. Bei allen verrät die Richtung oder die Länge des Schattens die Tageszeit – bei guten Sonnenuhren auf die Minute genau. Seit etwa 1500 gibt es sie auch als Taschenuhren: Wenn man sie aufklappt, wirft ein Faden den Schatten. 6

E Warum besitzt die „Klappsonnenuhr" einen Kompass? 6
F Wo gibt es in deiner Heimat alte oder neue Sonnenuhren?
G „Morgen um zehn Fuß!" Uwe kommt um 9 Uhr zum Treffpunkt, Bernd erst um 15 Uhr. Erkläre!

6 Kunstvolle Sonnenuhr

Alltag Die Sonne bestimmt unser Leben

Ohne die Sonne wäre unsere Erde eine riesige öde Steinkugel im dunklen, eiskalten Weltall.
Das Leben der Pflanzen und Tiere hängt vom Licht und von der Wärme der Sonne ab.
Ohne sie gäbe es auch weder Wind noch Wolken, weder Regentropfen noch Flüsse, weder Kohle noch Erdöl.
Da ist es kein Wunder, dass die Menschen schon vor Jahrtausenden die Sonne als Himmelsgöttin verehrten. Man war überzeugt davon, dass sie alles Leben auf der Erde bestimmt. Die Sonne gibt z. B. mit ihrem Licht vor, wohin die Triebe der Pflanzen wachsen.
Von der Sonne hängt es auch ab, wann die Vögel morgens zu singen beginnen.
Und auch die Seerose öffnet ihre Blüten nur bei Sonnenschein. |1 |2

Die Sonne bestimmt mit ihrer Wärme, wann die Eidechse morgens zwischen den Steinen hervorkriecht und wann der Igel sich zum Winterschlaf hinlegt.
Auch wir werden von der Sonne stark beeinflusst. Allerdings denken wir selten darüber nach …

A Nenne Beispiele für den Einfluss der Sonne
1 auf deinen Tagesablauf,
2 auf deine Nahrung,
3 auf deine Kleidung,
4 auf deine Stimmung.
B Beim Planen eines Wohnhauses muss man berücksichtigen, wo die Sonne aufgeht und wo sie untergeht.
1 Was ist damit gemeint?
2 Die Bauherren wünschen auf dem Dach eine Solaranlage. Welche Dachseite ist dafür geeignet?

1 Bauanleitung
Wir bauen eine einfache Sonnenuhr
Suche dir einen Platz, der den ganzen Tag über in der Sonne liegt. Stecke dort an einem sonnigen Tag einen 60 cm langen Stab senkrecht in die Erde. Markiere mit Stöckchen möglichst zu jeder vollen Stunde oder wenigstens alle 2 Stunden die Spitze des Schattens, den das Stöckchen wirft.
Klebe auf die Stöckchen ein Schild mit der jeweiligen Uhrzeit. Ergänze diese Markierungen zu einem Zifferblatt. |3
Am Folgetag kannst du bei Sonnenschein die Zeit ablesen.

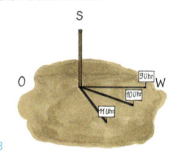

|3

2 Bauanleitung
Ein Joghurtbecher als Sonnenuhr
Ein Joghurtbecher kann als Sonnenuhr dienen. Wenn er von der Sonne beschienen wird, wirft sein Rand einen bogenförmigen Schatten. |4
Markiere am Becher die tiefste Stelle des Schattens zu unterschiedlichen Zeiten (mit einem Folienstift). Ergänze die Markierung zu einem „Stundenring" und schreibe die Uhrzeiten an den Ring. Prüfe die Genauigkeit der Sonnenuhr am folgenden Tag – natürlich bei Sonnenschein.

|1 Seerosen bei Nacht

|2 Seerosen bei Tag

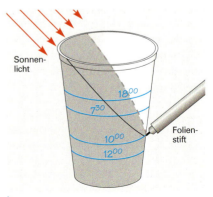

|4 Joghurtbecher-„Sonnenuhr"

Grundlagen **Wie die Jahreszeiten entstehen**

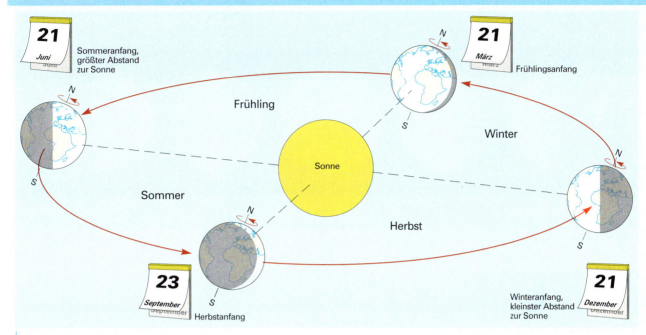

5 Der Lauf der Erde um die Sonne

In 24 Stunden dreht sich die Erde einmal um ihre Achse. Dabei ist immer eine Hälfte im Sonnenlicht (Tagseite), die andere ist im Schatten (Nachtseite).
Wieso aber sind die Nächte im Winter länger als im Sommer? Ursache hierfür ist, dass die Erde eine weitere Bewegung ausführt: 5

Im Lauf von ca. 365 Tagen umkreist die Erde einmal die Sonne. Außerdem steht die Achse der Erde etwas schief.

Im Dezember ist der nördliche Teil der Erde von der Sonne weg geneigt. In Deutschland bewegen wir uns dann täglich auf einer Bahn um die Erde, die 16 Stunden lang im Dunkeln liegt. Die helle Tageszeit dauert jetzt nur acht Stunden – es ist Winter.
Am 21. März sind Nacht und Tag bei uns gleich lang. Nun beginnt für uns der Frühling.
Am 21. Juni wird es bei uns Sommer. Die nördliche Erdhälfte ist jetzt zur Sonne hin geneigt. Unsere Tage sind mit 16 Stunden länger als zu den anderen Jahreszeiten. Entsprechend kürzer sind die Nächte.
Im Sommer steht die Sonne mittags besonders hoch. Sie strahlt steil auf uns herab und trifft dabei auf eine kleinere Fläche als im Winter. Deshalb erwärmt sie den Erdboden im Sommer stärker. 6
Am 23. September sind Tag und Nacht wieder gleich lang; der Herbst beginnt.
Nach 365 Tagen und sechs Stunden steht die Erde wieder in Ausgangsposition. Ein Jahr ist vergangen.

6 Unterschiedliche Sonneneinstrahlung

C „Im Osten geht die Sonne auf, im Süden ist ihr Mittagslauf, im Westen …" Wie geht's weiter? Stimmt der Spruch eigentlich? Begründe!
D Warum wird der Erdboden im Sommer stärker erwärmt als im Winter? 6
E Ein Jahr dauert ca. 6 Stunden länger als 365 Tage. Was bedeutet das für den Kalender?
F Wenn die Erdachse senkrecht zur Sonne stünde, gäbe es keine vier Jahreszeiten. Erkläre!

Wissenswertes Der Mond und seine Gestalt

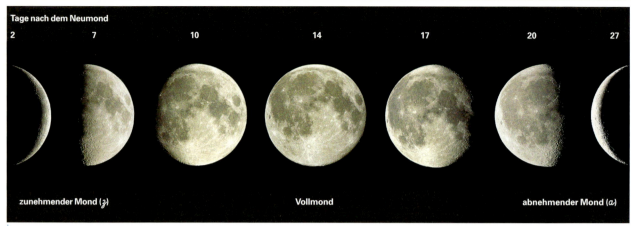

1 Verschiedene Mondphasen

Der Mond umkreist in 29,5 Tagen einmal die Erde. Die Gestalt des Mondes, die wir sehen, ändert sich von Tag zu Tag. 1
Oft kannst du den Mond auch am helllichten Tag beobachten. Im Lauf eines Monats sieht man alle Gestalten: vom zunehmenden Mond über den Vollmond zum abnehmenden Mond. Nur bei Neumond siehst du ihn nicht. Die Uhrzeit des Mondaufgangs verschiebt sich ebenfalls jeden Tag ganz deutlich.
Ob der Mond zunimmt oder abnimmt, kannst du leicht überprüfen: Wenn man die Mondsichel zu einem „z" ergänzen kann, ist der Mond zunehmend. Kann man in Gedanken mit der Sichel ein „a" schreiben, ist er abnehmend.

Wie die Mondphasen entstehen, könnt ihr euch vor Augen führen: 2
Eine Gruppe von Schülern stellt sich eng zusammen. Sie stellen die Beobachter auf der Erde dar. Eine Styroporkugel oder ein weißer Ball ersetzt den „Mond". Er wird von einer starken Lampe beleuchtet. Ein Schüler trägt den Ball über seinem Kopf um die Beobachter herum. Sie sehen die verschiedenen Mondphasen.

A Um wie viele Minuten verschieben sich von Tag zu Tag Auf- und Untergang von Sonne und Mond? Suche Daten dazu in der Tageszeitung und beobachte mindestens zwei Wochen lang.

B Läuft der Mond wie die Sonne von Osten nach Westen? Beobachte!

C Schaue einen Monat lang täglich am Nacht- oder Taghimmel nach, ob der Mond zu sehen ist. Fertige jeweils eine Zeichnung an. 3
Gestalte aus allen Bildern ein Plakat.

D Prüfe die folgenden Aussagen durch eigene Beobachtungen:
1 „Eine schmale abnehmende Mondsichel ist nur frühmorgens im Osten zu sehen, niemals woanders."
2 „Die zunehmende Mondsichel ist nur abends im Westen zu sehen."
3 „Blickt man zum Vollmond, dann steht die Sonne immer in der entgegengesetzten Richtung."

Beobachtungsbogen

                          Mond

Sonne

Osten   *Westen*

Datum: 30. 9.   *Uhrzeit: 7.00 Uhr*

2 Modellversuch zur Entstehung der Mondphasen

3

Zusammenfassung

Tages- und Jahreszeiten

Die Erde ist immer in Bewegung: Sie dreht sich um sich selbst und wir drehen uns mit ihr. Deshalb wird nur immer eine Hälfte der Erde von der Sonne beschienen. Die andere Hälfte liegt im Schatten. Dadurch gibt es bei uns Tag und Nacht. Gleichzeitig bewegt sich die Erde auch noch in riesigem Abstand um die Sonne herum.
Weil die Erdachse etwas schief steht, wird mal die Nord- und mal die Südhälfte der Erde stärker beleuchtet. Dadurch gibt es vier Jahreszeiten.

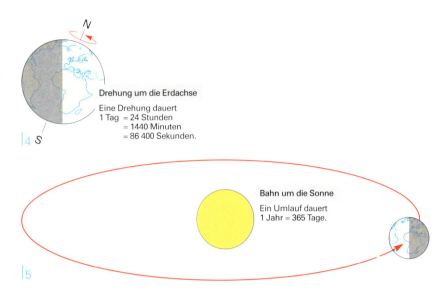

Die Natur im Jahreslauf

Die Sonne beleuchtet und erwärmt die Erde im Lauf eines Jahres verschieden stark.
Pflanzen und Tiere sind an den Wechsel der Jahreszeiten angepasst.

Frühling: Samen keimen, Tiere haben Nachwuchs.
Sommer: Pflanzen und Tiere wachsen heran.
Herbst: Blätter verfärben sich. Zugvögel fliegen fort.
Winter: Ruhezeit in der Natur.

Alles klar?

A Welche Jahreszeit herrscht jeweils in Deutschland, wenn die Erde so wie in den Zeichnungen zur Sonne steht? |4|5

B An welchem Datum sind bei uns Tag und Nacht jeweils genau 12 Stunden lang?

C Erkläre durch eine einfache Zeichnung, wieso es bei uns im Winter kälter ist als im Sommer.
Tipp: Denke an den Einfall der Sonnenstrahlung.

D Bei der Wetterbeobachtung sammelt man Daten z. B. über Lufttemperatur, Wind, Bewölkung, Niederschlag und Tageslänge.
Welche dieser Daten hängen von den Jahreszeiten ab?

E Nenne Blumen, die im Frühjahr zuerst blühen.

F Ein Apfelbaum sieht im Frühling, Sommer, Herbst und Winter unterschiedlich aus. Beschreibe sein Aussehen in jeder der vier Jahreszeiten.

G Zum Aussehen des Mondes:
1 Warum sehen wir die Sonne immer als Scheibe, nicht aber den Mond?
2 Weshalb ist der Neumond dunkel?
3 Wie stehen Sonne, Mond und Erde bei Neumond (Vollmond)? Zeichne!.

H Zwischen zwei Vollmonden vergehen immer 29,5 Tage. In dieser Zeit hat der Mond die Erde einmal umkreist. Wie viele Umläufe macht der Mond in einem Jahr? Was bedeutet das für unsere „Monate"?

Die Sonne und andere Wärmequellen

Nicht nur die Sonne spendet Wärme

Die Sonne scheint zwar – sie schafft es aber nicht, das Kätzchen warm zu halten. Trotzdem fühlt es sich warm und geborgen. |1
Welche andere Energiequelle trägt wohl dazu bei?
Nenne noch weitere Energiequellen, die uns Wärme liefern.

|1

Probier's mal!

1 Heißes Wasser – aber wie?
Heute ist es ganz einfach, Wasser auf dem Herd oder mit einem Wasserkocher zu erhitzen – früher war es viel schwieriger. |2
a Fülle eine Tasse Wasser in einen Topf, stell ihn auf den Herd und schalte die Platte ein. Miss, wie lange es dauert, bis das Wasser siedet.
b Probiere aus, ob es mit einem elektrischen Wasserkocher schneller geht. Findest du eine Erklärung?
c Versuche es nun mit offener Flamme: Benutze ein Stövchen, ein leere Konservendose als Wasserbehälter und mehrere Teelichter. Wiege die Kerzen vor und nach dem Versuch auf einer Briefwaage.

2 Wärme durch Bewegung
Manchmal werden Körper erwärmt, ohne dass die Wärmequelle gleich erkennbar ist.
a Biege eine aufgebogene Büroklammer einige Male schnell hin und her. |3 Berühre die Biegestelle dann mit den Lippen.
b Suche ähnliche Vorgänge, bei denen durch Bewegung Wärme entsteht.

3 Eischnee- oder Sahneschlagen
Nicht nur Wasser zu erhitzen ist mit Strom einfach, die elektrische Energie erleichtert uns auch viele andere Arbeiten. Ein Beispiel ist das Schlagen von Eiweiß oder Sahne. |4
Probier's zuerst mit einem elektrischen Rührgerät und dann mit einem Schneebesen per Hand. Schaffst du es? Vergleiche die jeweils benötigte Zeit.

|2

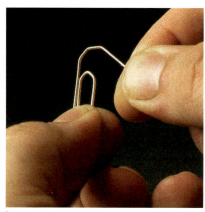
|3

|4

Grundlagen Von Wärmequellen und Wärme

Wärme aus Brennstoffen

Die *Sonne* spendet uns Energie in Form von Licht und Wärme. |5 Ohne sie gäbe es kein Leben auf der Erde. Wir erzeugen Wärme auch mit Brennstoffen wie Kohle, Gas, Öl und Wachs.

Ein Tasse mit Wasser wird nicht von selbst warm. Man braucht dazu Energie. Sie ist in der Kerze gespeichert. Man nennt sie *chemische Energie*, weil sie durch einen chemischen Vorgang – die Verbrennung – frei wird. |6

Wenn die Kerze brennt, wird die gespeicherte chemische Energie in Wärme *(thermische Energie)* umgewandelt und ans Wasser übertragen. Die Wassertemperatur steigt, die Kerze wird kleiner, die in ihr gespeicherte Energie nimmt ab. Das warme Wasser hat mehr Energie als vorher.

Zum Erwärmen ist Energie nötig

Beim Fußbad wird die Energie vom Wasser auf die kalten Füße übertragen. Die Füße nehmen Energie auf und werden warm. |7

Wenn ein Gegenstand einen anderen erwärmen kann, steckt in ihm Energie.
- *Eine Kerze enthält Energie, weil sie z. B. Wasser erwärmen kann.*
- *Warmes Wasser enthält Energie, denn es kann z. B. kalte Füße erwärmen.*
- *Ein Toaster kann Brotscheiben erwärmen. Dafür wird elektrische Energie genutzt.*

Ein Gegenstand muss nicht heißer als ein anderer sein, um ihn zu erwärmen: Wenn du eine Büroklammer hin und her biegst, wird sie warm. Du hast nämlich durch die Bewegung deiner Hände Energie an die Büroklammer abgegeben. Energie ist nicht nur zum Erwärmen nötig. Beim Sahneschlagen wird mit Energie eine Bewegung erzeugt.

|5 Unsere wichtigste Wärmequelle

|6

|7

A Unsere wichtigste Wärmequelle ist die Sonne. Suche eine Begründung für diese Feststellung.

B Eskimos bauen sich Iglus (Schneehäuser). |8 Dazu schichten sie eine Anzahl von Schneeblöcken übereinander. Wenn man sich im Innern des Iglus aufhält, merkt man, dass es dort wärmer als draußen ist. Ein Feuer oder eine Heizung ist darin aber nicht zu finden. Welche Wärmequelle wirkt hier?

C Woran erkennt man, dass in einem Körper Energie in Form von Wärme gespeichert ist?

D Bei einem Fußbad wird die Energie „Wärme" übertragen. |7
Welcher Körper gibt Wärme ab? Und welcher nimmt die Wärme auf?

E Auch die in Holz gespeicherte Energie stammt von der Sonne: Damit Pflanzen wachsen, ist Energie der Sonne nötig. Die Sonnenenergie wird in den Pflanzen gespeichert. Wenn man die Pflanzen verbrennt, wird die Energie wieder als Wärme frei.

1 Auch in Kohle, Öl und Gas ist Energie von der Sonne gespeichert. Sammle Informationen über die Entstehung von Kohle, Öl und Gas. Stelle die Entstehung der Stoffe in einer Bildreihe dar.

2 Erkläre dann, warum die gespeicherte Energie von der Sonne stammt.

|8 Iglu – Schutz gegen die Kälte

Arbeitsweisen Gasbrenner und Tauchsieder

Es gibt unterschiedliche Arten von Gasbrennern.
Deshalb kann es sein, dass an eurer Schule andere Brenner benutzt werden als der, der hier dargestellt ist. Dann müsst ihr euch genau zeigen lassen, wie sie bedient werden. Das muss natürlich geschehen, *bevor* ihr damit arbeitet! |2

|2 Wie funktioniert dieser Gasbrenner?

Der Gasbrenner |1

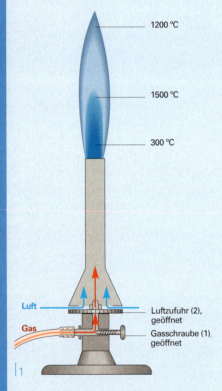

|1

Bedienungsanleitung
– Die Gasschraube (1) und die Luftzufuhr (2) müssen geschlossen sein! Überprüfe es!
– Öffne den Gashahn am Tisch und dann die Gasschraube am Brenner.
– Entzünde sofort das ausströmende Gas, und zwar von der Seite.
– Mit der Gasschraube am Brenner stellst du die Höhe der rötlich gelben Flamme ein (auf ca. 10 cm). Die Flamme ist ungefähr 1000 °C heiß; sie rußt stark.
– Öffne jetzt vorsichtig die Luftzufuhr, bis die Flamme bläulich leuchtet.
Die Flamme ist jetzt viel heißer (1200 bis 1500 °C) und rußt nicht mehr. Am heißesten ist sie etwas unterhalb der Spitze.
– Vergiss nicht, Gasschraube und Luftzufuhr am Brenner nach dem Versuch zu schließen.

Sicherheitsmaßnahmen
– Auf dem Tisch sollten keine überflüssigen Gegenstände liegen.
– Informiere dich für den Notfall, wo Feuerlöscher und Löschdecke sind. Du solltest auch wissen, wo sich der nächste „Not-Aus-Knopf" befindet.
– Trage immer eine Schutzbrille, wenn du mit offenen Flammen arbeitest. |3
– Lange Haare müssen zusammengebunden werden. |4
– Lass offene Flammen nie unbeaufsichtigt.
– Schließe sofort den Gashahn, wenn die Flamme deines Gasbrenners erlischt.
Beachte beim Wiederanzünden: Zuerst die Gasschraube (1) und die Luftzufuhr (2) schließen!
– Bei Gasgeruch: Schließe sofort den Gashahn und informiere die Lehrerin oder den Lehrer. Fenster öffnen!

|3 Schutzbrille tragen!

|4 Lange Haare zusammenbinden!

Der Kartuschenbrenner

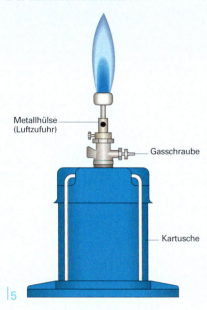

Bedienungsanleitung
- Drehe die Metallhülse so, dass die Luftzufuhr geschlossen ist!
- Öffne den Gashahn am Brenner.
- Entzünde sofort das ausströmende Gas, und zwar von der Seite.
- Mit der Gasschraube am Brenner stellst du die Höhe der rötlich gelben Flamme ein (auf ca. 10 cm).
- Öffne nun vorsichtig die Luftzufuhr, bis die Flamme bläulich leuchtet.
- Nach dem Versuch schließt du die Gaszufuhr und die Luftzufuhr.

Sicherheitsmaßnahmen
- Der Kartuschenbrenner muss stets aufrecht und fest stehen. Er darf beim Experimentieren nicht gekippt, geschüttelt oder schräg gehalten werden. Sonst könnte Flüssiggas austreten und sich entzünden.
- Leere Kartuschen werden nur vom Lehrer oder von der Lehrerin ersetzt.
- Öffne nicht das Gehäuse oder die Befestigungsklammern der Kartusche!

Der Tauchsieder

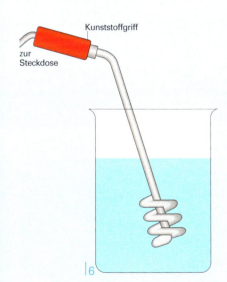

Tauchsieder sind nur zum Erwärmen von Wasser geeignet. Im spiralförmigen Tauchsiederrohr wird ein Draht elektrisch erhitzt. Die entstehende Wärme muss sofort an das Wasser weitergegeben werden, sonst kann der Draht durchglühen.

Bedienungsanleitung
- Vor dem Anschließen muss der Tauchsieder in Wasser eintauchen. Seine Spirale muss immer ganz im Wasser stecken.
- Wenn das Wasser ausreichend warm ist, ziehst du zuerst den Stecker aus der Steckdose (aber nicht am Kabel!). Dann erst nimmst du den Tauchsieder aus dem Wasser.

Sicherheitsmaßnahmen
- Tauchsiedern sieht man es nicht an, ob sie heiß sind. Fasse sie deshalb immer nur an ihrem Kunststoffgriff an.
- Der Stecker darf nicht nass sein und nicht mit nassen Händen in die Steckdose gesteckt oder aus ihr herausgezogen werden.

A Die Flamme eines Brenners darf man nicht wie eine Kerzenflamme ausblasen. Erkläre!

B Erkläre, weshalb du einen Kartuschenbrenner auf keinen Fall kippen oder schütteln darfst, während die Flamme brennt.

C Worauf musst du achten, wenn du Wasser in einem Becherglas mit einem Tauchsieder erwärmen willst?

D Zu den Grundregeln beim Experimentieren mit offenen Flammen gehören zwei wichtige Dinge: |3|4
- Schutzbrille tragen!
- Lange Haare zusammenbinden.

Begründe diese Regeln.

Wie die Sonnenenergie zu uns kommt

Die Luft ist noch ziemlich kalt. Trotzdem fühlen sich die Urlauber in der Sonne wohl. |1

Es ist *nicht* die Umgebungsluft, die hier wärmt!

|1 Sonnenbaden

Probier's mal!

1 Eine Lampe als Wärmequelle
Nimm eine Leuchte als Ersatz für die Sonne.
a Halte deine Hand unter die eingeschaltete Lampe. Wodurch wird deine Hand warm?
b Drehe den Schirm der Leuchte so, wie du es unten siehst. |2 Schließe die Augen und berühre die Lampe nicht. Kannst du dennoch fühlen, ob die Lampe eingeschaltet ist oder nicht?
c Halte Papier zwischen Lampe und Hand. Was fühlst du?

2 Wärmt etwa die Alufolie?
Überziehe eine Postkarte glatt mit glänzender Aluminiumfolie.
a Untersuche, ob dich eine Alufolie bei Zimmertemperatur wärmt. Halte die Postkarte mit der Folienseite nahe an deine Wange. Woher kommt die Wärme?
b Mit der Alufolie kannst du Wärme und Licht „spiegeln": Halte dazu die Postkarte über einen eingeschalteten Toaster oder über ein senkrecht stehendes Bügeleisen. |3 Drehe die Postkarte hin und her.

3 Schwarz oder Weiß – was wird heißer?
Lege im Freien ein weißes und ein schwarzes Blatt Papier nebeneinander in die Sonne. Unter beide Blätter kommt ein Zeitung – als Isolierung zum Boden. |4
Lass die Papiere 15 Minuten lang liegen. Prüfe dann mit der Wange die Temperatur ihrer Oberfläche.

|4 Was wird heißer?

|2 Spürt man, ob die Lampe leuchtet?

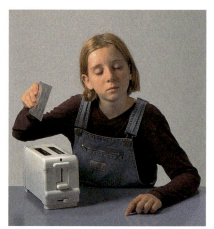

|3 Ob es die Alufolie ist, die wärmt?

4 Welche Rolle spielt die Oberfläche?

Astronauten tragen helle, glänzende Anzüge. |5
Rohre von Sonnenkollektoren sind schwarz (s. auch die nächste Seite). |6
Im Sommer tragen wir vorwiegend helle Kleidung.

a Überlegt euch, welche Gründe es dafür geben könnte. Diskutiert darüber.
b Plant Versuche, mit denen ihr eure Vermutungen überprüfen könnt.
Hier seht ihr Geräte und Materialien, die ihr dafür verwenden könnt. |7
Überlegt euch, wie ihr die Versuche durchführen müsst. Zeichnet den jeweiligen Versuchsaufbau auf.
c Probiert eure Vorschläge aus und notiert die Ergebnisse (am besten in Form einer Tabelle).
Vergleicht die Ergebnisse mit euren Vermutungen.

Grundlagen   Energietransport durch Strahlung

Wenn ein Auto „in der Sonne steht", wird es innen oft heiß. Im Sommer am Strand kann der Sand so heiß werden, dass man kaum noch barfuß darauf laufen kann.
Für beide Beispiele gilt: Körper auf der Erde werden durch die Sonne erwärmt: durch *Strahlung*, die von der Sonne zur Erde gelangt. |8

|8

Energie von der Sonne wird durch Strahlung zur Erde transportiert. Dadurch wird die Erde erwärmt.

Strahlung breitet sich *auch im luftleeren Raum* aus.

Strahlung geht auch von anderen Körpern aus, z. B. von heißen Herdplatten, Glühlampen oder deinem Körper.

Körper, die sehr heiß sind, senden sichtbares Licht aus (z. B. die Sonne oder der Glühdraht einer eingeschalteten Glühlampe). Wenn die Strahlung auf einen anderen Körper trifft, wird sie von diesem teilweise aufgenommen: Die Strahlung wird *absorbiert*. Dadurch wird der andere Gegenstand erwärmt. Die dunkle Erde z. B. *absorbiert* viel Strahlung. Dadurch erwärmt sie sich schnell. Andere Körper, z. B. spiegelnde Wasseroberflächen, *reflektieren* einen Teil der Strahlung (sie werfen ihn zurück).

A Kühlwagen sind hell gestrichen, Rohre von Sonnenkollektoren schwarz. Begründe das.
B Nenne drei Körper, die Energie in Form von Wärme oder Licht abstrahlen.
C Was bedeutet absorbieren und was reflektieren?

|5 Helle, glänzende Astronautenkleidung

|6 Dunkle Sonnenkollektoren

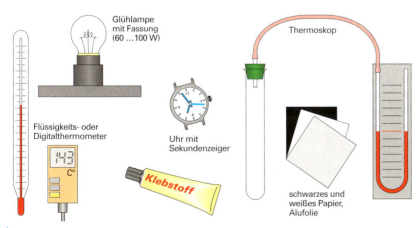
|7 Mögliche Versuchsgeräte und -materialien

Umwelt und Technik Solaranlagen für warmes Wasser

Manche Häuser sind auf ihrer Südseite mit *Solaranlagen* oder *Sonnenkollektoren* ausgestattet. In ihnen wird Wasser durch die Sonnenstrahlung erwärmen.
Kollektoren haben die Aufgabe, möglichst viel Sonnenstrahlung aufzunehmen (zu *absorbieren*) und damit Wasser zu erwärmen.

Und so funktioniert ein Sonnenkollektor: |1
Die Sonnenstrahlung dringt durch die Glasscheiben und trifft auf die schwarze Absorberplatte aus Metall; dort wird die Strahlung absorbiert. Die Temperatur der Platte steigt daraufhin an.
Hinter der Absorberplatte wird eine Flüssigkeit in Rohrleitungen vorbeigepumpt. Diese Flüssigkeit kann Wärme sehr gut speichern; sie gefriert auch erst bei viel tieferen Temperaturen als Wasser.
Die Flüssigkeit in den Rohren wird von der Absorberplatte erwärmt. Dann wird sie in den *Wärmetauscher* geleitet. |2

Im Wärmetauscher gibt die Flüssigkeit die Wärme an das kalte Leitungswasser ab.

A Warum hat man in den Kollektor eine Wärmedämmung eingebaut?
B Durch den Kollektor selbst fließt kein Wasser.
Begründe, warum man dafür kein Wasser verwendet.
C Wie wird das Leitungswasser erwärmt? Schreibe die folgenden Sätze in der richtigen Reihenfolge auf. (Der erste und letzte stehen richtig.)
– Die Sonnenstrahlung erhitzt die Flüssigkeit im Kollektor.
– Die heiße Flüssigkeit gibt im Wärmeaustauscher Wärme an das Leitungswasser ab.
– Die Umwälzpumpe pumpt die heiße Flüssigkeit zum Wärmeaustauscher.
– Das Leitungswasser erwärmt sich und steigt im Wärmetauscher nach oben.
– Wenn jemand im Haus heißes Wasser entnimmt, wird kaltes Wasser nachgepumpt.

5 Bauanleitung
Wir bauen einen Sonnenkollektor
Benötigt werden:
1 Spanplatte (ca. 50 cm · 50 cm),
1 Dachlatte (ca. 2 m lang),
Klarsichtfolie, 5 m Gartenschlauch, Nägel, Holzleim, Dachnägel, schwarzer Karton oder schwarze Wandfarbe.

So wird's gemacht:
Befestigt die Latten hochkant auf der Grundplatte mit Leim und Nägeln. |3
Bei A und E lasst ihr Platz für den Schlauch. Er wird als Spirale verlegt und mit Dachnägeln auf der Grundplatte befestigt. Beklebt ihn mit schwarzem Karton oder streicht ihn schwarz an.
An einer Südwand stellt ihr den Kollektor senkrecht zum Sonnenlicht auf. |4
Verbindet den Kollektor über einen Schlauch mit dem Wasserhahn und lasst ihn voll laufen.

6 Messungen am Sonnenkollektor
Untersucht bei Sonnenschein, wie stark und wie schnell sich das Wasser in eurem Kollektor erwärmt. Messt alle 30 Minuten. Notiert die Messwerte in einer Tabelle. Verändert auch den Winkel zur Sonnenstrahlung.

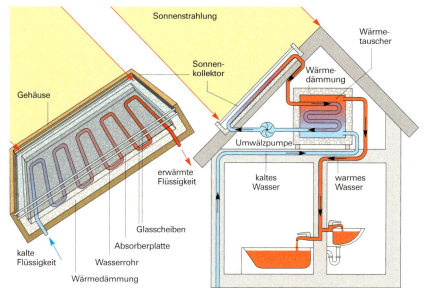

|1 So sieht ein Sonnenkollektor innen aus. |2 Warmwasserversorgung mit Solaranlage

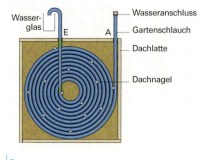

|3

|4

Alltag **Vorsicht, Sonnenbrand!**

Die UV-Strahlung der Sonne
Die Sonne sendet außer Licht und Wärme auch ultraviolette Strahlung (UV-Strahlung) aus. Diese ist für unsere Augen unsichtbar. UV-Strahlung kann tief in unsere Haut eindringen und dort Schäden anrichten. Es entstehen Runzeln und Falten. Zu viel UV-Strahlung kann auch bösartigen Hautkrebs verursachen.

Verschiedene Hauttypen
Gegen die schädlichen UV-Strahlen schützen dunkle Farbstoffe (Pigmente) in der Haut. Sie hindern die UV-Strahlung daran, in tiefere Schichten der Haut einzudringen. Nach der Menge der Pigmente unterscheidet man vier verschiedene Hauttypen. |5–|8
Je nachdem, zu welchem Hauttyp du gehörst, verträgst du die Sonne besser oder schlechter. Ein Maß dafür ist die Eigenschutzzeit. Sie sagt dir, wie lange du dich ungeschützt in der starken Mittagssonne aufhalten darfst.

Sonnenschutzmittel zur Vorbeugung
Mit einem passenden Sonnenschutzmittel kannst du die Zeit, die du in der Sonne verbringen willst, verlängern. Dazu werden Mittel mit einem *Lichtschutzfaktor* von 2 bis 30 angeboten. Je höher dieser ist, desto besser schützt das Mittel die Haut vor der UV-Strahlung.
Wie lange deine Haut durch ein bestimmtes Sonnenschutzmittel geschützt ist, kannst du errechnen. Du musst dazu deine *Eigenschutzzeit* kennen. Diese hängt von deinem *Hauttyp* ab. Rechne so:
Eigenschutzzeit · Lichtschutzfaktor = Schutzzeit (in Minuten).
Wenn du im Wasser warst oder stark geschwitzt hast, verkürzt sich die Schutzzeit. Nutze die errechnete Zeit daher nicht voll aus.

A „Die Haut merkt sich jeden Sonnenbrand", warnen Hautärzte. Wie könnte das gemeint sein?

B Im Frühling bekommt man schneller einen Sonnenbrand als im Sommer. Suche dafür eine Begründung.

C Besondere Gefahr vor Sonnenbrand besteht auf dem Wasser und im Schnee. Erkläre!

D Bei einem Urlaub in der Sonne sollte man anfangs ein Sonnenschutzmittel mit hohem Lichtschutzfaktor auftragen. Nach einigen Tagen reicht ein niedrigerer Lichtschutzfaktor. Das empfehlen Hautärzte. Warum wohl?

E Berechne deine mögliche Aufenthaltsdauer in der Sonne bei einem Lichtschutzfaktor von 10.
Tipp: Schau nach, welcher Hauttyp du bist.

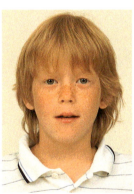

Hauttyp 1
sehr helle Haut; zahlreiche Sommersprossen; blaue, selten auch braune Augen; rötliche Haare; häufiger, schmerzhafter Sonnenbrand
Eigenschutzzeit: 5–10 Minuten

|5

Hauttyp 2
helle Haut; nur wenige Sommersprossen; grüne oder graue Augen; blonde oder braune Haare; häufiger, schmerzhafter Sonnenbrand
Eigenschutzzeit: 10–20 Minuten

|6

Einige Tipps zum richtigen Sonnenbaden
– Geeignete Sonnenschutzmittel verwenden.
– Die Schutzzeit errechnen und nicht überschreiten.
– In der Sonne stets eine Sonnenbrille und eine Kopfbedeckung tragen.
– Beim Baden mit wasserfestem Sonnenschutzmittel einreiben.
– Zwischen 11 und 15 Uhr im Schatten bleiben.
– Auch bei bedecktem Himmel und im Schatten kann man einen Sonnenbrand bekommen – vor allem auf dem Wasser, im Gebirge und beim Skifahren.
– Zu Beginn des Sonnenbadens nur wenige Minuten in der prallen Sonne bleiben.
– Zum Schnorcheln immer ein T-Shirt anziehen.
– Viel trinken und nur leichte Speisen essen.

Hauttyp 3
helle bis hellbraune Haut; keine Sommersprossen; graue oder braune Augen; dunkelblonde bis braune Haare; mäßiger Sonnenbrand
Eigenschutzzeit: 20–30 Minuten

|7

Hauttyp 4
hellbraune bis olivfarbene Haut; keine Sommersprossen; braune Augen; braune bis schwarze Haare; kaum Sonnenbrand
Eigenschutzzeit: 40 Minuten

|8

Im Winter wird geheizt

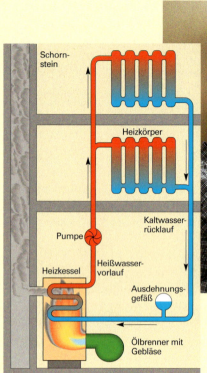

1 Heizungsanlage

2 Heizkörper

Wie kommt die Wärme ins Wohnzimmer? |1|2
Womit wird die Weihnachtspyramide angetrieben? |3

3 Weihnachtspyramide

Probier's mal!

1 Die „Wasserbombe"
Fülle einen kleinen Gummiballon mit kaltem Wasser (ohne Luftblase!).
a Lege ihn dann in heißes Wasser.
b Nach einigen Minuten nimmst du den Ballon heraus. |4 Stattdessen legst du ihn in einen Topf mit kaltem Wasser.

2 Der Tanz der Papierspirale
a Schneide dir eine Papierspirale aus. Stecke an ihrem inneren Ende von unten her eine Stecknadel hindurch. So kann sich die Spirale leicht drehen.
b Halte deine „Warmluftspirale" einige Minuten über eine Wärmequelle. |5

3 Wie funktioniert eine Heizungsanlage?
a Lasst euch vom Hausmeister die Zentralheizung zeigen und erklären.
b Schau dir die Zeichnung oben auf dieser Seite an. |1 Schreibe dann die folgenden Sätze in richtiger Reihenfolge auf. (Der erste und der letzte Satz stehen schon richtig.)
– Im Brenner der Heizungsanlage verbrennt Öl (Gas).
– Die Pumpe transportiert das heiße Wasser zu den Heizkörpern.
– Das Wasser in den Heizkörpern kühlt ab und strömt zurück zum Kessel.
– Die Heizkörper geben die Wärme, die im Wasser gespeichert ist, an das Zimmer ab.
– Das Wasser in den Rohren des Kessels wird erhitzt.
– Im Kessel wird das abgekühlte Wasser wieder neu erhitzt.

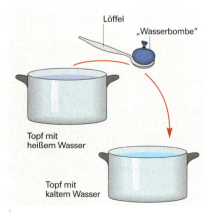

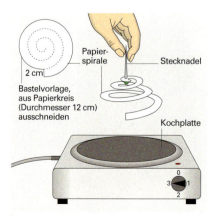

Grundlagen Wärme wird „weggetragen"

In erhitztem Wasser ist Wärme gespeichert. Sie kann deshalb zusammen mit dem Wasser an einen anderen Ort transportiert werden.

Bei der Warmwasserheizung befördert eine Pumpe das Wasser in die Heizkörper – gemeinsam mit der im Wasser gespeicherten Wärme. |8

Wasser kann aber auch ohne Pumpe Wärme transportieren. (Siehe Versuch 4.)
In der Lufthülle geschieht das Gleiche, wenn die Erde erwärmt wird: Es wird Wärme transportiert. |9

Wenn Wärme zusammen mit einem anderen Stoff (z. B. mit Wasser oder Luft) an einen anderen Ort transportiert wird, nennt man das Wärmetransport oder Wärmemitführung.

A Hier passt der Begriff Wärmetransport besonders gut. |10 Erkläre, inwiefern das stimmt.

B Ein Bussard kann in höhere Luftschichten aufsteigen, ohne seine Flügel zu bewegen. Suche eine Erklärung dafür.

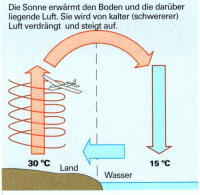

Die Sonne erwärmt den Boden und die darüber liegende Luft. Sie wird von kalter (schwererer) Luft verdrängt und steigt auf.

30 °C Land   15 °C Wasser

|9 Kreislauf erwärmter Luft

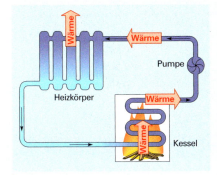

|8 Warmwasserkreislauf (mit Pumpe)

|10 Auch ein „Wärmetransport" …

4 Farbspiele in warmem Wasser
In dem Gefäß liegen einige Kristalle Kaliumpermanganat. |6 Was passiert, wenn das Wasser erwärmt wird? Erkläre!

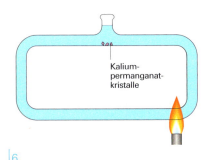

|6

5 Wir sehen warme Luft …
So entsteht das Schattenbild einer Kerze. |7 Was siehst du?

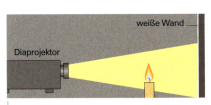

|7

Natur Der Golfstrom – Wärmetransport in großem Stil

Der Golfstrom ist eine der wichtigsten Meeresströmungen. Stell ihn dir als einen breiten, tiefen „Fluss von warmem Wasser" mitten im Atlantischen Ozean vor. Er führt 100-mal so viel Wasser wie alle Flüsse Europas zusammen!
Der Golfstrom ist Teil eines großen Wasserkreislaufs im Atlantik. Seinen Namen hat er vom Golf von Mexiko. Dort ist das Wasser durchschnittlich 25 °C warm.
Auf seinem Weg durch den Atlantik nimmt der Golfstrom die in ihm gespeicherte Wärme mit. Er erreicht schließlich die Südspitze Englands. Von dort strömt er weiter zur Küste Norwegens. Selbst im kühlen Norden ist der Golfstrom immer noch um 2–3 °C wärmer als das ihn umgebende Atlantikwasser.
Die Luft über dem Wasser nimmt viel von der durch den Golfstrom mitgeführten Wärme auf. Sie gelangt als milder Westwind an die Küste. Das bewirkt, dass das Klima Nordwesteuropas milder ist als das anderer Gebiete, die genauso weit im Norden liegen.
Folgen dieser riesigen „Warmwasserheizung" sind:
– Die Westküste Norwegens bleibt selbst in kalten Wintern eisfrei.
– Sogar in Norwegen reifen im Sommer Erdbeeren und Kirschen.
– An der Südwestküste Englands gedeihen sogar Palmen.

C Verfolge im Atlas den Verlauf des Golfstroms. Kopiere die Landkarte und zeichne den Golfstrom ein.
Wo beginnt und wo endet er?
An welchen Ländern fließt er vorbei? Welchen Einfluss hat er auf das Klima dieser Länder? (Sammle dazu weitere Informationen.)

Energie sparen – mit den richtigen Materialien

In beiden Fällen wird Energie gespart, weil man die richtigen Materialien (Stoffe) ausgewählt hat. |1 |2 Versuche diese Aussage zu erklären.

|1 Die Wärme soll von der Kochplatte schnell zum Wasser geleitet werden.

|2 Bauschige, gepolsterte Kleidungsstücke schützen vor Wärmeverlust.

Probier's mal!

1 Münze oder Zahnstocher?
Erhitze den Rand einer Münze. |3 Was meinst du: Wirst du zuerst die Münze loslassen müssen (weil sie zu heiß geworden ist) oder den Zahnstocher (weil du dir an ihm die Finger verbrennst)?

|3

2 Was wird schneller heiß?
Stelle einen hölzernen Kochlöffel und eine Suppenkelle aus Metall in heißes Wasser. |4 Fasse sie nach einigen Minuten oben an. Was stellst du fest?

3 Kann Watte wärmen?
Du brauchst zwei kleine, gleich große Gefäße (Filmdosen oder kleine Marmeladengläser).

a Fülle beide mit heißem Wasser und verschließe sie. Wickle eines der Gefäße in Watte ein. Am besten stellst du es dann in ein Trinkglas. |5 Lass das andere daneben auf dem Tisch stehen.

b Nach ca. 30 Minuten prüfst du die Temperatur beider Gefäße, indem du diese an die Wange hältst. Was stellst du fest?

c Wickle das eine Gefäß wieder ein und prüfe beide Gefäße am nächsten Tag.

4 Metalle im Leitfähigkeitstest

a Überlege zunächst, was bei dem ersten der unten abgebildeten Versuche herauskommen wird. |6 Probiere es dann aus. Suche nach einer Erklärung für deine Beobachtungen.

b Was könnte man mit dem zweiten Versuch herausbekommen? |7 Welche Schlüsse ziehst du aus deiner Beobachtung?

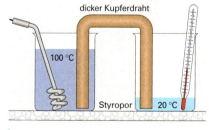

|6

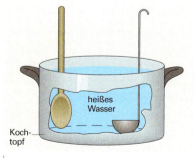

|4

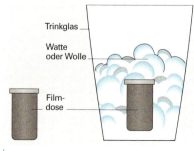

|5

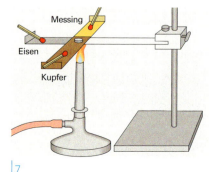

|7

Grundlagen Wie kommt die Wärme in den Kochtopf

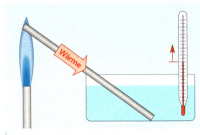

9 Wärmeleitung in einem Eisenstab

Wärme wird in einem Eisenstab weitergeleitet. Sie breitet sich vom heißen Ende des Stabs aus. 9 Dabei bewegt sich der Stoff selber nicht. Dieser Vorgang heißt *Wärmeleitung*. Beim Kochtopf wird die Wärme von der heißen Herdplatte in den Topfboden und dann ins Wasser geleitet.

Wie gut oder wie schlecht ein Körper die Wärme leitet, hängt von dem Stoff ab, aus dem er besteht. Metalle sind *gute Wärmeleiter*. Kunststoffe und Schaumstoffe sind *schlechte*. Man nennt sie *Isolatoren*. Ein besonders schlechter Wärmeleiter ist die Luft. Darauf beruht die Wirkungsweise der meisten Dämmstoffe: Sie schließen nämlich sehr viel Luft ein.

5 Ist Wasser ein guter oder ein schlechter Wärmeleiter?
Erhitze das Wasser im *oberen* Teil des Reagenzglases. 8 Was beobachtest du? Was schließt du daraus?

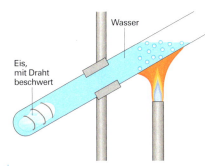

8

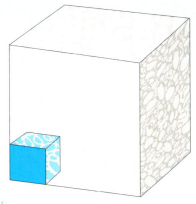

10 Styropor – „eingeschlossene Luft"

Ein Styroporblock wäre ohne Luft wesentlich kleiner als normal. 10 Er wäre nur so groß wie der hier blau gezeichnete Würfel.
Auch Winterkleidung besteht oft aus einem Gewebe mit viel Luft.

Die Wärme strömt vom heißen Ende eines Körpers zu seinem kalten Ende. Dabei bewegt sich der Stoff nicht, aus dem der Körper besteht. Ob ein Körper ein guter oder ein schlechter Wärmeleiter ist, hängt von diesem Stoff ab. Die Wärmeleitfähigkeit ist also eine Stoffeigenschaft.

Sehr gute Wärmeleiter
Alle Metalle, z. B. Eisen und Stahl, Aluminium, Kupfer, Silber (5-mal so gut wie Eisen)

Schlechte Wärmeleiter
(ca. 100-mal schlechter als Eisen), z. B. Wasser, Glas, Stein, Beton

Sehr schlechte Wärmeleiter
(Isolatoren)
Luft und alle anderen Gase, Styropor (dieser Kunststoff isoliert 30-mal so gut wie Beton), Wolle, Glaswolle, Mineralwolle, trockenes Holz

A Ordne folgende Stoffe nach ihrer Fähigkeit, die Wärme zu leiten: Eisen, Glas, Kupfer, Luft, Styropor.

B „Zieh dir eine warme Jacke an!" Diese Aufforderung kennst du sicher. Doch worauf beruht die Wirkung der Jacke? Wo steckt die Wärmequelle bei der „warmen Jacke"?

C Hier geht es um Kleidung, die zur Wärmedämmung geeignet ist.
1 Wie muss sie beschaffen sein, damit sie im Winter gut warm hält?
2 Das Gewebe gut isolierender Kleidung ist elastisch. Es soll nämlich wieder bauschig werden, wenn man es zusammendrückt und loslässt. Warum?

D Metall fühlt sich kalt an und Schaumstoff warm, obwohl beide Stoffe die gleiche Temperatur haben. Wie ist das zu erklären? (*Zwei Tipps:* Hier geht es um Wärmeleitung. Und deine Hand ist eine Wärmequelle.)

E Bei strenger Kälte plustern sich Vögel auf. Sie sehen dann dicker aus als normal. 11 12
Warum tun sie das?

11 Rotkehlchen im Sommer

12 Rotkehlchen im Winter

Wie sich Menschen und Tiere vor Kälte schützen

Der Eisbär hat seine Wärmedämmung schon von Natur aus mitbekommen: Ein dichtes Fell und eine dicke Speckschicht erlauben es ihm, auf Eis und Schnee zu liegen ohne auszukühlen! |1

Wärme geht durch Hauswände – das kann vor allem im Winter recht kostspielig werden.
Es lohnt sich also, Anstrengungen zur Wärmedämmung zu unternehmen. |2

|2 Der Dachboden wird wärmeisoliert.

|1 Quietschvergnügt auf Eis und Schnee …

2 Wozu Doppelfenster?

Den Vorteil einer Doppelverglasung zeigt eine Versuchsreihe: Von einer Seite her wird das Fenster mit einem Haartrockner erwärmt. Auf der anderen Seite wird mit einem elektronischen Thermometer gemessen. |4

a Worin unterscheiden sich die drei Versuchsanordnungen?
b Plane selbst diese Versuchsreihe. (*Tipp:* Es wird eine Uhr benötigt.)
c Bevor du zu experimentieren beginnst: Überlege, welche Ergebnisse herauskommen könnten.
d Nachdem die Ergebnisse feststehen: Vergleicht die Ergebnisse miteinander. Versucht sie zu erklären.

Probier's mal!

1 Wie halte ich mein „Versuchshaus" warm?

Bastle dir zunächst ein Versuchshaus aus einem Schuhkarton. |3
Als „Ofen" soll eine Limodose mit 50 °C heißem Wasser hineinkommen. An der Decke befestigst du – frei hängend – ein Zimmerthermometer.
a Stelle das Haus (ohne „Ofen") in einen kühlen Raum. Lies nach 30 min die Temperatur ab.
b Jetzt kommt der Ofen in das Haus. Lies die Temperatur wieder nach 30 min ab.
c Kleide das Haus rundherum mit Schaumstoff oder Styropor aus. Fülle den Ofen wieder mit 50 °C heißem Wasser. Lies nach 30 min erneut die Temperatur ab.
d Vergleiche die Ergebnisse. Suche eine Erklärung für die Unterschiede.

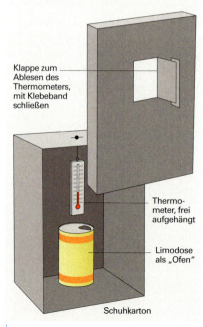

|3 Versuchshaus (Bastelanleitung)

|4 Wärmedämmung durch Fenster

Natur Gleichwarme und wechselwarme Tiere

Zu den *gleichwarmen Tieren* gehören die Vögel und die Säuger. |5 |7 Ihre Körpertemperatur bleibt immer ziemlich gleich, sie liegt zwischen 37 °C und 41 °C. Die dafür nötige Wärme gewinnen die Tiere aus der Nahrung, z. B. bei Bewegungen und durch Muskelzittern.

Damit die Körperwärme nicht nutzlos an die Umgebung abgegeben wird, besitzen gleichwarme Tiere eine Wärmedämmung. Dies kann ein Gefieder, ein Fell oder eine Speckschicht sein.

Reptilien (z. B. Eidechsen) und Amphibien (z. B. Frösche) sind *wechselwarm*. |7 |8 Sie erzeugen fast keine Wärme selbst, sondern nehmen sie aus der Umgebung auf. Wenn die Tiere in der Sonne liegen, steigt ihre Körpertemperatur. Sie sinkt im Schatten oder in kühlen Erdhöhlen. Viele wechselwarme Tiere halten ihre Temperatur konstant. Dazu wechseln sie zwischen warmen und kühlen Orten hin und her.

A Warum sind Gefieder und Fell gute Isolatoren?

B Erkläre, was man unter wechselwarmen Tieren versteht.

|7 Wechselwarm: die Reptilien

|8 Wechselwarm: die Amphibien

|5 Gleichwarm: die Vögel

|6 Gleichwarm: die Säuger

Technik Heizkosten sparen – mit geeigneten Baustoffen

Familie Stiller sucht Materialien für ihr neues Haus aus.

„Unser Haus muss so gebaut werden, dass wir nicht die Straße heizen", meint Frau Stiller.

„Ja", sagt Herr Stiller, *„die Wärmedämmung muss bei den Fenstern beginnen. Die dürfen nur so wenig wie möglich Wärme nach draußen lassen. Wir brauchen also Fenster mit guter Isolierverglasung. Und außerdem dürfen die Außenmauern nicht zu dünn werden."*

Für die Außenmauer einigen sich die beiden auf eine Mauer aus Hohlblocksteinen. Zusätzlich soll die Mauer eine Wärmedämmung aus Styroporplatten und auch noch eine Holzverkleidung erhalten.

C Nenne Vorteile von Hohlblocksteinen? |9

D Wie sollen die Mauern zusätzlich isoliert werden? Welche Baumaterialien wurden dafür ausgewählt?

E Die Eheleute wollen Doppelfenster. Welchen Vorteil haben diese gegenüber einer Einfachverglasung? |10

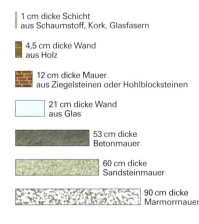
|9 Baumaterialien im Vergleich

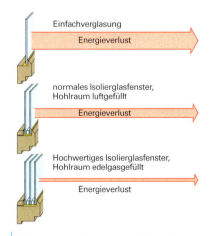
|10 Fensterverglasungen im Vergleich

Schnee, Eis, Regen – alles nur Wasser

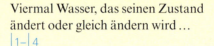

Viermal Wasser, das seinen Zustand ändert oder gleich ändern wird …
|1–|4

Probier's mal!

1 Aus Wasser wird Eis – aus Eis wird Wasser
a Stelle eine mit Wasser gefüllte Schale ins Gefrierfach eures Kühlschranks. Kontrolliere sie alle 30 Minuten. (Die Tür nur kurz öffnen!)
b Nimm einen Eiswürfel in die Hand und beobachte.
Was geschieht mit deiner Hand? Wie lange dauert es, bis der Eiswürfel in deiner Hand geschmolzen ist?

2 Wir kochen Kartoffeln
a Miss mit einem Messbecher, wie viel Wasser du zum Kartoffelkochen nimmst. Notiere diesen Wert.
b Warum wird der Deckel angehoben, wenn die Kartoffeln kochen?
c Halte einen kühlen Spiegel oder Deckel über den Topf. Was passiert?
d Warte, bis die Kartoffeln gar sind. Gieße dann das Wasser vorsichtig in einen anderen Topf ab. (Achtung, das Wasser ist heiß! Nimm Topflappen und den Deckel zu Hilfe.)
Miss, wie viel Wasser übrig geblieben ist.
e Wo könnte das restliche Wasser geblieben sein?

3 Wasser verdunstet
Gib einen Esslöffel Wasser auf eine Untertasse. Stelle das Ganze an einen ruhigen, warmen Platz.
Wie lange dauert es, bis alles Wasser verschwunden ist? Erkläre!

4 Aus Eis wird …?
Wir erhitzen zerkleinertes Eis so lange, bis das entstandene Wasser siedet. |5
Beschreibe, was du beobachtest: „Zuerst befinden sich nur Eisstückchen im Glas. Dann …"

5 Wie heiß kann Wasser werden?
Erhitze Wasser, bis es siedet. Nach dem Sieden erhitzt du es noch zwei Minuten weiter.
Lies alle 30 Sekunden die Temperatur ab.
Trage die Messwerte in eine Tabelle ein. Was fällt dir auf?
Stelle die Werte in einem Diagramm dar und zeichne die Messkurve ein.

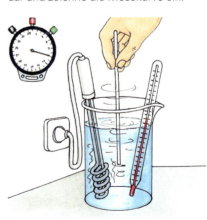

Grundlagen Fest – flüssig – gasförmig

Zustandsformen
Wasser kann in drei Zustandsformen (Aggregatzuständen) vorkommen: als Eis, Wasser und Wasserdampf. Es kann also fest, flüssig und gasförmig sein. |6
Welchen Zustand es hat, hängt von der Temperatur ab. Bei –5 °C ist es fest und bei 10 °C flüssig. Bei 110 °C ist Wasser gasförmig.

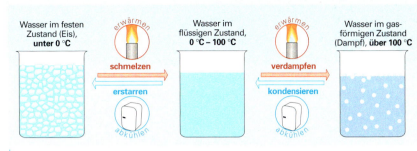

|6 Zustandsänderungen von Wasser

Zustandsänderungen
Die Temperaturen, bei denen Stoffe ihren Zustand ändern, heißen:
– *Schmelztemperatur* (wenn ein fester Körper flüssig wird),
– *Siedetemperatur* (wenn ein flüssiger Körper gasförmig wird).
Diese Temperaturen sind für jeden Stoff unterschiedlich.
Flüssigkeiten können auch unterhalb ihrer Siedetemperatur gasförmig werden. Man sagt dann: Sie *verdunsten* (z. B. Regenwasser).

Wenn Wasser siedet und immer weiter erhitzt wird, steigt die Temperatur nicht mehr an. Trotz Energiezufuhr bleibt die Temperatur des Wassers gleich. Die zugeführte Energie ist nötig, um das flüssige Wasser in Wasserdampf zu verwandeln.

Ein fester Stoff wird flüssig, wenn er seine Schmelztemperatur erreicht. Beim Erreichen seiner Siedetemperatur wird er gasförmig.

A Wenn man als Brillenträger im Winter von draußen in eine warme Wohnung kommt, beschlägt die Brille. Warum?

B Der Aggregatzustand von Alkohol ändert sich bei –115 °C und bei +78 °C. Wie heißen diese Temperaturen? Welche Zustandsänderungen treten bei diesen Temperaturen ein?

Arbeitsweise Messkurven zeichnen

Wenn die Messwerte im Diagramm eingetragen sind, kann man die Messkurve zeichnen. |7 Verbindet man die Messpunkte direkt miteinander, ergibt sich eine Zickzacklinie (schwarze Linie im Bild). Besser ist es, wenn man eine glatte „Idealkurve" zeichnet, die nur ungefähr die Messpunkte trifft (rote Kurve).

C Die eingezeichneten Messpunkte weichen vom Verlauf der Idealkurve ab. Woran könnte das liegen?

D Lies aus der (Ideal-)Kurve ab: Welche Temperaturen wurden nach 50 s, 100 s und 200 s erreicht?

E Schreibe die Tabelle auf, nach der das Diagramm gezeichnet wurde.

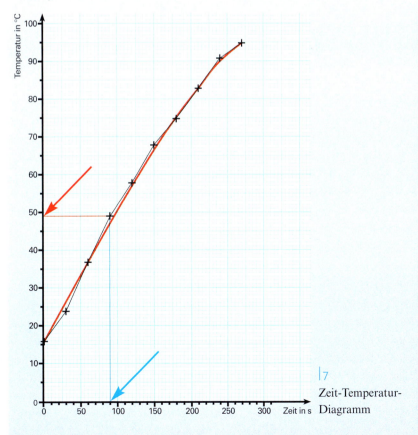

|7 Zeit-Temperatur-Diagramm

Grundlagen Fest – flüssig – gasförmig: ein Modell hilft bei der Erklärung

Stoffe bestehen aus Teilchen
Ein und derselbe Stoff, z. B. Wasser, kann in verschiedenen Aggregatzuständen auftreten. Dabei bleibt das Wasser immer Wasser.
Ein anderes Beispiel ist das Parfüm. Du kennst es im flüssigen und im gasförmigen Zustand:
In einer geschlossenen Flasche ist es flüssig. Wenn du es aber auf deine Haut tropfen lässt, verdunstet es; es wird gasförmig. Den Parfümgeruch kann man überall im Raum wahrnehmen. Man riecht also das Parfüm – sehen kann man es aber nicht. Es muss sich also ganz fein verteilt haben.
Wir können uns *vorstellen*, dass nun überall im Raum ganz kleine Teilchen (Parfümteilchen) vorhanden sind.
Auch bei der Erklärung anderer Beobachtungen kann uns diese Teilchenvorstellung helfen:

Wir stellen uns vor, dass alle Stoffe aus kleinsten, für uns unsichtbaren Teilchen aufgebaut sind.

Diese kleinsten Teilchen sind so winzig, dass man sie auch mit starken Mikroskopen nicht sichtbar machen kann. Wir wollen sie uns einfach als kleine Kügelchen vorstellen.
Mit diesem *Modell* können wir die Zustandsformen und deren Änderungen erklären. |1–|3

Stoffe in festem Zustand

|1 Wasser im **festen** Zustand: Eis

Bei einem Stoff in *festem* Zustand liegen die Teilchen, aus denen er besteht, dicht zusammen.
Die Teilchen haben einen starken Zusammenhalt. Sie können ihren Platz nicht verlassen; ein bisschen können sie sich aber bewegen.
Wenn der feste Stoff erwärmt wird, bewegen sich die Teilchen stärker. Bei einer bestimmten Temperatur – der *Schmelztemperatur* – wird der Stoff flüssig.

Stoffe in flüssigem Zustand

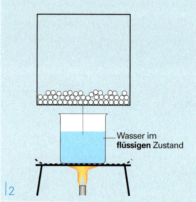

|2 Wasser im **flüssigen** Zustand

Auch im *flüssigen* Zustand besitzen die Teilchen einen Zusammenhalt. Er ist aber nicht so groß wie im festen Zustand.
Die Teilchen haben nun keine festen Plätze mehr. Sie können sich gegeneinander verschieben.
Wenn der flüssige Stoff dann weiter erwärmt wird, bewegen sich die Teilchen noch heftiger. Bei der *Siedetemperatur* wird der Stoff schließlich gasförmig.

Stoffe in gasförmigem Zustand

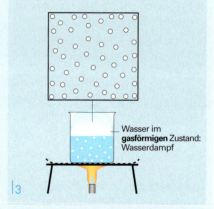

|3 Wasser im **gasförmigen** Zustand: Wasserdampf

Bei einem Stoff im *gasförmigen* Zustand besitzen die Teilchen keinen Zusammenhalt mehr.
Sie verteilen sich auf den ganzen Raum, der ihnen zur Verfügung steht.

B Wie kannst du aus festem Blei flüssiges Blei machen?
C Bei welchem Zustand ist der Zusammenhalt zwischen den Teilchen am größten?
Bei welchem Zustand ist der Zusammenhalt am geringsten?
D Wann ist der Abstand zwischen den Teilchen am größten (kleinsten)?
E Wasser in einer Untertasse wird auf die Fensterbank gestellt. Erkläre mithilfe des Modells, warum es mit der Zeit weniger wird.

A Das „Teilchenspiel": Einige Schülerinnen und Schüler sollen die verschiedenen Zustandsformen eines Stoffes spielen. Jeder stellt *ein Teilchen* dar. Sie sammeln sich an einer freien Stelle des Klassenzimmers.

1 Macht Vorschläge, wie sie den festen Zustand spielen können. (Lest euch den Text unter den Bildern durch.)
2 Jetzt sollen der flüssige und der gasförmige Zustand gespielt werden. Was muss sich ändern?

Wetterkunde **Nebel – Wolken – Regen – Hagel – Schnee**

Überall auf der Erde verdampft Wasser. Ein großer Baum verdunstet an einem Sommertag rund 200 Liter Wasser. Die Luft enthält stets Wasserdampf. Sehen kann man ihn nicht. Wenn der Wasserdampf abkühlt, entstehen Wolken oder Nebel.

Nebel
Besonders häufig tritt Nebel im Frühjahr und Herbst in Flusstälern auf. Dort verdunstet dauernd viel Wasser. Wenn das gasförmige Wasser dann in der kühlen Abend- oder Morgenluft abkühlt, kondensiert es zu kleinen Wassertröpfchen. Wir sehen sie als Nebel. |4

Wolken
Wolken entstehen, wenn der Wasserdampf mit erwärmter Luft hochsteigt, in kältere Luftschichten gelangt und dort kondensiert. Es bilden sich winzige Wassertröpfchen und in größeren Höhen auch kleine Eiskristalle. Sie fallen nicht zur Erde, obwohl Wasser schwerer als Luft ist; denn sie werden von der aufsteigenden Luft in der Schwebe gehalten. Wir sehen sie als Wolken. |5

Regentropfen
Regentropfen entstehen erst, wenn viele der winzigen Tröpfchen einer Wolke zu einem großen Tropfen „zusammenfließen" – wie Fettaugen auf der Suppe. Die Tropfen werden dann so schwer, dass sie als Regen zur Erde fallen. Dicke Regentropfen können sich nur dann bilden, wenn in der Wolke neben den Wassertröpfchen auch noch Eiskristalle vorhanden sind: Sie ziehen die kleinen Wassertröpfchen an und wachsen zu Hagelkörnern an. Auf ihrem tiefen Fall zur Erde tauen sie in wärmeren Luftschichten und gelangen als dicke Regentropfen auf die Erde.

Hagel
Als Hagel prasseln sie auf uns herab, wenn die Körner sehr dick sind und auf dem Weg zur Erde nicht ganz auftauen. In Gewitterwolken werden die Hagelkörner durch die starken Aufwinde immer wieder hochgerissen und wachsen so immer mehr, weil sich ständig neue Wasserteilchen anlagern. Hagelkörner können so groß wie Tennisbälle sein und großen Schaden anrichten.

Schnee
In großen Höhen betragen die Lufttemperaturen meist weit unter 0 °C. Dort bilden sich dann aus dem Wasserdampf keine Wassertröpfchen, sondern Eiskristalle. Das gasförmige Wasser geht dabei direkt in den festen Zustand über. Der flüssige Zustand wird also übersprungen. Es bilden sich Eiskristalle in vielen unterschiedlichen Formen. |6
Sie vereinen sich schließlich zu Schneeflocken. Wenn sie schwer genug sind, rieseln sie als *Schnee* zur Erde nieder – wenn sie nicht in tieferen Luftschichten tauen.

F Lege eine leeres Glas für 5 Minuten ins Gefrierfach. Nimm es dann heraus und stelle es auf den Tisch. Was beobachtest du? Was hat dieser Versuch mit der Wolkenbildung zu tun?

G Vor allem im Sommer sieht man auf Pflanzen und Gras oft Tau. Warum entsteht er nachts und nicht am Tage?

H Wasserdampf ist unsichtbar! Warum sehen wir dann aber die Wolken?

I Wie bildet sich Schnee? Suche dafür eine Erklärung.

|4 Nebel im Flusstal

|5 Kleine Wolke – 600 t kondensierter Wasserdampf

|6 Schneekristall

Wie das Thermometer zu einer Skala kommt

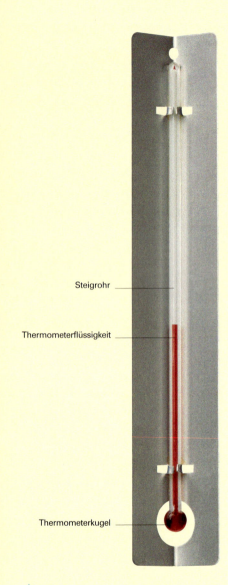

Steigrohr

Thermometerflüssigkeit

Thermometerkugel

|1 Thermometer ohne Skala

1 Wir ermitteln zwei „Fixpunkte" für die Thermometerskala

Wasser siedet bei einer bestimmten Temperatur und Eis schmilzt bei einer bestimmten Temperatur. Diese beiden Temperaturen eignen sich deshalb als Fixpunkte der Skala (lat. *fixus:* fest).

a Die Siedetemperatur von Wasser

Ein Thermometer ohne Skala steht im Wasser. |2 Das Wasser wird bis zum Sieden erhitzt. Beobachte die Thermometerflüssigkeit.

Das Wasser im Glas siedet bereits eine Zeit lang. Markiere die Stelle, an der die Thermometerflüssigkeit zum Stehen gekommen ist. |3

b Die Schmelztemperatur von Eis

Das Thermometer ohne Skala steht jetzt in zerkleinertem Eis. |4
Das Schmelzwasser wird vorsichtig erwärmt. Beobachte wieder die Thermometerflüssigkeit.
Noch ist nicht das ganze Eis geschmolzen. Wo steht die Thermometerflüssigkeit? Markiere die Stelle. |5

c Wie entsteht daraus die Skala?

Du hast jetzt zwei Temperaturen auf deiner Skala: die Siedetemperatur von Wasser (100 °C) und die Schmelztemperatur von Eis (0 °C). Wie kannst du die Skala weiter unterteilen? Überlege dir Lösungsmöglichkeiten. (Einige Tipps: Probiere die Möglichkeiten auf Papierstreifen aus. Miss am Thermometer den Abstand zwischen Schmelztemperatur und Siedetemperatur; übertrage ihn dann auf den Papierstreifen. Wie geht's weiter?)

A Auf der Thermometerskala spielen zwei Temperaturen eine besondere Rolle. Welche sind das?

B In dem Versuch oben wird das Wort „Fixpunkt" erwähnt.
1 Was versteht man darunter?
2 Warum eignen sich die Schmelztemperatur von Eis und die Siedetemperatur von Wasser als Fixpunkte?

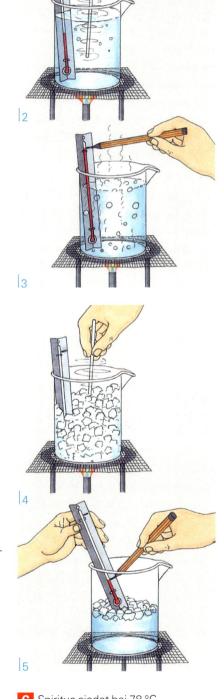

|2

|3

|4

|5

C Spiritus siedet bei 78 °C. Plane einen Versuch, bei dem man diese Aussage *ohne offene Flamme* überprüfen könnte.

Geschichte So entstand die Thermometerskala

**Kunstvolle Thermometer –
schön, aber unpraktisch**
Unten siehst du ein sehr langes, ungewöhnliches Thermometer. |6
Es wurde vor etwa 300 Jahren in Florenz (Italien) hergestellt.
Die Glaskugel an seinem unteren Ende entspricht der Thermometerkugel. Sie enthält Alkohol.
Das dünne Steigrohr ist fast einen Meter lang. Auf das Rohr sind viele kleine Glasperlen aufgeschmolzen; sie stellen die Skala dar.

Die Thermometer waren unhandlich und zerbrechlich. Man wickelte deshalb das Steigrohr zu einer Spirale auf. |6
Solche Thermometer hatten einen großen Nachteil:
Nie besaßen zwei Thermometer genau die gleiche „Perlen-Skala". Die Durchmesser der Steigröhrchen waren nämlich immer unterschiedlich. Man konnte also Temperaturen nur dann vergleichen, wenn man ein und dasselbe Thermometer benutzte.

Das Thermometer von Celsius
Viele Bemühungen gab es, ein „allgemein verwendbares" Thermometer zu erfinden, z. B. durch *Daniel Fahrenheit* (1686–1736).
Den Durchbruch schaffte schließlich der Schwede *Anders Celsius* (1701–1744).
Celsius wählte zwei Fixpunkte für seine Skala:
1. die Schmelztemperatur von Eis,
2. die Siedetemperatur von Wasser.
Diese Fixpunkte konnte man genau und überall auf der Welt ermitteln.
Der erste Fixpunkt wurde 0 Grad, genannt, der zweite 100 Grad. Den Abstand zwischen den beiden Fixpunkten teilte Celsius in 100 gleiche Teile ein. |7
Mit gleichen Abständen konnte er die Skala nach unten fortsetzen (z. B. bis –10 Grad). Genauso konnte er sie nach oben verlängern (z. B. 120 Grad).

Seit jener Zeit erinnert auf den meisten Thermometern ein „C" an Celsius. Außerdem werden Temperaturen in „Grad Celsius" (°C) angegeben.

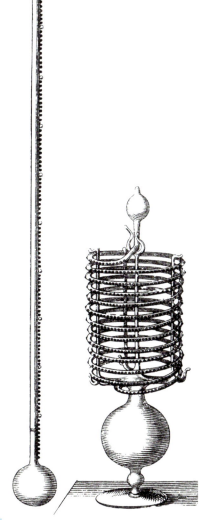

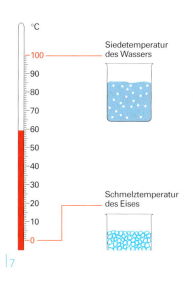

|7

D Warum eignet sich die Körpertemperatur eines Menschen nicht besonders gut als Fixpunkt?
E Den Auftrag, eine Thermometerskala zu entwickeln, erledigt Alex so: Er nimmt ein Thermometer mit Skala und überträgt dessen Skala einfach auf das Thermometer ohne Skala. |8
1 Hältst du das für eine gute Methode? Begründe deine Antwort.
2 Anja hat eine andere Idee:
Sie stellt das Thermometer ohne Skala zunächst in Schmelzwasser. Dann markiert sie den Stand der Flüssigkeitssäule und schreibt „0 °C" daran. Anschließend trägt sie jeweils 1 cm

darüber die Werte „10 °C", „20 °C" usw. ein. Was hältst du davon?
F Es gibt auch Länder, in denen Temperaturen in „Grad Fahrenheit" angegeben werden. Erkundige dich danach, welche das sind.

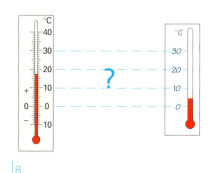

|6 Kunstvolle Thermometer aus Florenz

|8

Zusammenfassung

Wärmeausbreitung *ohne* Stoffe: Strahlung (Konvektion)

Sonnenwärme erhalten wir durch Strahlung. Dabei ist kein Stoff als „Transportmittel" nötig. |1
Auch alle anderen heißen Körper strahlen Wärme ab.

Dunkle, matte Oberflächen erwärmen sich schneller als helle und glänzende. |2

|1 Wärmeausbreitung im Weltall

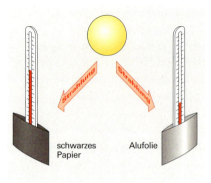

|2 Die schwarze Oberfläche nimmt mehr Strahlung auf.

Wärmeausbreitung *in* Stoffen: Wärmeleitung

Wärmeleitung erfolgt in Stoffen, ohne dass sich der Körper selbst bewegt. Die Wärme wird vom heißen zum kalten Teil des Körpers geleitet. |3 |4

Gute Wärmeleiter sind alle Metalle. *Schlechte Wärmeleiter* sind z. B. Glas, Holz, Wasser und Kunststoff. Sehr schlechte Wärmeleiter sind Luft und andere Gase. Glaswolle und Styropor enthalten in Poren eingeschlossene Luft. Man verwendet sie als Isolierstoffe (Dämmstoffe).

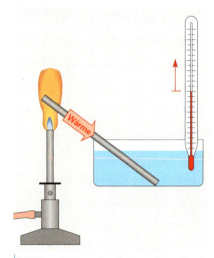

|3 Wärmeleitung durch einen Metallstab

|4 Wärmeleitung durch den Topfboden

Wärmetransport (Wärmeströmung)

Wenn sich ein erwärmter Stoff bewegt, wird zusammen mit dem Stoff die in diesem gespeicherte Wärme transportiert.

Wärmetransport (Wärmeströmung) gibt es nur bei Flüssigkeiten und Gasen.

Beispiele für diese Art der Wärmeausbreitung sind die Warmwasserheizung |5 und das Aufsteigen von erwärmter Luft. |6

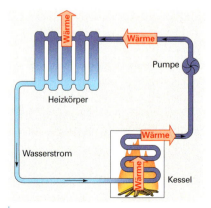

|5 Die Wärme wird von den Heizkörpern an die Luft abgegeben. Das Wasser kühlt ab und wird zurückgepumpt.

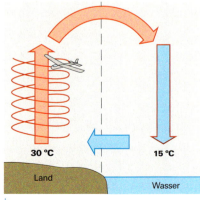

|6 Die Luft über dem Land erwärmt sich und steigt nach oben. Dort kühlt sich die Luft wieder ab und sinkt nach unten.

Wärme verändert den Zustand

Stoffe können in drei unterschiedlichen Zuständen (Aggregatzuständen) vorkommen.
Sie können fest, flüssig oder gasförmig sein. |7

Die Schmelz- und Siedetemperaturen sind bei jedem Stoff anders. Man kann deshalb mithilfe dieser Temperaturen Stoffe voneinander unterscheiden.

|7 Änderung des Zustands

Alles klar?

A Warum werden nur die Außenmauern eines Hauses gut wärmeisoliert? Welche Isolierstoffe kennst du?
B Kochtöpfe haben oft Böden aus Kupfer. Warum eigentlich?
C Eine dünne Styroporwand isoliert besser als eine dicke Betonmauer. Woran liegt das?
D In Polargebieten können zwar Eisbären und Pinguine leben, aber keine Schlangen und Echsen. Findest du eine Erklärung dafür?
E Eine Weihnachtspyramide dreht sich ohne Motor. Wodurch wird sie angetrieben?
F Schau dir den abgebildeten Versuch an. |8 Was wirst du beobachten, wenn die Deckel entfernt werden? Suche dafür eine Erklärung.

G Gib jeweils an, ob es sich um Wärmeleitung, Wärmetransport oder Strahlung handelt. Versuche deine Antwort zu begründen.
1 Um sich nicht an heißen Töpfen zu verbrennen, benutzt man Topflappen.
2 Über Heizkörpern werden weiße Wände und Decken schnell schmutzig.
3 Sonnenkollektoren sind unter der Glasabdeckung schwarz gefärbt.
4 Heißen Tee in einfachen Metallbechern zu servieren ist unpassend.
5 Segelflugzeuge können von Luftströmungen in die Höhe getragen werden.
6 Die Sonne erwärmt die Erde, obwohl der Weltraum leer ist.
H Es liegt Schnee, die Sonne scheint.
1 Markus legt auf den frischen Schnee ein schwarzes und ein weißes Stück Stoff. „Ich weiß, unter welchem Stoff der Schnee am schnellsten schmilzt", behauptet er. Suche eine Erklärung.
2 Im Frühjahr reißt der Schneeteppich auf – am schnellsten dort, wo Laub liegt. |9 Erkläre!
I Franziska (Hauttyp 2), Michael (Hauttyp 1), Jana (Hauttyp 3) und Benny (Hauttyp 4) haben das gleiche Sonnenschutzmittel aufgetragen (Lichtschutzfaktor 6). Wie lange dürfen sie in der Sonne bleiben?

J Sandra und Alex wollen zu Hause einen Behälter bauen. Er soll ihnen im Sommer ihre Getränke länger kalt und im Winter länger warm halten.
1 Was meinst du: Kann das ein und derselbe Behälter leisten? Begründe!
2 Welche Stoffe könnten Sandra und Alex nehmen?
3 Fertige eine Zeichnung an und schreibe die Namen der Stoffe dran. Begründe, warum du gerade diese Stoffe vorschlägst.
4 Beschreibe Versuche, durch die du beweisen kannst, dass der Behälter die gewünschte Wirkung haben wird.
5 Alex behauptet: „Unser Behälter wärmt Früchtetee." Hat er Recht? Begründe deine Antwort. Wenn nötig, schreibe die Aussage anders auf.

|9 Aufgebrochene Schneedecke

|8

Sommerhitze und Winterkälte

Verbogene Schienen – platzende Rohre

Warum verbiegen sich Schienen im Sommer?
Wie funktioniert der automatische Feuerlöscher (Sprinkleranlage)?

Probier's mal!

1 Wasser in der Getränkedose
Fülle eine Getränkedose mit Wasser. Es soll gerade bis an das Trinkloch reichen. Trockne den Dosendeckel ab. Stelle die Dose dann in einen Topf mit heißem Wasser. |3
Was geschieht, wenn sich das Wasser in der Dose allmählich erwärmt?

2 Der eingezwängte Topfdeckel
In ein Brett schlägst du zwei Nägel ein. Ein Topfdeckel aus Metall (ohne Lackierung!) soll gerade noch zwischen die Nägel passen.
a Lege den Deckel auf die Kochplatte eines Elektroherds und schalte den Herd ein. Nach 2 Minuten nimmst du den Deckel vom Herd (Topflappen!). |4 Passt er noch zwischen die Nägel?
b Kühle den Deckel in kaltem Wasser ab. Passt er jetzt?

|1 Durch Hitze verbogene Schienen

|2 Platzender Glasverschluss einer Sprinkleranlage

3 Eine Kunststoffflasche – eisgekühlt
Besorge dir eine dünne, leere Kunststoffflasche. Verschließe sie gut und stelle sie ins Eisfach des Kühlschranks. Nach einiger Zeit holst du sie wieder heraus. Was fällt dir auf?
Suche nach einer Erklärung.

4 Die Münze auf der Flasche |5
Hokuspokus mit einer Flasche. |5
Sicher kannst du das auch ...
Tipps: Die leere Flasche vorher in den Kühlschrank legen. Die Münze zunächst anfeuchten und dann erst auf die Flasche legen.

|3

|4

|5

Grundlagen Körper werden erwärmt

Wenn Körper erwärmt werden …

Körper, die erwärmt werden, dehnen sich nach allen Richtungen aus – egal, ob sie fest, flüssig oder gasförmig sind. Ihr Volumen nimmt zu.

Dabei spielt auch der *Stoff*, aus dem sie bestehen, eine Rolle: Aluminium dehnt sich stärker aus als Eisen und Spiritus stärker als Wasser. |6|7
Gase dagegen dehnen sich alle gleich stark aus (bei gleicher Temperaturerhöhung). Luft dehnt sich also so stark aus wie Sauerstoff oder Gas aus der Sprudelflasche (Kohlenstoffdioxid).
Wenn sich ein Körper durch Erwärmung ausdehnt, nimmt sein Gewicht nicht zu; er wird nicht „mehr".

Wie ist die Ausdehnung zu erklären?
Mit dem *Teilchenmodell* kann man die Ausdehnung bei Erwärmung erklären. Wir stellen uns vor, dass die Erwärmung Einfluss auf die Bewegung der Teilchen des Körpers hat:

Je stärker ein Körper erwärmt wird, desto stärker ist die Bewegung seiner Teilchen.

Bei stärkerer Bewegung brauchen die Teilchen mehr Platz. Das bedeutet, dass sich der Körper ausdehnt. Dazu ein Modellversuch: Kinder stehen dicht beieinander und bewegen sich kaum. |8 Dann beginnen sie sich stärker zu bewegen …

Eisenstab (10 m)	1,2 mm
Aluminiumstab (10 m)	2,4 mm
Kupferstab (10 m)	1,6 mm
Betonstab (10 m)	1,2 mm

|6 Ausdehnung bei Erwärmung um 10 °C

Längenausdehnung fester Körper (1 m lang) bei Erwärmung

Die Körper bestehen aus …	Ausdehnung (Erwärmung um 10 °C)
Glas (feuerfest)	0,03 mm
Porzellan	0,04 mm
Glas (normal)	0,09 mm
Gold	0,14 mm
Messing	0,18 mm
Zink	0,27 mm
Gummi	ca. 8 mm
Asphalt	ca. 20 mm

|7

|8 Modellversuch zur Wärmeausdehnung

A Wovon hängt es ab, ob sich ein Körper stark oder weniger stark ausdehnt?
B Warum steigt die Flüssigkeit in einem Thermometer, wenn man dieses in warmes Wasser hält?
C Eine Eisenkugel wird erwärmt.
1 Wird sie dabei schwerer?
2 Wie kann man die Ausdehnung der Kugel erklären?
D Kennst du den „Zaubertrick" mit den klickenden Münzen? |5
1 Die Münze klickt, während der „Zauberer" die Flasche hält. Warum?
2 Die Flasche muss vorher in den Kühlschrank gelegt werden. Warum ist das wichtig?
3 Die Flasche wird am besten auf einem Handtuch herbeigetragen. Welchen Grund gibt es dafür?
E Weshalb werden Brücken auf Rollen gelagert? |9
F Ein Luftballon wird mit Atemluft (ca. 30 °C) aufgeblasen. Gleich darauf wird er in den Kühlschrank gelegt. Dort herrscht eine Temperatur von 8 °C. Was wird man wohl nach einer Stunde sehen können?
Probiere es aus.
G Die Tabelle unten gibt an, wie sich feste Körper bei Erwärmung verhalten.
1 Dehnen sich nur Metalle aus?
2 Vervollständige folgende Sätze:
„Eisen dehnt sich bei Erwärmung um 1 °C mehr/weniger aus als Kupfer."
„Kupfer dehnt sich … aus als Beton."
„Kupfer dehnt sich … aus als Aluminium."
„Eisen dehnt sich … wie Beton."

|9

Lernstationen Wärmeausdehnung

Was sind Lernstationen?
Das Arbeiten an Lernstationen läuft so ab: Jede Gruppe durchläuft jede Station und führt dort die entsprechenden Aufgaben durch – an jeder Station also eine andere.
Die gleichen Stationen können auch zweimal aufgebaut werden. Um einen Stau zu vermeiden, sollte immer eine Lernstation mehr vorhanden sein, als Gruppen gebildet werden.

Gruppe A beginnt bei Station 1 und wechselt dann zur nächsten Station.
Gruppe B beginnt bei Station 2 …

|1 Von Station zu Station

1 Wie stark dehnt sich Eisen aus?

Versuchsgeräte und -aufbau:

Versuchsdurchführung:
a Schiebt den rechten Ständer so an den Eisenstab heran, dass er ihn berührt. Jetzt muss die Lampe leuchten. Der Spalt wird 5 mm breit eingestellt. Erhitzt nun den Eisenstab. Dehnt er sich so weit aus, dass der Spalt geschlossen wird und die Lampe leuchtet?

b Kühlt den Stab in kaltem Wasser ab. Macht den Spalt dann so schmal, dass gerade noch eine Postkarte hindurchpasst. (Eine Postkarte ist nur 0,25 mm dick.)
Erhitzt nun den Stab von neuem. Wird der Spalt diesmal geschlossen?

Versuchsauswertung:
Vervollständigt die folgenden zwei Sätze:
1. „Der 5-mm-Spalt wurde … (geschlossenen/nicht geschlossen), weil sich der Eisenstab … (stark genug/nicht stark genug) ausgedehnt hat. Die Lampe (leuchtete/leuchtete nicht).
2. „Der Postkartenspalt (0,25 mm) …"

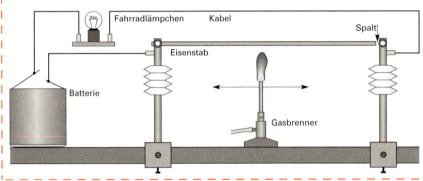

2 Wird eine Eisenkugel durch Erhitzen dicker und auch schwerer?

Versuchsgeräte und -aufbau:

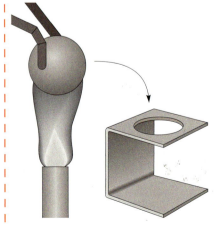

Versuchsdurchführung:
a *Vor dem Erhitzen:* Stellt fest, wie viel die kalte Eisenkugel wiegt. Schreibt den Betrag auf. Probiert aus, ob die Kugel durch den Ring passt.
Erhitzt die Kugel nun mit dem Brenner.
b *Nach dem Erhitzen:* Wie viel wiegt die Kugel jetzt? Passt die heiße Kugel noch durch den Ring?
c Kühlt die Kugel in kaltem Wasser. Passt sie nun durch den Ring?

Versuchsauswertung:
Ergänzt die folgenden Sätze:
1. „Wenn die Eisenkugel erwärmt wird, …"
2. „Wenn die Eisenkugel abgekühlt wird, …"
3. „Das Gewicht der Eisenkugel …"

„Spielregeln" für die Arbeit an den Lernstationen

1. Jede Gruppe sollte höchstens vier Teilnehmer haben.
2. An den Stationen findet ihr die Aufgabenstellungen und Anweisungen.
3. Nach der Arbeit an einer Station säubert ihr alle Geräte.
4. Dann räumt ihr alles wieder so auf, wie ihr es vorgefunden habt. Die nächste Gruppe soll ja ihren Versuch alleine aufbauen.
5. Schreibt die Ergebnisse für jede Station in eure Hefte.
6. Danach wechselt ihr zur nächsten freien Station, an der ihr noch nicht gearbeitet habt.

3 Flüssigkeiten werden erwärmt

Versuchsgeräte und -aufbau:

$d = 5$ mm

Wasser Spiritus Speiseöl

kaltes Wasser (ca. 18 °C) aus dem Wasserhahn

heißes Wasser (ca. 60 °C) aus Thermosflasche oder Wasserkocher

Versuchsdurchführung:

a Stellt die Reagenzgläser in ein Becherglas mit kaltem Wasser. Markiert jeweils mit einer Pappmarke, wie hoch die Flüssigkeiten in den Reagenzgläsern stehen.

b Stellt nun die Reagenzgläser in ein Becherglas mit heißem Wasser. Nach 3 Minuten markiert ihr mit weiteren Pappmarken den neuen Flüssigkeitsstand. Messt nach, um wie viel die Flüssigkeitssäulen jeweils gestiegen sind.

c Die Reagenzgläser werden nun wieder in ein Becherglas mit kaltem Wasser gestellt. Was geschieht?

Versuchsauswertung:

Schreibt auf, wie hoch die Flüssigkeiten gestiegen sind:
– Wasser: … mm
– Spiritus: … mm
– Öl: … mm

Ergänzt die folgenden Sätze:
1. „… dehnt sich am stärksten aus, … am wenigsten."
2. „Beim Abkühlen …"

4 Dehnt sich auch Luft aus?

Versuchsgeräte und -aufbau:

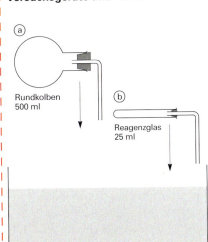

Rundkolben 500 ml

Reagenzglas 25 ml

Versuchsdurchführung:

Führt die beiden Versuchsteile mehrmals durch. Kühlt aber nach jedem Versuch den Glaskolben und das Reagenzglas in kaltem Wasser ab. Trocknet außerdem die Gläser.

a Umschließt den Glaskolben fest mit beiden Händen und haltet das Winkelröhrchen sofort ins Wasser. Zählt die Luftbläschen, die hochsteigen. Wer schafft die meisten Bläschen?

b Macht dann dasselbe mit dem Reagenzglas.

Versuchsauswertung:

Vervollständigt die folgenden Sätze:
1. „Wenn man Luft erwärmt …"
2. „Beim Erwärmen dehnt sich die Luft im Glaskolben … aus als die Luft im Reagenzglas. Erklärung: …"

Technik Große Wirkung

Wenn man Saft kocht und heiß in dicke Glasflaschen füllt, kann es sein, dass diese zerspringen. Zwischen Innen- und Außenseite des Glases wurde der Temperaturunterschied auf einmal zu groß. Schon winzige Unterschiede in der Ausdehnung können ein Zerspringen bewirken. Dass Glas zerspringt, ist bestimmt nicht überraschend. Doch sogar Eisenbahnschienen können durch Hitze Schaden nehmen, sodass Züge entgleisen. Bei großer Hitze dehnt sich der Stahl der Schienen stark aus. Bei der Ausdehnung treten so große Kräfte auf, dass sich die Schienen verbiegen.

Ein Lehrerversuch zeigt, wie groß die Kräfte sind, die bei Temperaturänderungen auftreten können: |2 Das Messingrohr wird erhitzt und dehnt sich aus. Deshalb kann man den Keil immer tiefer in den Spalt hineinschieben. Dann wird kaltes Wasser auf das Rohr gegossen – und der Eisenbolzen zerspringt.

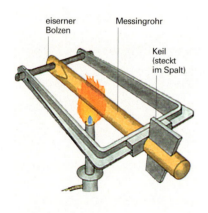

|2 Lehrerversuch mit Bolzensprenger

Technik Stahlbeton – ein wichtiger Werkstoff

Über Baustoffe muss man genau Bescheid wissen – z. B. darüber, wie sie sich beim Erwärmen verhalten. Die Außenmauern und Decken vieler Häuser werden aus *Beton* hergestellt, einem Gemisch aus Kies, Zement und Wasser.
Man verstärkt den Beton dadurch, dass man Stahlmatten oder Stahlgeflechte einfügt; erst darauf wird dann der zunächst noch flüssige Beton gegossen. |1 Dieser „kombinierte" Baustoff heißt *Stahlbeton*. Wenn zwei Baustoffe so eng miteinander verbunden werden, besteht normalerweise ein Problem: Bei Temperaturänderungen könnten sich die Baustoffe unterschiedlich stark zusammenziehen oder ausdehnen. Das würde zu Rissen und Schäden am Bauwerk führen. Bei Stahlbeton besteht diese Gefahr aber nicht: Beton und Stahl (gehärtetes Eisen) dehnen sich nämlich bei Erwärmung gleich stark aus. Das ist z. B. im Sommer der Fall.

A Schreibe die folgenden Sätze in der richtigen Reihenfolge auf. (Der erste und der letzte Satz stehen richtig.)
– Das Messingrohr wird erhitzt.
– Durch kaltes Wasser kühlt sich das Rohr plötzlich stark ab.
– Der Keil wird tiefer in den Spalt hineingeschlagen.
– Das Rohr zieht sich schnell zusammen; es verkürzt sich.
– Das Rohr dehnt sich aus und wird länger.
– Der Eisenbolzen zerspringt.

|1 Kombinierter Baustoff: Stahlbeton

Und bei Abkühlung – im Winter – ziehen sich die beiden Materialien gleich stark zusammen.

B Eisen und Beton kann man als Baustoffe miteinander verbinden – Glas und Aluminium aber nicht. Weshalb?

Technik Sicherheit bei Tankwagen

Täglich fahren Tankwagen auf unseren Straßen. |4
Sie transportieren gefährliche Flüssigkeiten, z. B. Heizöl und Benzin. Die Behälter solcher Tankwagen dürfen nicht bis zum Rand gefüllt werden.
Es kann nämlich sein, dass sie mit einer Flüssigkeit gefüllt werden, die in Tanks unter der Erde bei nur 10 °C gelagert war. Bei sommerlicher Hitze würde sich diese Flüssigkeit erwärmen und dabei ausdehnen. Dafür muss genügend Raum im Tank zur Verfügung stehen.
Der Behälter eines Tankwagens ist in mehrere Kammern unterteilt. In jeder einzelnen Kammer befindet sich ein so genannter Grenzwert-

Technik **So funktionieren Sprinkleranlagen**

Zahlreiche Lagerräume, Theatersäle und Kaufhäuser sind mit automatischen Löschanlagen ausgestattet. An der Decke dieser Räume befinden sich (meistens für uns verborgen) Löschwasserleitungen.
Das Wasser in den Leitungen steht unter Druck – wie in jeder anderen Wasserleitung auch.

|3 Sprinkler an der Decke

Die Leitungen enden in den Sprüheinrichtungen, die wir an den Decken sehen, den *Sprinklern*. |3
In den Sprinklern sind die Wasserleitungen durch bauchige Glasröhrchen verschlossen. Diese Röhrchen wurden mit einer speziellen Flüssigkeit gefüllt.
Bei einem Brand steigt die Lufttemperatur im Raum an – vor allem über dem Brandherd. Dort befinden sich die Sprinkler:
Die Flüssigkeit im Glasröhrchen erwärmt sich und dehnt sich dadurch aus. Das bedeutet:
Die Flüssigkeit im Röhrchen benötigt jetzt mehr Platz als vorher. Sie „sprengt" das Glasröhrchen und gibt den Weg für das Löschwasser frei.
Ein dicker Wasserstrahl trifft nun auf die sternförmige Metallplatte am Boden des Sprinklers. Dadurch verwandelt sich der Strahl in einen sprühenden Regen, der das Feuer löschen soll.

F In einem Raum bricht ein Brand aus. Schreibe auf, was mit der Sprinkleranlage passiert. (Bringe dazu die folgenden Sätze in die richtige Reihenfolge. Der erste Satz steht richtig.)
– Die Temperatur im Raum steigt.
– Die Flüssigkeit sprengt das Glasröhrchen.
– Das Löschwasser tritt aus.
– Die Flüssigkeit dehnt sich aus.
– Das Löschwasser wird von der Metallplatte zu feinem Regen zersprüht.
– Die Flüssigkeit im Glasröhrchen erwärmt sich.

geber |5 (hier rot gezeichnet). Er gibt ein Signal, wenn der Behälter zu neun Zehnteln gefüllt ist. Dann wird die Befüllung sofort gestoppt. Dadurch erreicht man, dass mindestens ein Zehntel des Behälters immer frei bleibt.

C Stell dir vor, die automatische Abschaltanlage eines Tankfahrzeugs ist defekt. Was könnte vor allem im Sommer geschehen?

D An einem heißen Tag kommt es manchmal vor, dass es in einem Auto stark nach Benzin riecht. Warum kann das an der Erwärmung liegen?

E Tankstellen lagern ihren Treibstoff in Tanks unter der Erde. Weshalb wohl?

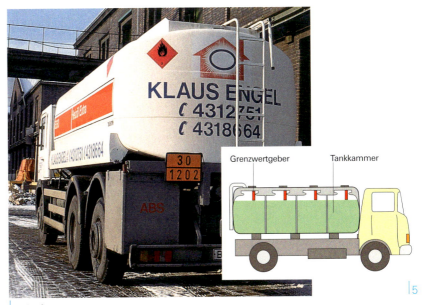

|4 Tankwagen

|5

Wasser verhält sich außergewöhnlich

Das kann passieren, wenn plötzlich der Winter hereinbricht und Flaschen draußen liegen blieben …

Warum ragen eigentlich Eisberge aus dem Wasser heraus? Sie bestehen doch auch aus Wasser …

|1

|2

Probier's mal!

1 Wenn Wasser gefriert …
Fülle ein kleines, möglichst schmales und hohes Schraubglas (für Gewürze) randvoll mit Wasser. Verschließe es mit dem Deckel. Es soll keine Luftblase im Glas sein. Stelle das Glas ins Gefrierfach. Am nächsten Tag schaust du nach. Das Wasser ist nicht nur gefroren …

2 Schwimmen oder sinken
a Schwimmt Eis auf Wasser? Probiere es mit einem Eiswürfel aus.
b Schwimmt festes Wachs auf flüssigem Wachs? Stell ein Teelicht in einer Blechdose auf die Herdplatte. Wenn das Wachs geschmolzen ist, schaltest du den Herd aus und stellst die Dose auf eine Unterlage. Lege Wachsbrocken auf das flüssige Wachs. Schwimmen sie?

3 Erstarren von Wachs und Wasser
a Stelle eine Blechdose mit einem Teelicht auf die Herdplatte. *Kein offenes Feuer verwenden!* Gib in das flüssige Wachs so viele Wachsbrocken, bis das Teelicht randvoll ist. Nimm die Dose vom Herd und lass das Wachs erstarren. Beschreibe die Oberfläche.
b Untersuche, ob die Oberfläche von erstarrtem Wasser genauso aussieht.

4 Erstarren Flüssigkeiten immer oben zuerst – wie ein Teich?
Du brauchst zwei kleine, schmale Gläser. In eins füllst du Kerzenstummel und schmilzt sie im Wasserbad. |3
a Stelle das Glas mit dem geschmolzenen Wachs auf eine Pappunterlage in das Gefrierfach. Daneben stellst du zum Vergleich das zweite Glas mit Wasser. Auf beide legst du lose die Deckel.
b Wo werden die Flüssigkeiten zuerst fest, an der Oberfläche oder am Boden? Nach dem Wachs solltest du nach 5 Minuten schauen, nach dem Wasser nach 1 Stunde, nach $1\frac{1}{2}$ und 2 Stunden.

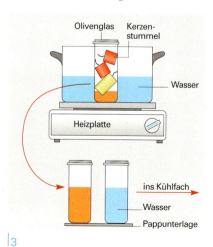
|3

5 Wasser – stärker als Eisen?
Wer ist stärker – eine hohle Eisenkugel oder das Wasser, das in ihr „eingesperrt" ist? Die Kugel wird unter 0 °C abgekühlt. |4

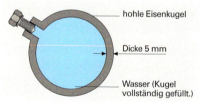
|4

6 Wie stark ändert sich das Volumen von Wasser beim Gefrieren?
Plane einen Versuch, mit dem du diese Frage beantworten kannst. Das Bild hilft dir dabei. |5

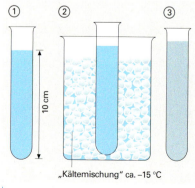
|5

Interessantes **Geplatzte Wasserrohre – Frostaufbrüche – Geröllhalden**

Geröllhalden im Gebirge, Frostaufbrüche auf den Straßen und geplatzte Wasserrohre im Garten haben dieselbe Ursache: |6 – |8
Wasser dehnt sich stark aus, wenn es gefriert.
Bei den meisten anderen Stoffen nimmt das Volumen beim Erstarren ab.

A Wasserrohrbruch im Garten
1 Warum kann es bei Frost zu einem Wasserrohrbruch kommen? Warum bemerkt man den Schaden meist erst bei Tauwetter?
2 Im Garten sind Wasserleitungen besonders gefährdet. Wie könnte man sie vor Zerstörung durch Frost schützen?
B Frostaufbrüche
1 Erkläre mithilfe der Zeichnungen, wie Frostaufbrüche entstehen. |9
2 Frostaufbrüche sind meist erst bei Tauwetter zu erkennen. Erläutere!
C Geröllhalden
Unterhalb von Hängen sieht man im Gebirge manchmal Geröllhalden.
1 Erkläre, wie sich ein Felsen im Lauf vieler Jahre in Geröll umwandeln kann. Beginne z. B. so: „Regenwasser dringt in kleine Felsspalten ein …"
2 In Wüstengebieten (z. B. auf der Insel Sinai in Ägypten) verwittern Felsen langsamer als in den Alpen. Erläutere!

|6 Geröllfeld im Gebirge

|7 Frostaufbrüche

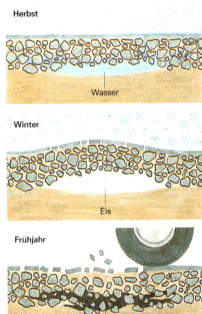
|9 Entstehung des Frostaufbruchs

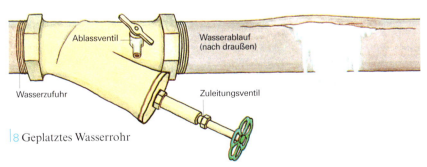
|8 Geplatztes Wasserrohr

Warum frieren Seen nicht bis zum Boden zu?

Eisige Kälte – Lufttemperatur: –10 °C.
Trotzdem ist das Wasser im See unter dem Eis nicht gefroren. Dort leben sogar Fische!
Wie warm ist das Wasser im zugefrorenen See?

|1

Probier's mal!

1 Temperaturmessung im Teich
Miss mit einem Digitalthermometer die Temperatur in verschiedenen Wassertiefen in einem Gartenteich. Achtung, nicht das Eis betreten!
Damit der Messfühler sinkt, beschwerst du ihn. Im Abstand von 10 cm markierst du die Eintauchtiefen. |2 Beginne mit der Temperaturmessung direkt unter der Eisschicht.

2 Temperaturen in unterschiedlichen Wassertiefen
Für den Versuch brauchst du einen hohen Standzylinder. |3
Wo wird man die niedrigste Wassertemperatur messen?
Wo im Standzylinder ist die Temperatur am höchsten?

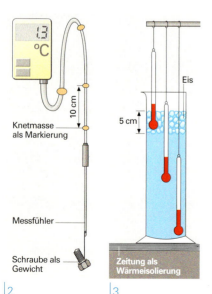

Umwelt Wassertemperaturen in einem See

Vielleicht hast du diese Erfahrung auch schon im Sommer gemacht: Beim Baden und Tauchen in einem See wird das Wasser immer kälter, je tiefer du dich unter der Oberfläche befindest. |4
Wenn dann im Herbst und im Winter die Lufttemperatur sinkt, kühlt das Wasser an der Oberfläche ab. Es wird dadurch schwerer und sinkt nach unten. Schließlich hat das ganze Wasser im See eine Temperatur von 4 °C.
Wenn das Wasser an der Oberfläche noch weiter abkühlt (auf 3 °C oder 2 °C), sinkt dieses kühlere Wasser nicht. Es schwimmt auf dem Wasser von 4 °C. Also nimmt die Wassertemperatur nur noch in den oberen Wasserschichten ab, und an der Oberfläche erstarrt das Wasser zu Eis. Im See nimmt die Wassertemperatur mit zunehmender Tiefe jetzt bis auf 4 °C zu. |5
Wenn der Frost anhält, kühlt auch das unmittelbar darunter liegende Wasser weiter ab – die Eisschicht auf dem See wird immer dicker.

Wenn der See tief genug ist, friert er nicht bis zum Boden durch. Dadurch überleben Wasserpflanzen und Wassertiere im Winter im Tiefenbereich des Sees.

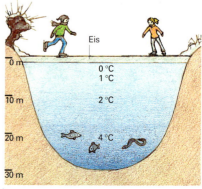

|4 See im Sommer |5 See im Winter

Grundlagen **Wasser – eine ganz besondere Flüssigkeit**

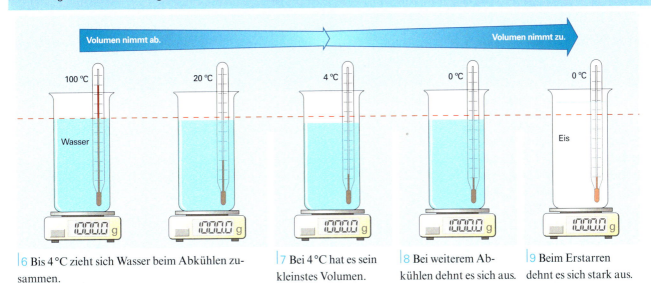

|6 Bis 4 °C zieht sich Wasser beim Abkühlen zusammen.

|7 Bei 4 °C hat es sein kleinstes Volumen.

|8 Bei weiterem Abkühlen dehnt es sich aus.

|9 Beim Erstarren dehnt es sich stark aus.

Wenn man Wasser abkühlt, verhält es sich zunächst wie alle anderen Stoffe. Es zieht sich zusammen, sein Volumen wird kleiner. |6–9

Bei 4 °C ist das Volumen von Wasser am kleinsten. Unterhalb von 4 °C dehnt es sich bei sinkender Temperatur aus. Sein Volumen nimmt zu.

Wenn man Wasser weiter abgekühlt, gefriert es und dehnt sich dabei stark aus.

Wenn Wasser zu Eis erstarrt, wird sein Volumen viel größer. 1 kg Eis nimmt mehr Raum ein als 1 kg Wasser.

Leichter oder schwerer?
Warum schwimmt Eis auf Wasser? |10 Warum steigt in Wasser von 4 °C wärmeres oder kälteres Wasser nach oben? |11 Die Erklärung liefert dir die Zeichnung. |12
1 l Wasser von 4 °C ist am schwersten. Eis ist am leichtesten, deswegen schwimmt es immer oben.
Wasser von 20 °C und von 1 °C ist leichter als Wasser von 4 °C, deswegen schwimmt es über dem Wasser von 4 °C.

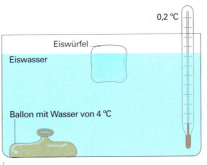

|10 In Eiswasser sinkt Wasser von 4 °C nach unten, während Eis schwimmt.

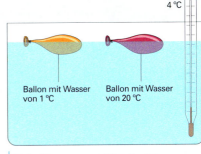

|11 In Wasser von 4 °C steigt Wasser von 1 °C oder von 20 °C nach oben.

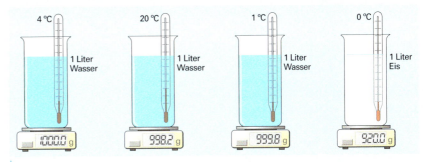

|12 1 Liter Wasser bei verschiedenen Temperaturen

A Im Sommer ist das Wasser im See an der Oberfläche wärmer als unten. Versuche eine Erklärung zu geben.
B Am Grund eines zugefrorenen tiefen Sees beträgt die Temperatur 4 °C. Nach oben ist das Wasser kälter. Erkläre!
C Wenn Wasser gefriert und flüssiges Wachs erstarrt, kann man Unterschiede beobachten.

1 Beschreibe die unterschiedlichen Beobachtungen.
2 Was kannst du über das Volumen beim Erstarren aussagen?
3 Stell dir vor, Wasser würde sich beim Gefrieren „normal" verhalten – wie z. B. Wachs. Was würde das für das Leben der Fische und Pflanzen im See bedeuten?

Zusammenfassung

Volumenänderung fester Körper

Die Eisenkugel passte nach dem Erwärmen nicht mehr durch das Loch. Nach dem Abkühlen passte sie wieder hindurch. |1 Allgemein gilt:

Ein fester Körper, der erwärmt wird, dehnt sich nach allen Seiten aus; sein Volumen wird größer. Wenn der Körper wieder abgekühlt wird, zieht er sich zusammen; sein Volumen wird geringer.

Je größer die Temperaturänderung ist, desto stärker dehnt sich der Gegenstand aus.
Die Volumenänderung hängt auch davon ab, woraus der Körper besteht.

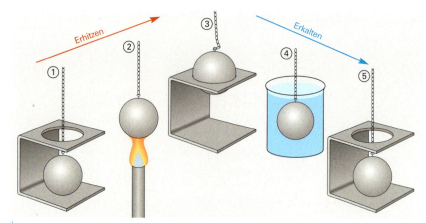

|1 Feste Körper dehnen sich beim Erwärmen aus.

Volumenänderung von Flüssigkeiten

Volumenänderungen beobachtet man auch bei allen Flüssigkeiten:

Eine Flüssigkeit, die erwärmt wird, dehnt sich aus. Wenn sie abgekühlt wird, zieht sie sich zusammen. Unterschiedliche Flüssigkeiten dehnen sich verschieden stark aus. |2

Je größer die Temperaturänderung ist, desto stärker dehnt sich die Flüssigkeit aus.
Die Volumenänderung hängt auch davon ab, um welche Flüssigkeit es sich handelt.

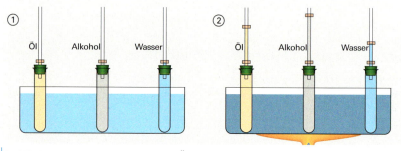

|2 Alkohol dehnt sich stärker aus als Öl und Wasser

Volumenänderung von Gasen

*Ein Gas, das erwärmt wird, dehnt sich aus. Wenn es abgekühlt wird, zieht es sich zusammen.
Die Ausdehnung der Gase hängt aber nicht von der Art des jeweiligen Gases ab.* |3

Je größer die Temperaturänderung ist, desto stärker dehnt sich das Gas aus. Die Volumenänderung hängt *nicht* von der Art des Gases ab.

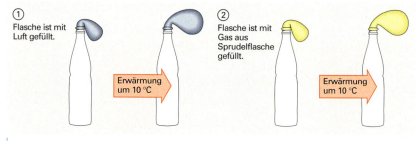

|3 Gase dehnen sich gleich stark aus.

Wasser verhält sich anders

Wasser hat bei 4 °C sein kleinstes Volumen. Unterhalb von 4 °C dehnt es sich beim Abkühlen aus.

Beim Gefrieren nimmt das Volumen von Wasser stark zu.

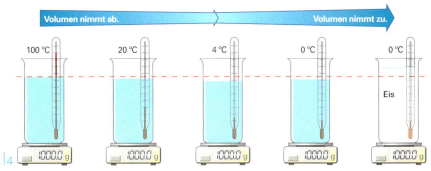

|4

Alles klar?

A Die Spalten in der Fahrbahn einer Brücke nennt man „Dehnungsfugen".
1 Erkläre diesen Namen.
2 Die Bilder unten zeigen die Abdeckung einer Dehnungsfuge. |5|6
Eine dieser Aufnahmen wurde im Sommer gemacht und eine im Winter. Welches ist die „Sommer-Aufnahme"? Begründe deine Antwort.

B Eine Flasche wird randvoll mit heißem Saft gefüllt und dann verschlossen.
Nach einiger Zeit ist oben ein Teil der Flasche leer. Wie kommt das?

C Natürlich ist das Bild mit der Kanone nicht ganz ernst gemeint. |7
1 Was könnten die Krieger tun, um ihre Kugeln doch nehmen zu können?
2 Was wäre wohl, wenn die Sonne auch die Kanone erhitzt hätte?

D Beim Tischtennisspielen wurde ein Ball leicht eingedrückt. Wie könnte man ihn „retten"?

E Rohrleitungen, durch die heiße Flüssigkeiten fließen, haben oft große Schleifen. |8 Weshalb wohl?

F* So funktioniert ein Bimetallthermometer:
Der wichtigste Bestandteil eines Bimetallthermometers ist eine Spirale. Sie besteht aus zwei unterschiedlichen Metallschichten, die fest miteinander verbunden sind. |9
Die beiden unterschiedlichen Metalle (z. B. Eisen und Kupfer) dehnen sich bei Erwärmung verschieden stark aus.
1 Welcher Metallstreifen von Bild |10 dehnt sich mehr aus, wenn beide gemeinsam erhitzt werden?
2 Jetzt sind beide Streifen fest miteinander verbunden |11 – sie bilden ein Bimetall (lat. *bi-*: zwei, doppelt). Wird sich der Bimetallstreifen bei Erwärmung nach oben oder nach unten verbiegen? Was geschieht, wenn der Streifen wieder abkühlt?
3 Versuche deine Vermutung zu begründen.
4 Sieh dir die Spirale an. |9 Wenn es wärmer wird, bewegt sich der Zeiger nach unten. Wo liegt demnach das Metall, das sich stärker ausdehnt?

|8 Schleifen in Rohrleitungen

|9 Bimetallthermometer

|5|6 Dehnungsfuge einer Brücke

|7 „Mist, die Kugel lag in der Sonne!"

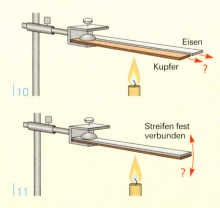

|10

|11

Rund ums Wetter

Das Wetter – genauer betrachtet

Wir in Deutschland haben Glück mit unserem „gemäßigten" Klima. Jede Jahreszeit bringt uns andere Wetterlagen und hat ihre eigenen Schönheiten.
Wer dagegen weiter am Nordpol oder in den Subtropen wohnt, der hat längst nicht so viel Abwechslung mit dem Wetter wie wir.

1 Kalte Klimazone

2 Subtropen

Grundlagen Wetter und Klima

Vielleicht hast du Pflanzen und Tiere im Verlauf der Jahreszeiten beobachtet. Vielleicht hast du auch täglich Temperaturen, Niederschläge, Luftdruck, Windrichtungen und Windstärken gemessen. Klima- und Wetterforscher bilden aus ihren Messreihen für jeden Monat die Mittelwerte und stellen sie fürs ganze Jahr grafisch dar. 3 4
Die Diagramme zeigen die Temperaturen und Niederschläge für zwei ausgewählte Orte. Die beiden Orte liegen etwa gleich weit vom Äquator entfernt – also ungefähr auf dem gleichen Breitengrad. Deshalb steht in beiden Orten die Sonne mittags immer gleich hoch.
Trotz gleichen Sonnenstands sind die Temperaturkurven für die beiden Orte aber ganz verschieden. Und das kann kein Wetterzufall sein, denn die Kurven stammen nicht aus einem Jahr, sondern zeigen die Mittelwerte von mehreren Jahrzehnten.

Auf dem gleichen Breitengrad kann das Klima recht unterschiedlich sein. Beispiele dafür sind Landklima und Seeklima.

A Suche im Atlas *Rotterdam* (in den Niederlanden) und *Saratow* (an der Wolga in Russland). Vergleiche den Breitengrad mit dem deines Wohnorts.
B Der Fachmann sagt: „Das Meer speichert im Sommer die Wärme und gibt sie im Winter wieder ab. Deshalb unterscheiden sich Land- und Seeklima."
Welchen Unterschied findest du?
C Stelle die Mittelwerte deiner Langzeitmessungen für Lufttemperatur und Niederschlag für ein Jahr grafisch dar.

Zu welchem Klimatyp gehört dein Wohnort?
D Bei deinen Langzeitbeobachtungen hast du zum Wetter Folgendes protokolliert: Windrichtung, Windstärke, Luftdruck, Lufttemperatur, Bewölkung, Niederschläge ...
Bei welchen Werten gibt es einen deutlichen Zusammenhang mit den Jahreszeiten?
E Unser Wetter kann sich täglich ändern, aber nicht unser Klima.
Wovon hängt das Klima ab?

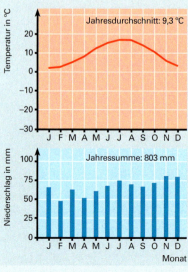
3 Klima in Rotterdam (Niederlande)

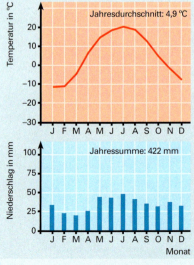
4 Klima in Saratow (Russland)

Interessantes **Der Igel in den Jahreszeiten**

Im August wirft die Igelin zwei bis zehn nackte Junge. Jedes wiegt etwa 20 g und ist 6 bis 10 cm lang. Die jungen Igel kommen mit etwa 100 weichen Stacheln zur Welt. Sie fallen später aus und werden durch harte Stacheln ersetzt. In der zweiten Woche öffnen sich Augen und Ohren. Nach vier Wochen wiegen die Jungen bereits 160 g und nehmen von nun an feste Nahrung auf. Dennoch säugt sie die Igelin noch bis zu 6 Wochen. Dann gehen sie eigene Wege, Igel sind Einzelgänger. Sie werden 25 bis 35 cm lang und 1000 g schwer.

In der Dämmerung erwacht der Igel und verlässt sein Versteck unter einer Hecke, am Waldrand oder im Garten. Seine Schnauze hält er dicht über den Boden, wo er mit seiner empfindlichen Nase seine Beute erschnüffelt. Dazu gehören Insekten, Würmer, Schnecken, aber auch tote Frösche, Mäuse und Jungvögel. Auch Bucheckern und reife Beeren stehen auf seinem Speiseplan.

Im Spätsommer und Frühherbst frisst sich der Igel Fettreserven an. Im Oktober oder November zieht er sich mit einem zusätzlichen Gewicht von bis zu 400 g in sein Nest aus Moos, Laub oder Heu zurück. Wenn es dann kälter wird, senkt der Igel seine Körpertemperatur bis auf 6 °C und fällt in den Winterschlaf. Er atmet seltener. Verdauung und Herztätigkeit werden eingeschränkt. Fällt die Körpertemperatur unter 6 °C, so setzt der Weckreiz ein. Die Körpertemperatur steigt an. Der Igel atmet schneller. Mit dem zusätzlichen Sauerstoff wird ein Teil der Fettreserven zur Energieerzeugung genutzt.
Werden die Fettreserven durch Störungen oder lange kalte Winter vorzeitig verbraucht, überlebt der Igel den Winter nicht.

|5 Igelmutter mit Jungen

|6 Jungtier

Mit zunehmender Tageslänge und steigenden Temperaturen erwachen die Igel im März oder April aus dem Winterschlaf. Sie haben ein Fünftel ihres Gewichts verloren und sind hungrig. Durch das reichliche Nahrungsangebot erreichen sie im Mai wieder ihr ursprüngliches Gewicht. Im Juni und Juli ist Paarungszeit. Auf der Suche nach einem Weibchen wandern die Igelmännchen oft weite Strecken.
Bei Gefahr rollt sich der Igel zu einer Stachelkugel zusammen. Das erschreckte Tier spreizt die Stacheln kreuz und quer ab. So kann es sich gegen fast alle Feinde zur Wehr setzen. Nur Eulen und Greifvögel sowie Füchse, Dachse und Hunde können ihm gefährlich werden.

F Stelle das „Igeljahr" dar. Schreibe zu jedem Monat auf eine Karteikarte, was der Igel tut. Überlege, wie du die 12 Karten des „Igeljahres" an einer Plakatwand übersichtlich gestalten kannst. Ergänze durch weitere Texte, Bilder und Zeichnungen.
G Veranschauliche die Tabelle zur Igelnahrung |7 in einem Diagramm.
H Informiere dich, wie du den Igel sinnvoll schützen kannst. Erstelle dazu ein Flugblatt, das z. B. im Zoohandel Interessierten zur Verfügung gestellt werden kann.
I Ein Garten soll igelfreundlich gestaltet werden. Beachte die Ansprüche des Igels an die Umwelt. Zeichne einen Gartenplan (mit Beschriftung).

Nahrungstier	Anteil
Käfer	39 %
Raupen	24 %
Regenwürmer	19 %
Ohrwürmer	6 %
Käferlarven	5 %
Schnecken	4 %
Fliegenlarven	5 %
Tausendfüßer	1 %

|7 Nahrungstiere des Igels

Luftfeuchtigkeit und Wolkenbildung

Wenn die Wolkenränder „ausfransen", kannst du den Regenschirm zu Hause lassen.
Die Wolke wird sich in der trockenen Umgebungsluft bald auflösen.

Die Ränder dieser Wolken sind scharf begrenzt. An den Oberseiten quellen immer neue Wolkenhügel hervor. Bald wird es regnen.
Aber warum?

1 Wolke löst sich langsam auf.

2 Wolke wächst rasch.

1 Aus Wasserdampf wird Wasser

Du brauchst eine leere Saftflasche mit weiter Öffnung.

a Trockne die Flasche sorgfältig innen und außen ab. Lege sie geöffnet mehrere Stunden lang in den Kühlschrank. So wird die Luft in der Flasche stark abgekühlt.

b Hole die Flasche aus dem Kühlschrank und hauche zwei- oder dreimal in sie hinein. |3
Die Feuchtigkeit deines Atems bildet an der Innenwand der Flasche Nebel. Du siehst ihn deutlich, wenn du die Flasche gegen das Licht hältst.

c Verschließe die Flasche mit einem passenden Deckel. Stelle sie dann an einen sonnigen, warmen Platz. Was ist nach einiger Zeit zu sehen?

d Lege die verschlossene Flasche zurück in den Kühlschrank.

e Erkläre deine Beobachtungen.

|3

Grundlagen Wenn Luftfeuchtigkeit kondensiert …

Wenn Wasser verdampft, wird die Luft immer feuchter. In jedem Kubikmeter Luft kann sich aber nur eine begrenzte Menge Wasserdampf befinden. Wie groß diese Menge ist, hängt von der Temperatur ab.
Bei 24 °C können sich höchstens 22 g Wasserdampf in einem Kubikmeter Luft befinden. Die Luft ist dann mit Wasserdampf „gesättigt". Man sagt, sie ist zu 100 % feucht.
Sehen kann man Wasserdampf zwar nicht, aber man spürt ihn. In so feuchter Luft fühlen wir uns nämlich nicht wohl. Es ist dann wie in einem Treibhaus: Der Schweiß auf unserem Körper kann nicht mehr verdunsten. Er bleibt auf der Haut liegen und die nasse Kleidung klebt am Körper.
Wenn 100 % feuchte Luft abkühlt (z. B. in Aufwinden), kondensiert der Wasserdampf. Es bilden sich winzige Wassertröpfchen. Eine weiße Wolke entsteht. Wenn die Wolke so tief hängt, dass du in ihr spazieren gehen kannst, nennt man sie Nebel.
Werden die Wolkentröpfchen größer und schwerer, beginnt es zu regnen. Ist die Wolke sehr kalt, gefrieren die Tropfen zu Graupeln oder Hagelkörnern.

Wolken und Niederschläge entstehen also immer dann, wenn sich feuchte, warme Luft abkühlt. |4

A Wieso kann man in Wolken spazieren gehen?

B Morgens hängen an den Gräsern oft Tautropfen. Wieso lösen sie sich meist rasch auf?

|4 Niederschlagsbildung

Hat Luft ein Gewicht?

|5

Ein mit Wasser gefüllter Luftballon ist viel schwerer als ein mit Luft gefüllter. Deutlich spürt man sein Gewicht.
Hat Luft auch ein Gewicht?

Grundlagen **Die Masse**

Wenn wir z. B. einen Bleistift auf eine Balkenwaage legen, wird die Waage aus dem Gleichgewicht gebracht. |10
Der Bleistift hat nämlich ein Gewicht. Naturwissenschaftler sagen dazu: „Er hat eine Masse."
Wenn eine Balkenwaage sehr empfindlich ist, wird sie schon durch eine Briefmarke aus dem Gleichgewicht gebracht. Auch Briefmarken haben eine Masse.

Man kann die Masse eines Körpers mit einer Waage messen.

Wir geben die Masse in der Einheit 1 Kilogramm (1 kg) oder in Gramm (1 g) an.
1 kg = 1000 g.
Ganz kleine Massen misst man in Milligramm (mg): 1 g = 1000 mg.
Zum Vergleich:
1 Liter Wasser wiegt 1 kg. |11
1 Liter Luft wiegt nur 1,3 g.

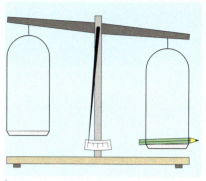

|10 Balkenwaage

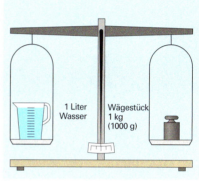

|11 1 Liter Wasser wiegt 1 kg.

1 Wird ein Ball beim Aufpumpen schwerer?
Miss das Gewicht (die Masse) einer leeren Fußballhülle. Pumpe den Ball anschließend auf und wiege ihn erneut. Erkläre!

2 Wie viel wiegt ein Liter Luft?
Willst du das Gewicht (die Masse) der Luft in einem Fußball genauer bestimmen? Dann musst du wissen, wie viel Luft in ihn hineingepumpt wurde. Für solche Messungen gibt es in der Schulsammlung einen speziellen „Ball": eine Hohlkugel aus Metall oder Kunststoff.
Die einzelnen Stationen dieses Versuchs sind gezeichnet – doch absichtlich nicht in richtiger Reihenfolge … Beschreibe den Versuch.
|6–|9

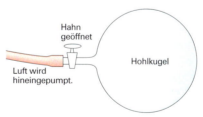

|6

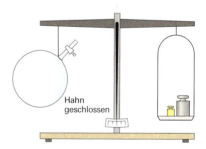

|7

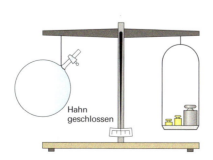

|8

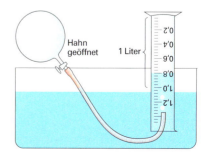

|9

Der Luftdruck

|1

Im Jahr 1660 zeigte Otto von Guericke in einem Aufsehen erregenden Versuch, dass wir auf dem Grund eines Luftmeeres leben. An einem Haus in Magdeburg hatte er ein 10 m hohes Messgerät angebracht. |1
Heute sind die Barometer viel kleiner. Die Versuche zum Luftdruck sind aber immer noch genauso erstaunlich wie im 17. Jahrhundert.

Grundlagen Vom Gewicht der Luft zum Luftdruck

Die Luft hat ein Gewicht. Ein Liter Luft (wie sie uns am Grund des Luftmeeres umgibt) wiegt 1,3 g. Nach oben hin wird die Luft aber immer dünner. Sie wiegt dort auch entsprechend weniger. In 10 km Höhe (wo die Langstreckenflugzeuge fliegen) wiegt 1 Liter Luft nur noch 0,4 g.

Die Luft der unteren Schichten wird durch die darüber liegenden Luftschichten zusammengepresst, sie steht „unter Druck". Man spricht vom Luftdruck.

Der Druck wird meist in der Einheit Hektopascal (hPa) angegeben. An der Erdoberfläche ist der Luftdruck ebenso groß wie der Druck am Boden einer 10 m hohen Wassersäule. Er beträgt rund 1000 Hektopascal (hPa). |4

In Meereshöhe wird im Mittel ein Luftdruck von 1013 hPa gemessen. Luftdruckmessgeräte bezeichnet man als Barometer. |5

Wenn wir auf einen hohen Berg klettern, ist die Luftschicht über uns weniger dick als zuvor am Fuß des Berges. Der Luftdruck ist nun geringer. In 2000 m Höhe beträgt er nur noch 795 hPa und in 4000 m nur 616 hPa.
|4

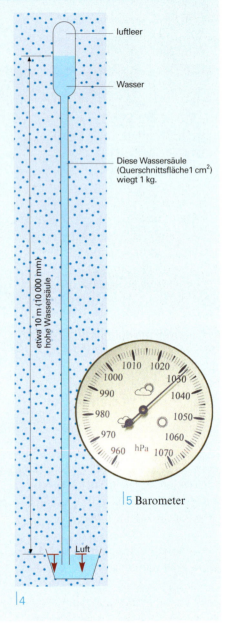

|5 Barometer

1 Kann man dem Luftdruck trauen?
Lege eine Mullbinde oder ein Stück feinmaschige Gaze auf eine Saftflasche oder über ein Glas. Spanne das Gewebe mit einem Gummiband fest. Fülle durch die Maschen hindurch das Glas randvoll mit Wasser. |2
Lege deine Hand darauf und drehe die Flasche um. Ziehe die Hand dann weg. Was geschieht?

2 Wer hält das Wasser im Schlauch?
Lass einen 1 m langen Schlauch ganz voll Wasser laufen. Verschließe ihn an beiden Enden mit den Daumen.
a Halte den Schlauch senkrecht und biege ihn unten um. |3 Was geschieht, wenn du das untere Ende öffnest?
b Was geschieht, wenn du auch das obere Schlauchende öffnest?
c Probiere das Gleiche mit einem viel längeren Schlauch.

|2

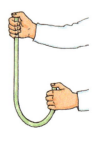

|3

Umwelt Vom Hoch zum Tief

Wenn die Sonne auf die Erde scheint, erwärmt sich diese nicht überall gleich: Die Luft über den Landflächen wird heißer als die über den Meeresflächen.
Heiße Luft dehnt sich aber aus; in unserem Fall steigt sie nach oben. Dadurch wird die Luftsäule über dem Land höher. In großer Höhe fließt dann die Luft in Richtung Meer ab. |6
Durch diese Verschiebung ändert sich der Luftdruck über dem Land. Er verringert sich *(T: Tiefdruckgebiet, „Tief")*.
Anders ist es draußen über dem Meer. Hier kühlt sich die vom Land abgeflossene Luft wieder ab. Ihr Volumen wird geringer, sie sackt zusammen. Dadurch bildet sich nun ein Gebiet mit höherem Luftdruck *(H: Hochdruckgebiet, „Hoch")*.
Der Wind, der diese Druckunterschiede wieder ausgleicht, weht vom Meer her. Man spricht von *Seewind*.
Wind hat also seine Ursache in Luftdruckunterschieden. Diese werden durch die Sonnenstrahlung hervorgerufen. Man kann sagen: Die Sonne treibt den Wind an.
Nachts kühlt sich die Luft über dem Meer weniger stark ab als die Luft über dem Land. Die Folge ist ein umgekehrter Kreislauf der Luftmassen. Es weht nun ein *Landwind* vom Land hinaus in Richtung Meer.

Merkwürdig ist, dass der Wind vom Hochdruckgebiet niemals schnurgerade zum Tiefdruckgebiet weht. Er weht immer auf gebogenen, spiralförmigen Bahnen. |7 Das hängt mit der Drehung der Erde zusammen. Auf Satellitenfotos ist das gut zu erkennen.

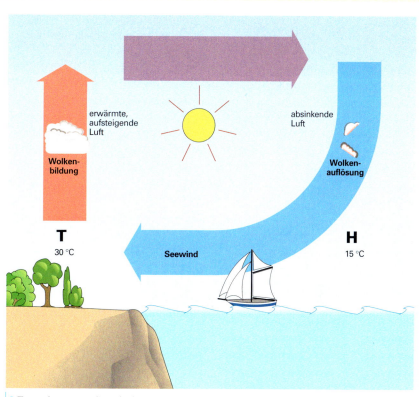

|6 Entstehung von Seewind

A In einem Buch zur Wetterkunde steht: „Die Sonne treibt den Wind an." Ist das wirklich so? Erkläre!
B Bei Wetteransagen wird von „Hochdruckgebieten" gesprochen. Was verstehst du darunter?
C „Wenn mich der Wind von hinten trifft, weiß ich, wo das Tiefdruckgebiet liegt." Erkläre die Aussage anhand der Zeichnung. |7
D Viele Duschen haben einen Duschvorhang. Wenn man warm duscht, klebt einem der Vorhang an den Beinen. Erkläre das mit den Begriffen Hochdruck- und Tiefdruckgebiet.
E Unten stehen einige einfache Wetterregeln. |8 Prüfe nach, ob sie stimmen. Kennst du weitere?

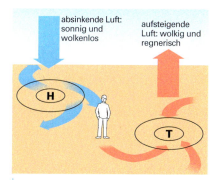

|7 Hochdruck- und Tiefdruckwirbel

Änderung am Barometer	Einfache Wetterregel
Der Luftdruck sinkt schnell.	Wind und Sturm
Der Luftdruck sinkt langsam.	baldiges Ende des schönen Wetters
Der Luftdruck bleibt gleich.	keine Wetteränderung
Der Luftdruck steigt langsam.	schönes Wetter für längere Zeit
Der Luftdruck steigt schnell.	kurzfristige Wetterbesserung

|8 Wetterregeln für Beobachtungen am Barometer

Umwelt **Wetterfronten**

In den verschiedenen Regionen der Erde werden Wasser und Erdboden durch die Sonne unterschiedlich stark erwärmt. Dadurch kommt es zu Luftdruckveränderungen und zur Entstehung von Wind.
Der Wind treibt kalte und warme Luft aufeinander zu. Wo beide Luftmassen zusammentreffen, spricht man von einer Front.

Auf Fotos, die von Wettersatelliten aufgenommen wurden, erkennt man Länder und Meere, Wolken und Wetterfronten. Die Wolken gehören immer zu Tiefdruckgebieten. |1

Hochdruckgebiete verraten sich auf Satellitenfotos nicht – höchstens durch fehlende Wolken (im Foto z. B. über Spanien).

Satelliten fotografieren von oben. Wie die Wolkenschichten von der Seite her aussehen würden, ist in der Zeichnung dargestellt. |2 Hier erkennst du den Unterschied zwischen einer Warmfront und einer Kaltfront.
Die mehr als 1000 km lange Strecke ist auch ins Satellitenfoto eingezeichnet. |1 Sie verläuft quer durch Europa.

Eine Warmfront kommt
Von einer Warmfront spricht man, wenn eine warme Luftmasse auf eine kalte stößt. Weil kalte Luft schwerer ist als warme, bleibt die kalte Luft am Boden liegen. Die warme Luft gleitet immer höher auf die kalte Luftmasse auf. Je höher sie steigt, desto stärker kühlt sie ab. Der in der Luft gespeicherte Wasserdampf kondensiert dabei – es bilden sich Wolken. Es gibt lang anhaltenden Regen (Landregen). Dann folgt eine Zeit lang eine Wetterbesserung: Das Wetter wird „teils heiter, teils wolkig". Doch bald wird der Wind frischer; Luftdruck und Temperatur sinken.

Eine Kaltfront braust heran
Jetzt sind es kalte Luftmassen, die vom Wind gegen die warmen getrieben werden. Weil die kalte Luft schwerer ist, schiebt sie sich unter die warme. Diese wird dadurch ganz schnell nach oben befördert. Dabei bilden sich riesige Wolkentürme. Es kommt zu kräftigen Niederschlägen, oft auch zu Gewittern.
Wenn die Kaltfront über deine Heimat hinweggezogen ist, bessert sich das Wetter oft ganz schnell: Der Himmel ist strahlend blau und du hast eine gute Fernsicht. Das wird sich aber bald wieder ändern …

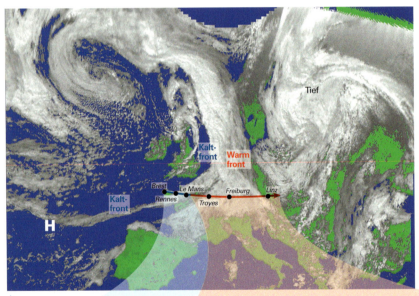

|1 Satellitenaufnahme

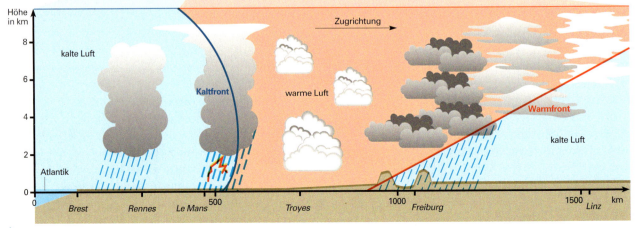

|2 Warmfront und Kaltfront

Wissenswertes Wetterkarten und Wettervorhersagen

Rund um die Uhr sammelt der Deutsche Wetterdienst Millionen von Wetterdaten. Sie stammen von Flugplätzen, Ballons, Satelliten und vielen Wetterstationen; diese gibt es in ganz Deutschland. Ihre Wetterdaten sind Werte für Temperatur, Luftdruck, Luftfeuchtigkeit, Windstärke, Windrichtung, Niederschläge und Bewölkung.

So entsteht daraus die Wetterkarte: Alle Messwerte werden in einen Computer eingegeben. Der verbindet auf der Landkarte alle Orte, an denen der Luftdruck (in Millibar) gleich groß ist, mit einer Linie. Solche Linien heißen *Isobaren* (griech. *isos*: gleich). Sie verraten, wo sich gerade der Kern eines Hoch- oder Tiefdruckgebiets befindet.

Auch die anderen Wetterdaten fasst der Computer auf einer *Wetterkarte* zusammen. Alle sechs Stunden geben die Wetterforscher eine neue Wetterkarte und eine *Wettervorhersage* heraus. Wetterkarten findest du in der Zeitung und im Internet. Ob die Vorhersage stimmt, hängt auch davon ab, für welches Gebiet sie erstellt wurde. Eine Vorhersage für ganz Deutschland trifft für deinen Wohnort natürlich nur selten genau zu.

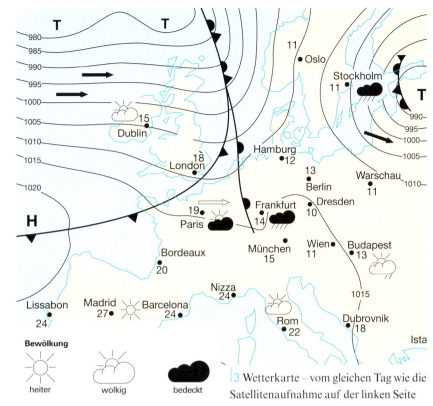

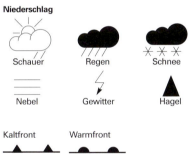

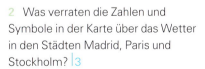

3 Wetterkarte – vom gleichen Tag wie die Satellitenaufnahme auf der linken Seite

4 Satellitenaufnahme

A Erkundige dich, wo in deiner Heimat die nächste Wetterstation liegt, die ihre Messwerte weitergibt?
B Das wichtigste Instrument zur Wettervorhersage ist das Barometer. Wieso?
C Was versteht man in der Wetterkunde unter dem Begriff „Isobaren"?
D Das Satellitenbild |1 und die Wetterkarte |3 stammen vom selben Tag. 1 Welche Wetterfront verläuft zwischen Paris und Frankfurt? 2

2 Was verraten die Zahlen und Symbole in der Karte über das Wetter in den Städten Madrid, Paris und Stockholm? |3
E Manchmal senden Wettersatelliten so eindeutige Bilder, dass auch dir eine Vorhersage von Bewölkung oder Niederschlägen gelingen könnte. |4
Welches Wetter sagst du bei diesem Bild für deinen Wohnort voraus, welches für England?

Kannst du das Wetter vorhersagen?

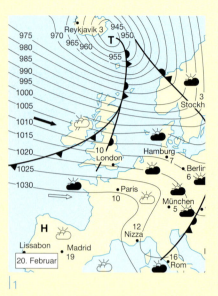
1

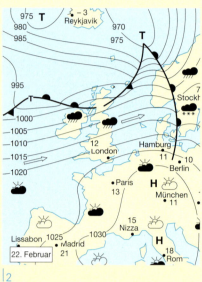
2

Von Landwirten, Fliegern und Seeleuten sagt man, dass sie mit hoher Treffsicherheit Regen und Sturm vorhersagen können. Diese Menschen beobachten die Wetterentwicklung meist recht genau und kennen viele Wetterregeln.
Ein einfache Regel lautet: „In Deutschland herrscht häufig Westwind." Die Hoch- und Tiefdruckgebiete ziehen nämlich von Westen nach Osten über uns hinweg. Dadurch bekommen wir das Wetter, das vorher weiter westlich herrschte.

Auch du kannst zu einem „Wetterfrosch" werden, wenn du
– einfache Wetterregeln kennst,
– die Wetterkarte lesen kannst,
– die verschiedene Wolkenformen unterscheiden kannst,
– eine kleine Wetterstation besitzt.

A „Morgenrot – schlecht Wetter droht." – „Der Abend rot, der Morgen grau, ergibt das schönste Tagesblau." Prüfe, ob diese Regeln stimmen. Sammle weitere Wetterregeln und prüfe, ob sie brauchbar sind.

B Was bedeuten die Zeichen und Zahlen auf den Wetterkarten? 1 2 Schneide aus der Zeitung mehrere Tage lang die Wetterkarten aus und sammle sie. Überprüfe die „Westwind"-Regel.

C Fotografiere Wolkenbilder und notiere dazu das Wetter. 3 Gestalte damit einen kleinen Wolkenatlas.

D Manche Barometer zeigen die Veränderung des Luftdrucks in den letzten Tagen an. 6
Wieso ist diese Veränderung für die Wettervorhersage eine gute Hilfe?

3 Gewitterwolke

Umwelt Schwalben und das Wetter

„Siehst du die Schwalben niedrig fliegen, wirst du Regenwetter kriegen", so lautet eine bekannte Wetterregel.
Es stimmt tatsächlich, dass Schwalben bei schönem Wetter hoch in der Luft und bei schlechtem Wetter dicht über dem Erdboden fliegen. Ursache dafür sind *Insekten,* die von den Schwalben gefangen werden. Wie du weißt, schwankt der Luftdruck. Er ist von der Höhe und auch vom Wetter abhängig:
– große Höhe
   → geringer Luftdruck;
– sinkender Luftdruck
   → schlechtes Wetter;
– steigender Luftdruck
   → schönes Wetter.

Insekten können den Luftdruck fühlen – ähnlich wie ein Barometer. Wahrscheinlich benutzen sie dafür ihre Atemröhrchen, die *Tracheen.* 4
Bei schönem Wetter wird der Luftdruck direkt über dem Erdboden höher. Die Insekten fliegen dann weiter oben.
Da sich die Schwalben von den Insekten ernähren, fliegen sie ihnen nach. Wir sehen die Schwalben dann in größerer Höhe.

Bei fallendem Luftdruck bleiben die Insekten in Bodennähe. Jagen die Schwalben hier nach Beute, könnte es bald Regenwetter geben.

4 Atemröhrchen eines Insekts

Zusammenfassung

Das Klima

Vom Breitengrad hängt der Sonnenstandswinkel ab und damit unsere Klimazone. |5

Je größer der Sonnenstandswinkel am Mittag ist, desto heißer ist das Klima.

Deutschland liegt in einer „gemäßigten" Klimazone.
Allgemeine Klimaregeln: Nahe am Meer regnet es häufiger. Die Temperaturunterschiede zwischen Sommer und Winter sind geringer (Seeklima) als anderswo. Das Wasser speichert nämlich im Sommer die Wärme der Sonne und gibt sie im Winter wieder ab.
Je höher man im Gebirge wohnt, desto niedriger sind die Durchschnittstemperaturen.

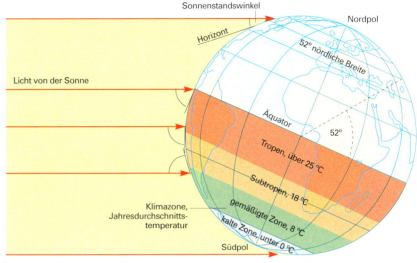

|5 Sonnenstandswinkel und Klimazonen

Das tägliche Wetter

Die Ursache für unser Wetter ist die Sonne: Sie erwärmt Luft, Erdboden und Wasser unterschiedlich und erzeugt dabei Hoch- und Tiefdruckgebiete. Der Wind weht dann vom Hoch zum Tief. Die Sonnenwärme lässt Wasser verdampfen und erzeugt so Wolken und Niederschläge.

Das tägliche Wetter wird bestimmt durch Lufttemperatur, Luftdruck, Windrichtung, Windstärke, Luftfeuchtigkeit, Bewölkung und Niederschlag. |6

Das Barometer zeigt den Luftdruck an. Der Luftdruck entsteht, weil Luft ein Gewicht hat und wir am Grund des Luftmeeres wohnen. Die Änderungen des Luftdrucks verraten ziemlich genau, ob ein sonniger oder regenreicher Tag folgt.

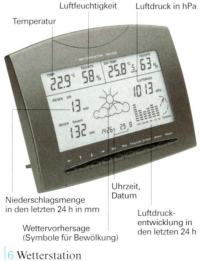

|6 Wetterstation

Alles klar?

A Nenne Berufe oder Freizeitbeschäftigungen, die stark vom Wetter abhängig sind.
B „Die Sonne ist weit weg, trotzdem macht sie unser Wetter." Wieso?
C Gib den normalen Luftdruck in hPa an. Wieso ist der Druck auf einem hohen Berg niedriger?
D Wie entsteht am Meer nachts der Landwind? Zeichne dazu eine Skizze.
E Woraus bestehen Wolken? Wann bilden sie sich?
F* Wenn vom Wind kalte und warme Luftmassen aufeinander zu bewegt werden, entstehen Wetterfronten.
1 Beschreibe die Wettererscheinungen, wenn warme, feuchte Luft auf kalte trifft (Warmfront).
2 Was passiert, wenn kalte Luft auf warme, 100 % feuchte Luft trifft (Kaltfront)?

Kontrolliere deinen Lernstand

A Ein Topf wird über die heiße Herdplatte gehalten. |1
1. Schon bevor der Topf auf der Platte steht, wird der Boden warm. Wieso?
2. Aus welchem Material sollte der Topfboden bestehen, damit das Wasser darin möglichst schnell heiß wird? Begründe deine Wahl.
3. Das Wasser im Topf wird sich nach kurzer Zeit bewegen, obwohl du es nicht umrührst. Begründe!
4. Wenn der Herd abgeschaltet wird, kühlt das Wasser allmählich ab. Wo bleibt die Wärme? Wie könntest du das nachweisen?
5. Wie könntest du die Abkühlung des Wassers möglichst lange verzögern? Plane dazu Versuche.
6. Oft soll verhindert werden, dass Wärme verloren geht. Nenne Beispiele aus Natur und Technik.

B Du füllst den Topf randvoll mit kaltem Wasser und stellst ihn ins Gefrierfach. Am nächsten Tag nimmst du ihn heraus.
1. Du wirst zwei Veränderungen feststellen. Beschreibe sie.
2. Nenne Beispiele aus Natur und Technik, wo diese Veränderungen eine Rolle spielen.
3. Wenn der Topf mit dem Eis einige Zeit draußen steht, schmilzt das Eis langsam. Welche Temperatur hat das Schmelzwasser?

C Wasser kann in drei Zuständen vorkommen.
1. Nenne die Zustände.
2. Bei welchen Temperaturen finden die Zustandsänderungen statt?
3. Beschreibe die drei Zustandsformen im Teilchenmodell.

D Gregor stellt seinen neuen Globus auf den Schreibtisch und beleuchtet ihn von links mit einer Lampe. |2 Damit erklärt er seinem jüngeren Bruder die Tageszeiten und die Jahreszeiten.
1. Welche Bedeutung hat bei dem Versuch die Lampe, die beleuchtete und die schattige Seite der Erde?
2. Nenne einen Kontinent, in dem es gerade Tag (Nacht) ist.
3. Suche Deutschland auf dem Globus. Könnten wir die Sonne sehen? Wenn ja, in welcher Himmelsrichtung?
4. Gregor legt den Finger auf den Äquator und dreht den Globus ein paar „Stunden" weiter. In welche Richtung muss er drehen?
5. Welche Stelle der Erde wird trotz der Drehung immer von der Sonne beschienen?
6. Liegt die Bahn, auf der sich Deutschland mitdreht, länger auf der Tagseite oder länger auf der Nachtseite der Erde? Was bedeutet das für die Temperaturen in Deutschland?
7. Wie weit muss man den Globus drehen, damit bei uns Mitternacht ist?

|1 Topf über der Herdplatte

|2 Globus, von links beleuchtet

8. Gregor möchte darstellen, dass in Deutschland Hochsommer ist. Wie muss er den Versuchsaufbau verändern?
9. Wie groß ist der Anteil der Erdoberfläche, der auf der Tagseite der Erde liegt? Ändert sich dieser Anteil im Lauf der Jahreszeiten?
10. Welche Bedeutung hat die Schrägstellung der Erdachse?

Die Lösungen findest du im Anhang.

Schätze deine Kenntnisse und Fähigkeiten ein:

Aufgabe	Ich kann …
A	meine Kenntnisse über die drei Arten der Wärmeausbreitung anwenden und einen Versuch planen.
B	die Ausdehnung von Wasser beim Erstarren beschreiben und Beispiele für die Bedeutung dieser Ausdehnung in der Natur angeben.
C	kann die drei Zustandsformen des Wassers nennen und mit dem Teilchenmodell beschreiben.
D	die Entstehung von Tag und Nacht und den Wechsel der Jahreszeiten erklären.

Auswertung
Ordne deiner Aufgabenlösung im Heft ein Smiley zu:
☺ Ich habe die Aufgabe richtig lösen können.
😐 Ich habe die Aufgabe nicht komplett lösen können.
☹ Ich habe die Aufgabe nicht lösen können.

Mein Körper – meine Gesundheit

Mein Körper – meine Gesundheit

Wie viel Luft braucht der Mensch?

Erwachsen werden

Wie funktionieren unsere Atmungsorgane?

Muskeln, Sehnen und Gelenke

Mein Körper – meine Gesundheit
Den eigenen Körper solltest du kennen, damit du auf deine Gesundheit achten kannst. Du hast nur den einen!
In diesem Kapitel erfährst du, wie dieses Wunderwerk funktioniert. Wirbelsäule und Knochengerüst, Gelenke, Muskeln und Sehnen sorgen dafür, dass wir uns bewegen können. Über den Blutkreislauf wird der Körper mit den lebensnotwendigen Stoffen versorgt, die wir mit Atemluft und Nahrung aufnehmen.
Was die einzelnen Teile des Körpers leisten, ist schon erstaunlich. Noch viel erstaunlicher ist aber ihr perfektes Zusammenspiel …
Unser Körper bleibt nicht gleich, er durchläuft verschiedene Phasen der Entwicklung. Mit der Pubertät beginnt eine aufregende, manchmal auch schwierige Zeit.

In diesem Kapitel kannst du
- deinen Bewegungsapparat kennen lernen und erkennen, wie du Haltungsschäden vermeidest,
- lernen, wie du dich gesund ernährst,
- deine Atmung untersuchen und die Aufgabe der Lunge erkunden,
- die Rolle des Blutkreislaufs erarbeiten,
- dich mit dem Themenkreis „Erwachsen werden" befassen.

Gesunde Ernährung – worauf muss ich achten?

Auf die richtige Haltung kommt's an.

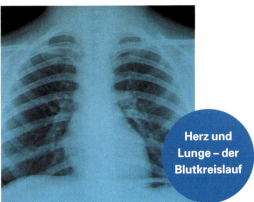

Herz und Lunge – der Blutkreislauf

Was geschieht in der Schwangerschaft?

Verschiedene Arbeitsmethoden

Du wirst
- experimentieren,
- deine eigenen Bewegungen beobachten,
- über Sport diskutieren,
- die Bewertung der Arbeit an Lernstationen kennen lernen,
- dich in Rollenspielen mit Suchtgefahren auseinander setzen.

Ausblick

Das Thema „Mein Körper – meine Gesundheit" umfasst viel mehr. Wovor können Impfungen schützen? Was versteht man unter Blutgruppe? Auf diese und andere Fragen wirst du in dem Buch für die Klassenstufe 5/6 keine Antworten finden.
Wenn du aber mehr darüber wissen willst, findest du Informationen z. B. in Jugendsachbüchern.

Bewegung und Fortbewegung beim Menschen

Wie Bewegung in unseren Körper kommt

|1

|2

|3

75-Meter-Lauf. |1
Davor gespannte Erwartung, dann nichts wie weg! |2

Nicht nur die Beine sind in Aktion. *Überlege, welche Körperteile außerdem eine Rolle spielen.* |3

Probier's mal!

1 Bewegungen beim Fußballspielen
Eine Sportart, die du sicher gut kennst, ist das Fußballspielen.
a Überlege, auf welche verschiedenen Bewegungen es beim Fußballspielen ankommt.
b Welche Körperteile werden bei den jeweiligen Bewegungen besonders beansprucht?

2 … und bei anderen Sportarten
Trage wenigstens drei davon in eine Tabelle ein.
Gib jeweils an, welche Bewegungen besonders wichtig sind und welche Körperteile vor allem beansprucht werden.

3 Gehen und Laufen auf dem Schulhof
Unser Gehen geschieht meistens unbewusst. Schau deshalb einmal genau hin – z. B. so:
a Gehe langsam Schritt für Schritt. |4
Achte auf deine Arme und Beine.
b Welche Muskeln bewegst du beim Gehen? Taste dabei deine Oberschenkel ab. |5

|4

|5

c Welche Gelenke sind beteiligt? |6
d Wie bewegen sich deine Füße? |7

|6

|7

e Geh auf Zehenspitzen. Welche Muskeln spannst du jetzt besonders an?
f Was ist anders, wenn du rennst?

4 Wie steht's mit dem Gleichgewicht?
Zum Gehen brauchst du natürlich Beine und Füße. Aber welche Rolle spielen dabei deine Arme?
a Lege beim Gehen beide Arme eng an den Körper an. Gehe so auf einer Linie oder Kante. |8

|8

b Stell dich an eine Wand – und zwar so, dass eine Schulter und ein Fuß die Wand berühren. |9 Wie lange kannst du den anderen Fuß weghalten, ohne umzukippen?
c Stell dich auf einen Fuß und schließe die Augen. |10 Achte darauf, wodurch dein Körper das Umkippen vermeidet.

|9

|10

Grundlagen So kommt es zu einer Bewegung

Fast der ganze Körper ist beteiligt, wenn wir uns in Bewegung setzen: die Sinnesorgane (Ohr, Auge …) und das Gehirn sowie viele Muskeln, Knochen und Gelenke. |14
Beim Gehen macht unser Körper automatisch Gegenbewegungen. So schaffen wir es, das Gleichgewicht zu halten. Holpern und Stolpern vermeiden wir durch elastische Ausgleichsbewegungen, die wir unbewusst ausführen.
Wenn sich unser Körper in Bewegung setzt, reagiert er mit schnellerem Atmen und vermehrten Pulsschlägen. Das Herz hat jetzt mehr zu arbeiten.
Bei der Arbeit der Muskeln entsteht außerdem Wärme.

An einer Bewegung sind Muskeln, Gelenke und Knochen beteiligt. Ausgangspunkt für die Bewegung sind Sinnesorgane und Gehirn.

|14

Sport Beim Hürdenlauf

Nur noch Sekunden bis zum Start. Der Läufer kniet in Startposition. Seine Muskeln sind gespannt. Er wartet auf den Startschuss. Jetzt der Knall – der Reiz, der den Läufer reagieren lässt. Über die Nerven wird die Information von den Ohren zum Gehirn geleitet. Dieses gibt sofort Befehle mithilfe anderer Nerven an die Muskeln. Der Läufer schnellt aus dem Startblock hinaus. Vor sich sieht er die Bahn mit den Hindernissen. Seine Augen und sein Gehirn arbeiten zusammen, damit er rechtzeitig vor der Hürde zum Sprung ansetzt. Die Muskeln winkeln die Gelenke an: Er schafft die erste Hürde. Bei der zweiten kommt er aber fast aus dem Gleichgewicht. Unbewusst macht sein Körper Ausgleichsbewegungen, vor allem mit den Armen.
Sein Atem geht sehr schnell. Doch endlich ist er am Ziel. Noch beim Auslaufen pumpt sein Herz schnell viel Blut durch den Körper. Der erhöhte Pulsschlag ist deutlich zu spüren. Bei den anstrengenden Muskelbewegungen hat sich im Körper viel Wärme entwickelt. Der Schweiß auf der Stirn kühlt ihn ab.

5 Wir untersuchen, was sich im Körper durch Laufen ändert

Die Untersuchung erfolgt in Gruppenarbeit an 3 Stationen. An einer wird eine Uhr mit Sekundenzeiger gebraucht. Ein Teil der Klasse untersucht und protokolliert. Der andere Teil stellt die Versuchspersonen.
Zunächst erfolgen die drei Untersuchungen mit ausgeruhten Versuchspersonen. Dann rennen die Versuchspersonen 3 Minuten lang über den Hof. Danach werden die Untersuchungen wiederholt.
Vergleiche die Ergebnisse.

|11

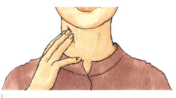
|12

|13

a Station 1: Wie viele Atemzüge pro Minute zählst du? (Einatmen und Ausatmen bilden zusammen einen Atemzug.) |11

b Station 2: Fühle deinen Puls an der Halsschlagader. Du findest sie seitlich des Kehlkopfs. |12 Fühle nur auf einer Seite! Zähle die Schläge in einer Minute.

c Station 3: Und wie steht's mit dem Schwitzen?
Frage die Versuchspersonen, wie sie sich gerade fühlen. |13

Wie Gelenke dich beweglich machen

Der Mensch ist vielseitig beweglich. Das wird durch seine Gelenke ermöglicht. An der *Hand* kann man das besonders gut sehen. |1

Kannst du dir vorstellen, wie viele Gelenke deine Hand besitzt – mehr als 10, mehr als 20, mehr als 30? Schätze zunächst und zähle sie anschließend. |2

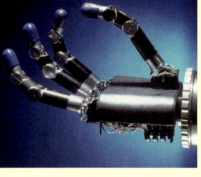
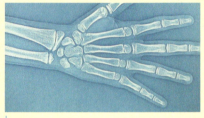

|2 Röntgenaufnahme einer Hand

|1 Hände in Tätigkeit

Probier's mal!

1 Wo befinden sich die Gelenke deiner Hand?
Fertige eine Umrisszeichnung deiner Hand an. Lege dazu eine Hand mit der Handfläche nach unten flach auf ein Blatt Papier. Umfahre sie dann mit einem Farbstift. |3

Suche nach allen Stellen deiner Hand, die du bewegen kannst. Markiere sie in der Umrisszeichnung.
An diesen Stellen befinden sich die Gelenke der Hand.

2 Wo liegen Muskeln und Sehnen in deiner Hand?
a Umgreife deinen linken Unterarm mit der rechten Hand. Öffne und schließe dabei deine linke Hand zur Faust. Wo liegen die Muskeln, die sich jetzt bewegen?
b Bewege mit ausgestreckter Hand die Finger auf und ab. Du erkennst dadurch den Verlauf der Sehnen auf dem Handrücken. Zeichne diese Sehnen mit einem Filzstift nach. |4
c Welche Bewegungen werden durch die Muskeln deines Unterarms hervorgerufen? Welche durch die der Hand?

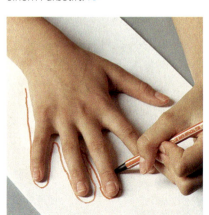
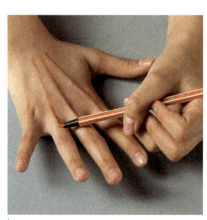

|3 So entsteht eine Umrisszeichnung. |4 Wo liegen die Sehnen deiner Hand?

Grundlagen Gelenke – ihr Aufbau und ihre Funktion

Unsere Beweglichkeit verdanken wir den Knochen, Muskeln und Sehnen – vor allem aber den Gelenken. Durch Gelenke sind die Knochen beweglich miteinander verbunden.

Wie Gelenke aufgebaut sind
Alle *Gelenke* sind ähnlich aufgebaut. |5 Beide Knochenenden sind glatt und mit elastischen *Knorpeln* gepolstert.
Zusätzlich vermindert die *Gelenkschmiere* im *Gelenkspalt* die Reibung. Dadurch lassen sich die Knochen leicht bewegen.
Eine zähe Hülle, die *Gelenkkapsel*, sichert die Festigkeit des Gelenks. Außerdem liegen außen auf der Gelenkkapsel feste *Gelenkbänder*. Sie erhöhen die Stabilität des jeweiligen Gelenks.

Verschiedene Gelenkarten
Die Form von *Gelenkkopf* und *Gelenkpfanne* bestimmt Art und Beweglichkeit des Gelenks. |5–7
Kugelgelenke ermöglichen kreisende Bewegungen nach allen Seiten. Das Schultergelenk und das Hüftgelenk sind solche Kugelgelenke.
Beispiele für ein *Scharniergelenk* sind das Ellbogengelenk und die Gelenke zwischen den Fingergliedern. Sie lassen Bewegungen in nur zwei Richtungen zu.
Zwischen Handwurzel und Daumen liegt ein *Sattelgelenk*. Es ermöglicht ebenfalls kreisende Bewegungen.
Für die seitliche Drehung des Kopfes ist ein *Drehgelenk* zwischen den Halswirbeln verantwortlich.

Unsere erstaunliche Hand
In einer Hand sind 27 Knochen beweglich miteinander verbunden. Sie werden von 40 einzelnen Muskeln bewegt. Eine Hand bietet nicht ausreichend Platz für alle Muskeln, durch die sie bewegt wird. Deshalb liegen 22 davon im Unterarm. Von dort aus steuern sie mithilfe von Sehnen die Fingerbewegungen.

A Welche Hauptaufgabe hat ein Gelenk?
B Es gibt mehrere Gelenkarten. Weshalb ist das vorteilhaft?
C Sind alle Finger gleich gut beweglich? Kannst du jeden Finger für sich allein bewegen? Erkläre!
D Esst ihr gerade heute zu Hause ein Brathähnchen?
Dann untersuche dessen Gelenke. Beschreibe sie.

3 Bauanleitung
Wir bauen das Modell eines Ellbogengelenks |8
Wir brauchen ein Stück Pappkarton und die Klammer einer Versandtasche.
a In welchen Richtungen ist das Modell-Gelenk beweglich?
b Vergleicht das Modell mit einem Ellbogen: Sucht Gemeinsamkeiten und Unterschiede.

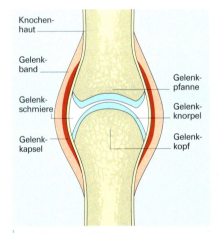
|5 Aufbau eines Gelenks

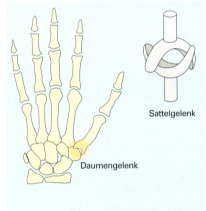
|6 Das Daumengelenk

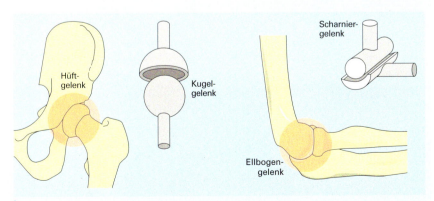
|7 Hüftgelenk und Ellbogengelenk

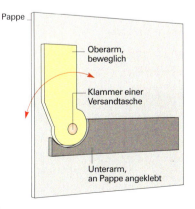
|8 Modell des Ellbogengelenks

Umwelt und Technik Gelenke im Vergleich

Unser Körper ist mit unterschiedlichen Gelenken ausgestattet. Von ihnen ist das *Kniegelenk* das größte. Es muss die Last des gesamten Körpers tragen. |1
An Werkzeugen und Maschinen sind zahlreiche *technische Gelenke* zu finden. Wie beim Skelett des Menschen sorgen sie für die Beweglichkeit von Werkzeugen und Maschinen. Auch bei technischen Gelenken findet man unterschiedliche Gelenkarten – je nachdem, welche Aufgaben sie zu erfüllen haben. |2

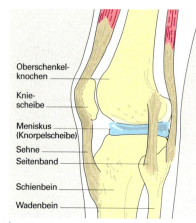

|1 Kniegelenk

A Gelenke deines Körpers sind z. B. das Hüftgelenk, das Fingergelenk und das Ellbogengelenk.
1 Gib an, um welche Gelenkart es sich bei diesen Gelenken handelt.
2 Welche Bewegungen lassen sich damit jeweils ausführen?
3 Überprüfe deine Antworten am Skelett eines Menschen aus der Schulsammlung.

B Sieh dir dein Knie und das Bild des Kniegelenks an. |1
1 Welche Bewegungen ermöglicht das Kniegelenk?
2 Wie ist beim Kniegelenk für Stabilität gesorgt?
3 Welche Aufgaben haben die Knorpelscheibe (Meniskus) und die Bänder?
4 Wobei wird das Kniegelenk besonders beansprucht?
Wodurch wird es leicht verletzt?

C Nenne Gegenstände deiner Umgebung, an denen du Gelenke findest. Welche Aufgaben haben sie?

D Sieh dir die technischen Gelenke genauer an. |2 Welche Gelenke des Menschen arbeiten ähnlich?

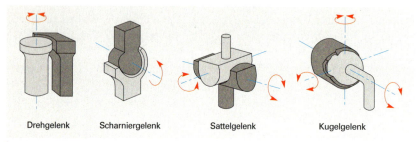

|2 Technische Gelenke

Gelenke verschaffen z. B. dem *Greifarm eines Industrieroboters* vielfältige Bewegungsmöglichkeiten. |3 Wie beim Menschen findet man auch hier z. B. Dreh- und Scharniergelenke.
Die Bewegungen des Industrieroboters erfolgen mithilfe von Elektromotoren. Sie entsprechen der Muskulatur des Menschen. Gesteuert werden die Bewegungen durch einen Computer.
Roboter können für schwere, gefährliche, präzise oder auch eintönige Aufgaben eingesetzt werden.

E Auch der Greifarm eines Roboters ist mit Gelenken versehen. |3
1 Wie arbeiten technische Gelenke?
2 Benenne sie.
3 Vergleiche die „Hand" des Roboters mit deiner eigenen Hand:
– Wo findest du ähnliche Gelenke?
– Achte auf die Zahl der Teile, durch die die Roboterhand bewegt wird.
– Vergleiche die Steuerung einer Hand mit der eines Roboters.
4 Spielt einmal selbst Roboter.
– Versucht die Bewegungsmöglichkeiten des Roboters mit eurem Körper nachzuahmen.
– Welche Bewegungen könnt ihr ausführen, der Roboter aber nicht?

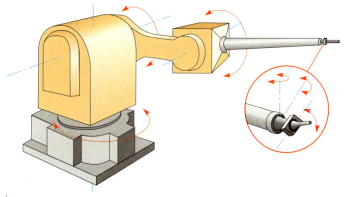

|3 „Hand" eines Industrieroboters

Grundlagen Das Skelett und seine Bestandteile

Bei der Fortbewegung wird unser Körper oft stark belastet – vor allem beim Laufen, Turnen oder Springen: Erschütterungen müssen ausgeglichen werden und Stöße sind abzufangen. Dabei gilt es, die Beweglichkeit beizubehalten. Das alles leistet unser Skelett. |4

Das Skelett ist ein Knochengerüst aus über 200 Knochen, deren Namen du dir natürlich nicht alle merken musst. Es besteht aus plattenförmigen, langen röhrenartigen und kurzen Knochen. Lange, schlanke Knochen können große Gewichte tragen. Flächige, gewölbte Knochen bilden schützende Hüllen um empfindliche Organe. Damit sind wichtige Aufgaben unseres Skeletts genannt:

Das Skelett stützt den menschlichen Körper. Außerdem schützt es dessen innere Organe (z. B. Gehirn, Herz und Lungen).

F Schau dir das Skelett der Schulsammlung an. Suche daran einige der hier abgebildeten Knochen. |4
G Nenne die Hauptabschnitte des menschlichen Skeletts.
1 Aus welchen Teilen setzen sie sich zusammen?
2 Welche dieser Knochen kannst du ertasten?
H Was wird durch das Kopf- oder Schädelskelett besonders geschützt?
I Das Kopfskelett hat nur einen beweglichen Knochen. Welchen? Wozu dient er?
J Fertige eine Tabelle an, in die du die Hauptaufgaben der Knochen einträgst.
K In der Bautechnik orientiert man sich oft an Skeletten von Lebewesen: Ein hoher Turm muss standfest sein, aber auch leicht, damit er nicht unter seiner eigenen Last zusammenbricht. Informiere dich über Konstruktionen, die man beim Turmbau anwendet.

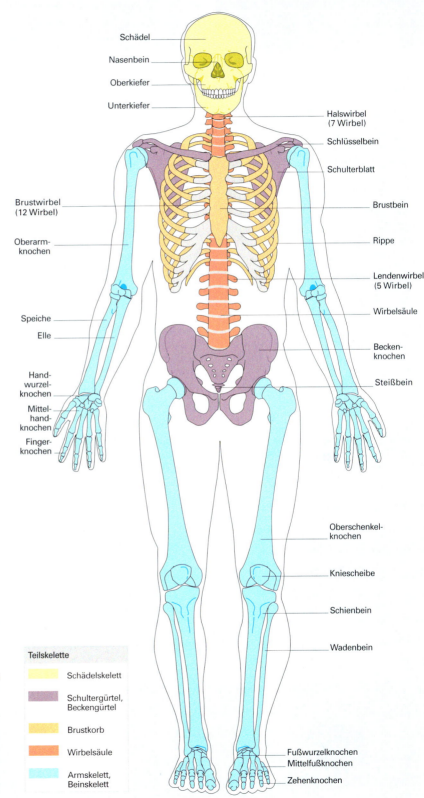

|4 Das Skelett und seine Bestandteile

Wunderwerk der Natur: deine Knochen

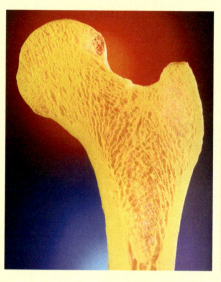

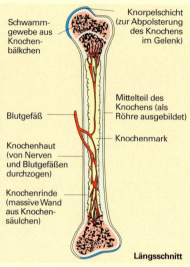

„Einfach nur ein Knochen, nicht viel mehr als ein Stück Holz!" Denkst du so über Knochen? Dann bedenke:
Knochen haben eine Haut sowie Nerven und Blutgefäße.
Knochen leben, sie sind „lebende Organe". |1
Außerdem haben Knochen eine lebenswichtige Aufgabe: Sie spielen eine Rolle bei der Blutbildung.

Übertrage die Skizze des Knochens vergrößert in dein Heft. Beschrifte sie.

1 Belastbarkeit von Knochen

In diesem Versuch sollen zwei Fragen untersucht werden:
– Wie belastbar ist ein Knochen im Vergleich zu einem Kreidestück?
– Knochen sind röhrenförmig. Kann man einen röhrenförmigen „Modellknochen" aus Papier stärker belasten als einen flachen?

a Überlege dir, wie du diese Fragen im Experiment untersuchen kannst. Du kannst z. B. die abgebildeten Versuchsmaterialien verwenden. |2
b Zeichne den geplanten Versuchsaufbau und führe den Versuch durch.
c Notiere die Versuchsergebnisse. Was kannst du über die Belastbarkeit von Knochen schließen?

2 Woraus bestehen Knochen?

Knochen bestehen aus zwei Bestandteilen. Im Bild unten hat man jeweils einen dieser Bestandteile entfernt. |3
a Welche Knocheneigenschaften kannst du aus dem Foto ablesen?
b Der Versuch ist auf der Nachbarseite beschrieben (c und d). Ihr werdet ihn nicht selber durchführen können, aber von Anfang an könnt ihr mitwirken. Legt ein Versuchsprotokoll an, das folgende Teile enthalten soll:
– Angabe zum Versuchsziel,
– kurze Versuchsbeschreibung,
– Versuchsbeobachtungen und Versuchsergebnisse,
– Erklärung der Ergebnisse.

|2 Mögliche Versuchsmaterialien

|3 Knochen, die behandelt wurden

Grundlagen Woraus Knochen bestehen

Bei einem Säugling bestehen Knochen zum größten Teil aus *Knorpelmasse*.
Im Verlauf des Wachstums werden aber immer mehr *Kalk* und andere Mineralsalze in den Knochen eingelagert. Das heißt:
Der Knochen eines Erwachsenen enthält hauptsächlich den harten *Knochenkalk*.
Wenn man einen Knochen in Salzsäure legt, löst sich dieser Knochenkalk auf, denn die Salzsäure ist kalklösend. Zurück bleibt der weiche, biegsame *Knorpel*. Den Knorpel kann man sogar mit einem Messer schneiden.
Glüht man einen Knochen aus, verbrennt der Knorpel. Dann bleibt nur der Knochenkalk zurück. Der ausgeglühte Knochen ist nun brüchig und spröde, da ihm die Knorpelmasse als Bindemittel fehlt.

Knochenbrüche können wieder heilen. Auch Knochen sind nämlich aus *lebenden Zellen* aufgebaut. |6
An der Bruchstelle wächst dann wieder Knochensubstanz und schließt den Bruch.

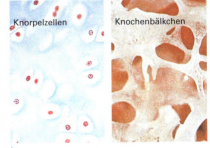

|6 Blick in den lebenden Knochen

A Welches Knochenmaterial wird zersetzt, wenn ein Knochen in Salzsäure gelegt wird? Was geschieht, wenn man einen Knochen ausglüht?

B In Bild |7 siehst du zwei Knochen, von denen einer behandelt wurde. Was könnte man mit diesem Knochen gemacht haben? Begründe!

C Wenn Kleinkinder laufen lernen, fallen sie häufig hin. Dabei brechen sie sich aber nur selten einen Knochen. Worauf deutet das hin?

D Heranwachsende brauchen eine ausgewogene Ernährung mit viel Mineralsalzen, die z. B. Calcium und Magnesium enthalten. Warum?

E Betaste deine Nase vom Ansatz bis zur Spitze. Wo endet das Nasenbein? Und wo beginnt der Nasenknorpel?

c Am Vortag hat euer Lehrer oder eure Lehrerin Hühnerknochen in ein Becherglas mit verdünnter Salzsäure Xi gelegt. (Xi bedeutet „reizend", Anhang.) Diese Knochen werden nun mit einer Tiegelzange herausgeholt und gut mit Leitungswasser abgespült. |4
Seht euch die Knochen an. Wie haben sie sich durch die Salzsäure verändert? Welchen Teil des Knochenmaterials könnte die Salzsäure zerstört haben? (Siehe den Grundlagentext.)

d Ein unversehrter Hühnerknochen wird unter dem Abzug ausgeglüht. |5
Vergleicht den ausgeglühten Knochen mit einem unbehandelten Knochen. Achtet dabei auf die Biegsamkeit und die Festigkeit.
Auch durch das Ausglühen wurde offenbar ein Teil des Knochenmaterials zerstört. Welcher?

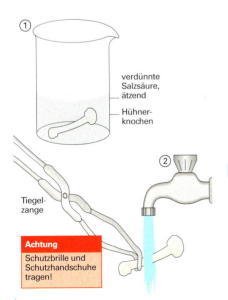

|4 Test mit Salzsäure (Lehrerversuch)

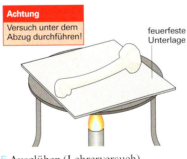

|5 Ausglühen (Lehrerversuch)

|7 Ein Knochen als Knoten?

Der aufrechte Gang

Aufrecht gehen kann ein *Schimpanse* schon – aber nur ganz kurz. Dass dieser Gang für ihn anstrengend ist, hat etwas mit seiner *Körperhaltung* zu tun. |1
Der aufrechte Gang ist ein besonderes Merkmal des *Menschen*: Nur er kann sich aufrecht gehend fortbewegen. Betrachte die Form der Wirbelsäulen. |2

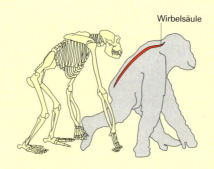

|1 Körperhaltung des Schimpansen

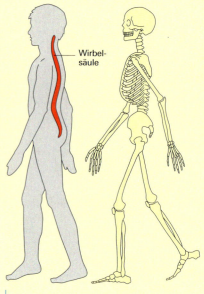

|2 Körperhaltung des Menschen

Grundlagen Die Wirbelsäule

Unsere *Wirbelsäule* durchzieht den Rumpf des Körpers wie eine Achse. Aufgebaut ist sie aus Wirbelknochen oder *Wirbeln*. |2–|4
Die Form der Wirbelsäule ermöglicht uns den aufrechten Gang. Dadurch haben wir die Hände frei für andere Tätigkeiten.
Von der Seite her gesehen, ist die Wirbelsäule wie ein doppeltes S geformt. So kann sie Stöße beim Gehen oder Springen gut abfedern. Kopf und Körper werden deshalb weitgehend erschütterungsfrei getragen.
Die Wirbelsäule hält auch unseren Körper im Gleichgewicht.
Die Wirbel sind gegeneinander beweglich. Daher kann die Wirbelsäule nach allen Seiten hin gebogen werden. Zwischen den Wirbeln liegen knorpelige *Bandscheiben*. Sie federn unsere Bewegungen ab. |4

Die Wirbel liegen so übereinander, dass sie einen Kanal bilden. In ihm liegt das *Rückenmark*. Dieses enthält viele Nerven, die das Gehirn mit allen Körperteilen verbinden.

Unsere Wirbelsäule ermöglicht uns den aufrechten Gang. Weil sie wie ein doppeltes S geformt ist, kann sie – gemeinsam mit den Bandscheiben – Stöße gut abfangen.

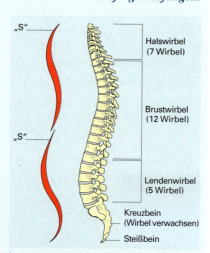

|3 Wirbelsäule – Lage, Form und Aufbau

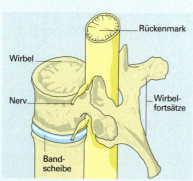

|4 Wirbelknochen

1 Bist du nachmittags genauso groß wie morgens?
Stelle dich ohne Schuhe an eine Wand und schaue geradeaus. Kopf und Rücken sollen die Wand berühren.
Ein Mitschüler markiert die Körpergröße mit Bleistift an der Wand und misst sie dann.
Die erste Messung wird morgens vor der ersten Unterrichtsstunde, die zweite Messung nachmittags nach der letzten Stunde durchgeführt.
a Notiere die Messwerte. Vergleiche mit den Ergebnissen deiner Mitschüler.
b Wie könntest du das Ergebnis erklären?

A Nenne die hauptsächlichen Aufgaben der Wirbelsäule.
B Welche Teile des Körpers sind am Dämpfen eines Aufpralls beteiligt?

2 Wirbelsäulenformen im Test

Baue zunächst unterschiedlich geformte Drahtmodelle von Wirbelsäulen. Stecke sie in Holzklötze.

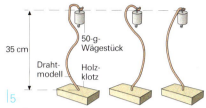

|5

a Überlege: Warum müssen alle Modelle aus dem gleichen Draht bestehen?
b Welches der Modelle entspricht am ehesten unserer Wirbelsäule?
c An die Spitze jedes Drahtes wird ein 50-g-Wägestück angehängt.
Was geschieht? Lege eine Tabelle an:

Drahtmodell	Nr. 1	Nr. 2	Nr. 3
Höhe ohne Gewicht	35 cm	35 cm	35 cm
mit Gewicht	...	...	...

d Welchen Vorteil hat die Form der menschlichen Wirbelsäule?

3 Belastbarkeit von Bandscheiben und Fußgewölbe

– Warum führt eine Fehlbelastung der Wirbelsäule zu Bandscheibenschäden?
– Warum sind unsere Füße gewölbt? Warum ermüden Füße bei Menschen mit Plattfüßen schneller?
Überlege dir Versuchsaufbauten, mit denen du Antworten auf diese Fragen finden kannst. Die Abbildung hilft dir. |6

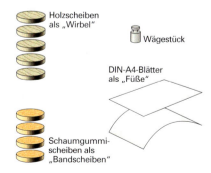

|6 Mögliche Versuchsmaterialien

Gesundheit Haltungsschäden müssen nicht sein!

Viele Menschen haben *Haltungsschäden* (Rundrücken, Hohlkreuz). Oft liegt die Ursache dieser Schäden in einer einseitigen Belastung der Wirbelsäule im Kindes- und im Jugendalter. |7 |8

|7 Tragen – wie ist es richtig?

|8 Sitzen – wie ist es richtig?

Auch *Bandscheibenschäden* beruhen häufig auf lange zurückliegenden Fehlbelastungen.
Haltungsschäden verursachen nach einiger Zeit heftige Rücken- und Kopfschmerzen. Deshalb sollte man auch nie längere Zeit die gleiche Sitzposition einnehmen.
Falsche Schuhe können sogar das Fußgewölbe verändern. Eine Belastung für den Fuß stellen Schuhe mit hohen Absätzen dar. |9

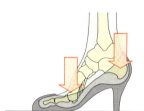

|9

Richtige Körperhaltung sowie gutes Schuhwerk beugen Haltungsschäden vor. Wichtig ist auch die richtige Körperhaltung beim Heben. |10

|10 Heben – wie ist es richtig?

C Gib an, welche Schüler und Schülerinnen auf den Fotos dieser Seite sich richtig bzw. falsch verhalten. Begründe!

Wie Muskeln deinen Körper bewegen

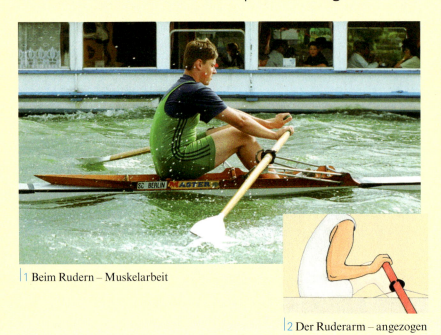

1 Beim Rudern – Muskelarbeit

Mächtig ins Zeug legt sich dieser Ruderer. |1 Seine Bewegungen werden von *Muskeln* ausgeführt. Der Muskel am Oberarm *(Bizeps)* wird dick und hart, wenn der Ruderer den Unterarm beugt. |2 Sobald er den Unterarm streckt, wird ein anderer Armmuskel dick – nämlich der auf der Rückseite des Oberarms *(Trizeps)*. |3 *Kannst du dir denken, warum?*

|2 Der Ruderarm – angezogen |3 Der Ruderarm – gestreckt

Grundlagen Muskeln, die zusammengehören

Muskeln entfalten ihre Kraft dadurch, dass sie sich *verkürzen*. Sie sind nicht in der Lage, sich selbstständig zu strecken. Dafür ist immer ein anderer Muskel nötig, der sie auseinander zieht.

Zur Bewegung eines Körperteils sind mindestens zwei Muskeln nötig, ein Beuger und ein Strecker. |4|5 *Bei der Muskelbewegung arbeiten ein Beuger und ein Strecker als „Gegenspieler" zusammen.*

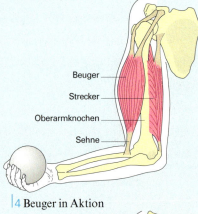

|4 Beuger in Aktion

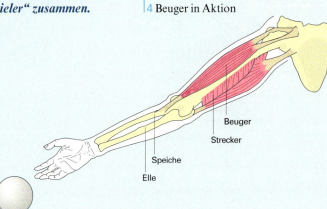

|5 Strecker in Aktion

1 Auf der Suche nach Muskel-„Gegenspielern"

a Umfasse so deinen Oberarm. |6 Winkle den Arm an. Welcher Muskel ruft die Bewegung hervor?

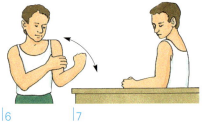

|6 |7

b Lege deinen Unterarm auf den Tisch. Drücke auf die Tischplatte. |7 Welcher Muskel ist aktiv?
c Strecke und beuge abwechselnd deinen Unterarm. Wann verändert sich der Unterarmbeuger (Bizeps), wann der Unterarmstrecker?
d Taste den Unterarmbeuger ab. Bewege dabei den Unterarm. Wo endet der Muskel? Was fühlst du da, wo der Beugemuskel endet?
e Beuge und strecke ein Bein im Sitzen. Suche auch hier die beiden „Gegenspieler". Wann sind die beiden jeweils aktiv?

Grundlagen Die Muskulatur des Menschen

Die Aufgabe der Sehnen
Die Sehnen sind an den Knochen festgewachsen und verbinden die Muskeln mit den Knochen. Sehnen kann man nicht dehnen. Deshalb übertragen sie die Muskelbewegung direkt auf die Knochen, mit denen sie verbunden sind. Die Gelenke machen die Knochen gegeneinander beweglich.

Von der Arbeit der Muskeln
Die Gesamtheit aller Muskeln (über 600!) nennt man *Muskulatur*. |9
Die Muskeln bilden das „Fleisch" zwischen den Knochen und der Haut. Sie formen unser Aussehen. Jeder Muskeln kann sich getrennt von den anderen Muskeln zusammenziehen, also kürzer werden.

Muskeln bewegen Knochen, indem sie sich zusammenziehen. Dabei arbeiten viele Muskeln auf Befehl des Gehirns.

Durch ständige Beanspruchung (Training) können Muskeln dicker und kräftiger werden. Umgekehrt werden wenig benutzte Muskeln mit der Zeit dünner und schwächer.

A Ein Muskel arbeitet dadurch, dass er sich verkürzt.
Wie wird der Muskel später wieder gestreckt?
B Sehnen stellen die Verbindung zwischen Muskeln und Knochen dar.
1 Nenne die Aufgaben der Sehnen.
2 Was würde geschehen, wenn die Sehnen elastisch wären?
C Welche Muskeln sind für die aufrechte Haltung des Menschen besonders wichtig? |9

2 Wir bauen das Modell zweier Muskel-„Gegenspieler"
Gebraucht werden: 1 Stück Karton, 5 Klammern von Versandtaschen, 2 Gummiringe. Sieh dir an, wie das Modell am Ende aussehen soll. |8
Fragen zum Modell:
– Was an diesem Modell stimmt mit der Wirklichkeit überein?
– Worin unterscheidet es sich von ihr?
– Erläutere, weshalb man zwei Muskeln „Gegenspieler" nennen kann.

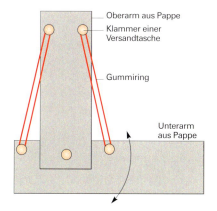

|8 Beuger und Strecker im Modell

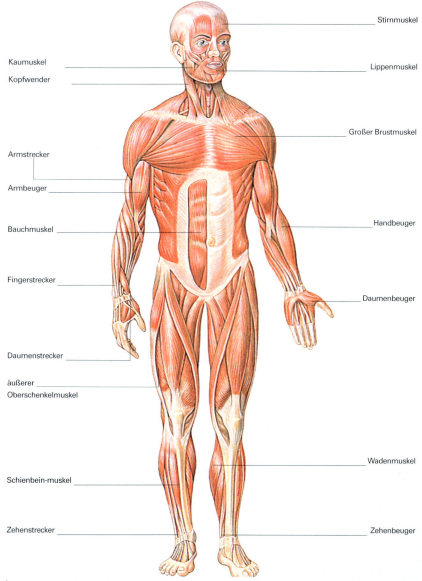

|9 Einige Muskeln des Menschen

Ich halte mich fit

|1 |2

Egal welche Sportart du ausübst – *Training* gehört immer dazu! |1|2
Denn je weniger deine Muskulatur trainiert ist, desto schneller ermüdet sie.
Und umgekehrt gilt:
Training macht deine Muskulatur – also dich selbst – leistungsfähiger.

Gesundheit Wie Training deinem Körper hilft

Was sich im Körper ändert
Die Sportarten, bei denen man tief durchatmen muss, stärken deine Atmungsorgane. Die Pumpleistung des Herzens nimmt zu. Das heißt: Das Herz pumpt mit jedem Schlag mehr Blut und damit mehr Sauerstoff durch den Körper als vorher. Die Zahl der Pulsschläge pro Minute nimmt ab.
Richtiges Training führt zu einer Verdickung der Muskelfasern und damit des gesamten Muskels. Ein größerer Muskel ist leistungsfähiger als ein kleiner.

Sport im Freien härtet den Körper ab. Da der Körper dabei immer wieder Temperaturschwankungen ausgesetzt ist, wird er weniger anfällig gegen Erkältungen.
Schwimmen und Gymnastik beugen Haltungsschäden vor.

Nicht gleich überdrehen!
Vor dem Start muss dein Körper erst auf richtige „Betriebstemperatur" gebracht werden.
Aufwärmübungen bringen die Muskulatur in Schwung. |3 Das Zusammenspiel von Gelenken und Muskeln wird verbessert. Dadurch sinkt die Verletzungsgefahr.

Das Trainingsprogramm
Von der Sportart hängt es ab, welche Fähigkeiten des Körpers verbessert werden. Um fit zu bleiben, solltest du aber 2- bis 3-mal die Woche je 20–30 Minuten lang trainieren. |4
Achte zu Beginn darauf, dass du nach dem Training nicht völlig k. o. bist. Hast du gerade eine Verletzung gehabt? Dann sei besonders vorsichtig. Leichte Verletzungen verschlimmern sich, wenn der betroffene Körperteil weiter belastet wird. Lege erst mal eine Trainingspause ein.

|3 Aufwärmgymnastik

|4 Muskeltraining (jeweils 1 min)

Zur Diskussion **Die verschiedenen Seiten des Sports**

Skipiste im Sommer

Gesundheit Bewegung macht Spaß

Räkeln wie eine Katze
Räkle dich im Sitzen wie eine Katze beim Aufwachen. Neben dem Räkeln kommt es dabei auf das Dehnen und Strecken an. |1

|1

Äpfel pflücken
Pflücke auf Zehenspitzen einen „Apfel" nahe der Decke des Klassenzimmers. Lege ihn in der Hocke in einen „Korb" am Boden. |2
Pflücke dann den nächsten. Wechsle linke und rechte Hand ab.

|2

Schattenboxen
Ahme einen Boxer nach. (Boxer tänzeln, schlagen Haken und decken sich vor Treffern.)

Verknoten und entknoten
Fasst euch durcheinander an den Händen an. |3 Versucht dann den Knoten zu entwirren. Loslassen dürft ihr die Hände dabei aber nicht!

|3

Rennen im Quadrat
Zeichnet mit weißer Kreide ein Quadrat auf den Schulhof (10 m · 10 m). In das Quadrat werden mit roter, blauer, grüner und gelber Kreide je 15 Kreise gezeichnet (jeweils so groß wie ein Handball). Alle Mitspieler stellen sich um das Quadrat herum.
Nach dem Startpfiff muss jeder auf die andere Seite gelangen, darf aber nur auf rote Kreise treten.

Der wandernde Reifen
Alle Mitspieler bilden eine Kreis und halten sich dabei an den Händen. Zwei Personen haben einen Hula-Hoop-Reifen auf den Armen. |4
Nun versucht einer nach dem anderen durch den Reifen zu steigen und ihn im Kreis wandern zu lassen.

|4

Dehnungsübungen (Stretching)
Übungen zur Lockerung und Dehnung der Muskulatur, der Bänder und der Sehnen wärmen den Körper richtig auf. |5
Warmlaufen hat etwa die gleiche Wirkung.

1 nach vorne neigen, Ferse auf den Boden drücken

2 Fuß ans Gesäß hochziehen, Becken vorschieben

3 mit geradem Rücken nach vorn beugen

4 seitliche Rumpfbeugen

5 Hüfte nach vorn abwärts drücken

6 Rücken rund machen

|5 Dehnungsübungen

Gelenkigkeitsübungen

Die folgenden Übungen a, b und c beugen Schäden an der Wirbelsäule vor; sie fördern die aufrechte Körperhaltung. |6 Die Übungen d, e und f dienen dem Ausgleich des Hohlkreuzes; sie machen die Wirbelsäule im Bereich der Lendenwirbel beweglicher.

a
in Bauchlage den Oberkörper heben

b
Armkreisen rückwärts

c
nach vorne rutschen auf dem Boden

d
Radfahren in der Luft

e
Bodenschaukel aus dem Hocksitz

f
aus dem Kniestand seitlich hinsetzen

|6

Warnzeichen

Sport kann auch riskant sein. Deshalb ist es wichtig, auf Warnzeichen deines Körpers zu achten.

Seitenstechen bekommst du, wenn du die körperliche Belastung zu schnell steigerst, falsch atmest oder kurz vor dem Training gegessen hast.

|7

Muskelkater tritt nach einer übermäßigen Anstrengung auf, wenn du ungenügend trainiert bist. Feinste Verletzungen im Muskelgewebe sind dafür die Ursache. Die nächsten Trainingseinheiten solltest du etwas verringern und dann erst wieder langsam steigern.

|8

Schwellungen sind oft die Folge einer Verstauchung oder Verrenkung. Nach einigen Tagen gehen sie von alleine zurück. So lange solltest du eine Trainingspause einlegen.

|9

Sport macht durstig

Bei körperlicher Anstrengung verliert der Körper durch Schwitzen viel Wasser. Wer Sport treibt, muss viel trinken. Es eignen sich vor allem Mineralwässer und Fruchtsäfte. Sie enthalten viel Mineralsalze und wenig Zucker.

Nötige und unnötige Fitmacher

Wer regelmäßig trainiert, braucht vermehrt Energie. Deshalb muss er sich ausgewogen ernähren: Obst und Gemüse, Vollkornbrot und Milchprodukte enthalten ausreichend Nährstoffe und Vitamine. Spezielle Sportmenüs oder Fitnessgetränke sind aber unnötig, Eiweiß- oder Vitaminpräparate auch. Ein Müsli-Riegel oder etwas Traubenzucker können den ersten Hunger stillen, bis man zu Hause eine richtige Mahlzeit zu sich nimmt.

Schwitzen gehört dazu

Schwitzen ist wichtig, denn dadurch wird überschüssige Körperwärme abgeführt. Dazu muss aber die Sportkleidung Feuchtigkeit aufnehmen und nach außen transportieren können. Frage im Sportgeschäft nach, welche Kleidungsstücke schnell trocknen. Was passiert, wenn Kleidung über längere Zeit nass auf deiner Haut liegt? Nach dem Schwitzen muss man sich gründlich waschen oder duschen. Das verhindert Körpergeruch und die Vermehrung von Bakterien.

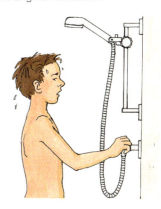

|10

Medizin Verletzungen und Erste Hilfe

Knochenverletzungen
Starke Schmerzen, die sich bei Bewegung verstärken, sind Anzeichen für einen Knochenbruch. |1 Die Bruchstelle ist sehr druckempfindlich.

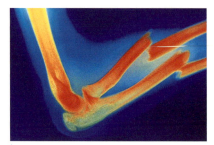

|1 Knochenbruch (Röntgenbild)

Prellungen
Bei einer Prellung werden Blutgefäße verletzt. Das umliegende Gewebe ist dann angeschwollen. |2

|2 Die Prellung wird vereist.

Verrenkungen
Der Gelenkkopf ist aus der Gelenkpfanne geschnappt. |3

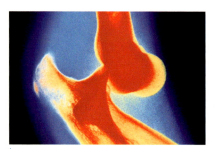

|3 Ausgerenktes Gelenk (Röntgenbild)

Gelenkverletzungen
Durch eine heftige Bewegung kann die Gelenkkapsel überdehnt werden. Bei einer solchen *Verstauchung* kann es auch sein, dass feine Blutgefäße platzen.
Dann kommt es auch noch zu einem *Bluterguss*. |4

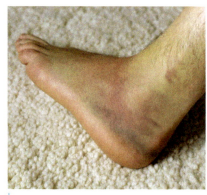

|4 Verstauchter Fuß mit Bluterguss

Muskelverletzungen
Eine anhaltende Überanstrengung der Muskulatur kann zu einem *Muskelkater* oder einem *Muskelkrampf* führen. |5 Das kann auch passieren, wenn man ohne vorheriges Aufwärmen Sport treibt.
Bei einem *Muskelriss* sind Muskelfasern und Blutgefäße im Muskel eingerissen.

|5 Behandlung eines Wadenkrampfs

A Einen Erste-Hilfe-Kurs sollte jeder einmal mitmachen.
Überlegt in der Klasse, wie man die Teilnahme an einem solchen Kurs organisieren könnte.
B Kannst du dir denken, was bei einem Bänderriss passiert?
C Verletzungen kann man vermeiden. Voraussetzung dafür ist aber, dass man seine Sportaktivitäten nicht übertreibt und dass man sich vorher immer aufwärmt.
Welche Übungen zum Warmmachen kennst du?
D Das Röntgenbild auf dieser Seite zeigt einen Knochenbruch. |1
Um welche Knochen handelt es sich?

Erste Hilfe
Richtig *Erste Hilfe* zu leisten, kann man nur in einem Erste-Hilfe-Kurs lernen.
Ihr solltet aber auf jeden Fall die folgenden Notrufnummern kennen:
Polizei: 110,
Feuerwehr: 112.

Eure Notrufmeldung sollte folgende Angaben enthalten:
Was ist passiert oder welche Verletzungen liegen vor?
Wie viele Verletzte gibt es?
Wo ist es geschehen?
Wer meldet diesen Unfall?
Wichtig: Lege nicht sofort auf, sondern warte auf Rückfragen!

Zusammenfassung

An einem Läufer wird deutlich, wie die Zusammenarbeit im Körper bei einer Bewegung erfolgt: |6
Er hört zunächst den Startschuss; das ist der *Reiz*, auf den er reagiert. Das heißt: *Sinnesorgane* (Ohr, Auge), *Nerven* und *Gehirn* wirken so zusammen, dass daraufhin *Knochen*, *Gelenke* und *Muskeln* aktiv werden.

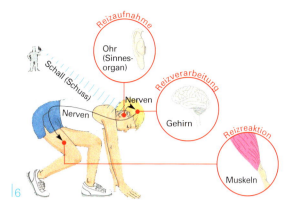
|6

Knochen sind lebende Gebilde. Sie bestehen aus Knochenkalk und Knorpel. |7 Dadurch sind sie hart und außerdem etwas elastisch. Durch *Gelenke* sind zahlreiche Knochen beweglich miteinander verbunden. |8 Je nach Aufgabe ist unser Körper mit unterschiedlichen Gelenktypen ausgestattet. Mithilfe der *Muskeln* können wir unseren Körper bewegen. |9 Muskeln arbeiten nach dem „Gegenspielerprinzip". Das heißt: Zur Bewegung eines Körperteils sind jeweils ein *Beuger* und ein *Strecker* erforderlich. *Sehnen* schaffen eine Verbindung zwischen Muskeln und Knochen. |10 Dadurch übertragen sie die Bewegung der Muskeln auf die Knochen.

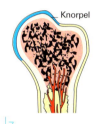 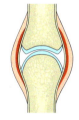  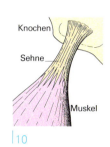
|7 |8 |9 |10

Alles klar?

A Ein Blick auf unseren Körper:
1 Benenne die verschiedenen Teile des Skeletts.
2 Nenne drei Gelenkarten und gib an, wozu sie gebraucht werden.
3 Wenn du etwas anhebst, wird dein Bizeps dick und außerdem kürzer. Wie wird er wieder gestreckt?

Testaufgaben

B Skitag! Gleich bei der ersten Abfahrt ist Sven gestürzt. Jetzt sitzt er im Schnee und hat Schmerzen.
1 Wie müssen Svens Freunde vorgehen, wenn der Verletzte nicht mehr alleine weiterkann?
2 Sven hat sich nicht – wie die anderen – vor dem Losfahren warm gemacht. Siehst du darin eine Ursache für seine Verletzung? Begründe deine Antwort.
3 Das Knie wird beim Gehen und erst recht beim Skifahren besonders beansprucht.
– Welche Erklärung hast du dafür?
– Skizziere ein Kniegelenk. Markiere die Teile des Gelenks, die für die Festigung besonders wichtig sind.
– Welche Aufgaben könnten die anderen Teile des Kniegelenks haben?
4 Regelmäßiger Sport – richtig betrieben – erhält die Gesundheit.
– Welche Teile deines Körpers werden durch Sport leistungsfähiger?
– Wie könnte eine richtige Trainingseinheit für deine Lieblingssportart aussehen? Stelle einen Plan auf.

C Du siehst einen Weitspringer. |11
1 Schreibe eine Kurzreportage über den Sprung, vom Start bis zur Landung im Sand. (Gehe auf die Zusammenarbeit im Körper bei den Bewegungsabläufen ein.)
2 Bevor der Springer loslief, bewegte er sich eine Zeit lang auf der Stelle hin und her. Weshalb wohl?

|11

Ernährung und Verdauung

Woraus unsere Nahrung besteht

1

Wieso müssen wir essen?

1 Angaben auf Lebensmittelverpackungen
Auf Verpackungen findest du Angaben
– über die enthaltenen Nährstoffe Kohlenhydrate (Stärke und Zucker), Fette, Eiweiß (Protein) und
– den Energiegehalt von Lebensmitteln.
a Notiere die Angaben von fünf verschiedenen Lebensmitteln.
b Vergleicht die Angaben in der Klasse miteinander und stellt Gemeinsamkeiten heraus.
c Welche Nahrungsmittel enthalten jeweils besonders viele Kohlenhydrate, viel Fett oder Eiweiß?

Grundlagen Nährstoffe

Unsere Nahrung kann von Tieren oder von Pflanzen stammen, sie kann roh oder gekocht, fest oder flüssig sein. Wenn wir essen und trinken, nehmen wir verschiedene Stoffe auf. Der Körper braucht diese Stoffe, z. B. um zu wachsen oder um sich zu bewegen.
Für eine gesunde Ernährung brauchen wir zwei Stoffgruppen: Nährstoffe und Ergänzungsstoffe (z. B. Vitamine).

Nährstoffe für den Aufbau
Nährstoffe werden für das Wachstum des Körpers gebraucht. Dazu gehören auch das Heilen einer Wunde und die Erneuerung von Hautschichten. Für den Aufbau des Körpers sind vor allem Eiweiße nötig.

Energie aus Nährstoffen
Energie brauchen wir, wenn wir laufen, Treppen steigen, einen Gegenstand anheben ... Auch zum Denken ist Energie notwendig. Sogar beim Schlafen wird sie gebraucht, denn das Herz pumpt auch im Schlaf Blut durch die Adern, und die Muskeln von Zwerchfell und Rippen bewegen sich beim Atmen. Mit Energie wird die Körpertemperatur gleichmäßig hochgehalten. Unser Körper erhält die nötige Energie aus den Nährstoffen. Ähnlich wie Kohle und Holz beim Verbrennen Energie als Wärme abgeben, liefern die Nährstoffe im Körper Energie. 2 Für diesen Vorgang ist Sauerstoff aus der Luft nötig.
Für die Energiegewinnung nutzt der Körper die Kohlenhydrate (Stärke und Zucker) sowie Fett.

Wir Menschen benötigen Energie – ähnlich wie eine Maschine. Wir erhalten sie aus den Nährstoffen, die im Körper „verbrannt" werden. Außerdem werden die Nährstoffe auch für das Wachstum des Körpers benötigt.

2 Energiezufuhr durch Brennstoffe oder Nahrung

Welche Nährstoffe in Lebensmitteln enthalten sind, könnt ihr in Versuchen nachweisen. Führt den Nachweis zunächst an reinen Stoffen wie Stärke, Traubenzucker, Eiweiß und Fett (Öl) durch.
Danach könnt ihr mit den Nachweisverfahren Lebensmittel untersuchen. Bildet Teams und verteilt die Aufgaben – ein Mitglied des Teams führt ein Versuchsprotokoll.

2 Nachweis von Stärke
Stärke gehört zu den Kohlenhydraten. Sie lässt sich mit Lugol-Lösung nachweisen.
a Gebt einen Teelöffel Stärke auf ein Schälchen und fügt zwei oder drei Tropfen der Lösung hinzu. |3
Notiert die Beobachtung im Protokoll.
b Zur Kontrolle wiederholt ihr den Versuch mit Traubenzucker.

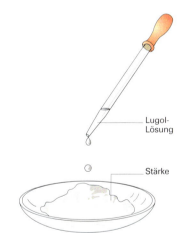

|3 Nachweis von Stärke

3 Nachweis von Traubenzucker
Auch Traubenzucker gehört zu den Kohlenhydraten. Er lässt sich einfach mit Teststreifen nachweisen. Man bekommt sie in der Apotheke. |4
Die Teststreifen funktionieren aber nur in Flüssigkeiten. Daher musst du zuerst eine Zuckerlösung herstellen.
a Löse einen Teelöffel Traubenzucker in einem kleinen Becherglas mit Wasser. Halte den Teststreifen hinein und notiere die Beobachtung im Protokoll.
b Zur Kontrolle kannst du den Streifen auch in Wasser halten.

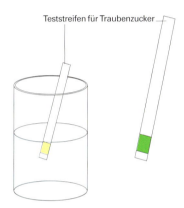

|4 Nachweis von Traubenzucker

4 Nachweis von Eiweiß (Protein)
In Lebensmitteln ist Eiweiß der einzige Stoff, der Schaumblasen bildet – es gibt nur ganz wenige Ausnahmen. Daher kannst du durch Schütteln Eiweiß in Lebensmitteln nachweisen. Wenn die Probe Schaum bildet, ist Eiweiß enthalten.
a Füllt ein Reagenzglas 2 cm mit Eiklar und verdünnt es mit der gleichen Menge Wasser. Schließt das Reagenzglas mit einem Stopfen und schüttelt. Notiert die Beobachtung im Protokoll.
b Zur Kontrolle wiederholt ihr den Versuch mit reinem Wasser.

5 Nachweis von Fetten
Fettige Lebensmittel hinterlassen auf Papier durchscheinende Flecken. Das Fett saugt sich im Papier fest und verdunstet nicht wie z. B. Wasser.
Diese Eigenschaft nutzt man, um Fett (z. B. Öl oder Margarine) in Lebensmitteln nachzuweisen.
a Gebt einen Tropfen Öl und zur Kontrolle einen Wassertropfen auf ein Stück Filterpapier. Kennzeichnet die Stelle mit einem Stift.
b Wartet eine Viertelstunde und notiert eure Beobachtung im Protokoll.

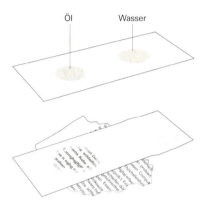

|5 Nachweis von Fett

6 Wir prüfen den Nährstoffgehalt von Nahrungsmitteln
Suche Lebensmittel aus, die du auf den Gehalt der einzelnen Nährstoffe untersuchen möchtest. Für den Fettnachweis reicht es, wenn du ein Stück auf das Filterpapier drückst und zerreibst. Für die anderen Nachweise müssen feste Lebensmittel wie Brot oder Gemüse zuerst zerkleinert und in Wasser gegeben werden – mit einer Küchenreibe oder einem Mörser.
Fertige eine Tabelle an. |6

Lebensmittel	Stärke	Traubenzucker	Eiweiß	Fett
z. B. Kartoffel	++	–	–	–

Zeichenerklärung: ++: enthält sehr viel; +: enthält sehr viel; +/–: enthält etwas; –: nicht nachweisbar

|6

Wissenswertes Ergänzungsstoffe gehören dazu

Zu den Ergänzungsstoffen in der Nahrung gehören: Vitamine, Mineralstoffe, Ballaststoffe und Wasser.

Vitamine
Vitamine werden für viele Vorgänge im Körper gebraucht. |1 Vitamin A verstärkt unter anderem die Sehleistung. Es dient auch dem Aufbau der Haut und der Schleimhaut. Vitamin D sorgt dafür, dass genügend Kalk in die Knochen eingelagert werden kann. Vitamin C stärkt die Abwehrkräfte gegen Krankheiten.
Fehlen die Vitamine in der Nahrung, kann der Mensch krank werden. So waren früher die Seeleute oft monatelang unterwegs, ohne frisches Obst oder Gemüse zu bekommen. Viele litten unter Skorbut. Diese Krankheit tritt bei Mangel an Vitamin C auf. Das Zahnfleisch beginnt zu bluten, die Zähne werden lose und können ausfallen, man fühlt sich schlapp und müde.

Mineralstoffe
Genauso wie die Vitamine sind auch die Mineralstoffe für unsere Gesundheit notwendig. |2
Calcium gibt Knochen und Zähnen Festigkeit.
Eisen ist wichtig für den roten Farbstoff im Blut, der den Sauerstoff transportiert.
Fluor macht den Zahnschmelz hart und Iod wird für den richtigen Ablauf von Wachstum und Entwicklung gebraucht. In unseren Nahrungsmitteln sind diese beiden Mineralstoffe nur in geringen Mengen vorhanden. Sie reichen häufig für die Versorgung des Körpers nicht aus. Daher wird in manchen Ländern dem Trinkwasser Fluor zugesetzt und das Speisesalz wird mit Iod angereichert.

Ballaststoffe
Zu den Ballaststoffen gehören Schalen und Fasern (z. B. von Obst, Gemüse, Vollkornbrot). Nahrung mit vielen Ballaststoffen muss gründlich gekaut werden, wodurch das Gebiss gekräftigt wird. Ballaststoffe regen die Darmtätigkeit an.
Viele Ballaststoffe enthalten Vollkorn-, Leinsamen- und Roggenbrot, Vollkornkekse, Brombeeren, Erdbeeren, Feigen, Erbsen und Kartoffeln.
Ballaststoffarm sind z. B. Weißbrot, Blätterteigtaschen, Pudding, Kopfsalat und Salatgurke.

Wasser
Täglich gibt der menschliche Körper 2,5 Liter Flüssigkeit in Form von Schweiß und Urin sowie mit der Atemluft ab. Diese Verluste müssen ersetzt werden. Verdünnte Fruchtsäfte und Mineralwasser sind dabei zu bevorzugen.

Vitamine und Mineralstoffe liefern im Gegensatz zu den Nährstoffen keine Energie. Dennoch müssen wir sie täglich in kleinen Mengen über die Nahrung zu uns nehmen. Zu einer gesunden Ernährung gehören auch Ballaststoffe.

Vitamin A
Leber, Butter, Margarine, Eigelb, Milch, Paprika, Melone, Mohrrübe

Calcium
Milch, Milchprodukte, Brokkoli, Grünkohl, Fenchel, Mineralwasser

Vitamin D
Hering, Makrele, Eigelb, Milch und Milchprodukte, Butter, Margarine

Eisen
Fleisch, Leber, Vollkornbrot, Haferflocken, Salat, Spinat, Hülsenfrüchte

Vitamin C
Apfelsine, Zitrone, Schwarze Johannisbeere, Paprika, Kartoffel

|1 Vitamine in Nahrungsmitteln

Iod
Hering, Seelachs, Milch, Iodsalz und damit hergestellte Lebensmittel

|2 Mineralstoffe in der Nahrung

Gesundheit **Gesunde Ernährung – was gehört dazu?**

Zur gesunden Ernährung gehört eine „vollwertige" Nahrung. Sie muss alle Nährstoffe und Ergänzungsstoffe enthalten, die wir brauchen. Ernährungswissenschaftler haben dazu den „Ernährungskreis" entwickelt. |3 Die Mahlzeiten sollten an jedem Tag Lebensmittel aus allen Feldern des Kreises enthalten – aus den breiten Feldern größere Mengen, aus den schmalen Feldern kleinere Mengen.

Gesunde Ernährung heißt aber auch, dass man zur richtigen Zeit isst. Auch wenn ständig Energie im Körper gebraucht wird, müssen wir nicht ununterbrochen essen. Leber, Muskeln und Fettgewebe enthalten Reservestoffe. Sie liefern Energie, wenn keine Nahrung aufgenommen wird. Nach der Nachtruhe sind diese Reserven größtenteils aufgebraucht und müssen durch ein ausreichendes Frühstück ersetzt werden.
Das Frühstück sollte etwa ein Viertel der täglichen Energiemenge enthalten. Kleine Zwischenmahlzeiten am Vormittag (2. Frühstück) und am Nachmittag helfen uns, den ganzen Tag über leistungsfähig zu sein. |4 Ideale Zwischenmahlzeiten sind dünn belegte Brote, Gemüse-Rohkost, Obst, Joghurt oder auch Quarkspeisen.

A Nenne zwei Gründe dafür, dass fünf kleine Mahlzeiten am Tag günstiger sind als zwei sehr große.
B Warum empfehlen Ernährungswissenschaftler, zu den Mahlzeiten Rohkostsalate und Frischobst zu reichen?

|3 Der Ernährungskreis

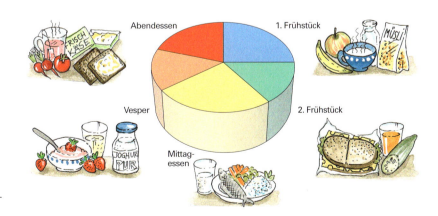

|4 Verteilung der Energieaufnahme auf fünf Mahlzeiten

Unser Energiebedarf

Grundlagen: Der Energiebedarf des Menschen

Der Energiebedarf der Menschen ist unterschiedlich. Er hängt vom Alter, von der Arbeit und der Lebensweise ab. Junge Menschen brauchen mehr Energie als ältere. Wer viel Sport treibt, benötigt dafür mehr Energie als jemand, der liest. |2|3

Die Energie wird in Joule (J) oder in Kilojoule (kJ) angegeben: 1000 J = 1 kJ.
Achte darauf, dass du nicht mehr Energie mit der Nahrung aufnimmst, als du wirklich brauchst. Nicht genutzte Nährstoffe werden in Fett umgewandelt und im Gewebe abgelagert.

Daraus können sich die ungeliebten „Pölsterchen" bilden. Auch mit „Light"-Produkten sollte man vorsichtig sein, da sie zwar den Magen füllen, aber keine Energievorräte schaffen. Ein Hungergefühl bleibt.

Übergewicht – Untergewicht

Übergewicht ist nicht nur eine Frage des Aussehens, es belastet den ganzen Körper. Nur 5 kg Übergewicht bedeuten, dass Knochen und Gelenke 5 kg mehr tragen müssen. Herz und Blutkreislauf müssen zusätzliches Gewebe mit Nährstoffen und Sauerstoff versorgen.
Zu hohes Körpergewicht begünstigt Bluthochdruck und Arterienverkalkung. Die Zuckerkrankheit (Diabetes) und andere Krankheiten können durch Übergewicht verstärkt werden.
Auch Untergewicht kann die Gesundheit beeinträchtigen. Dem Körper fehlen dann Energie und oft auch notwendige Vitamine und Mineralstoffe. Dieser Mangel führt zu Müdigkeit und Anfälligkeit gegen Krankheiten oder zu Störungen im Ablauf von Lebensvorgängen.

1 Ermittle deinen Energiebedarf
a Schreibe auf, was du an einem Tag tust und wie lange die einzelnen Tätigkeiten dauern.
b Vergleiche deine Tätigkeiten mit den Beispielen in der Abbildung. |3
Berechne deinen persönlichen Energiebedarf. Rechne dabei Ruhe- und Schlafzeiten mit 280 Kilojoule pro Stunde (Durchschnittswert).
c Begründe, warum sich der Energiebedarf im Lauf des Lebens ändert.

2 Erstelle einen Speiseplan
a Besorge dir eine Tabelle für den Energieinhalt von Nahrungsmitteln. Bei abgepackten Lebensmitteln ist er auch auf die Verpackung gedruckt.
b Notiere, was du an drei aufeinander folgenden Tagen alles isst. Wie viel Energie enthält die Nahrung? Prüfe, ob die Ernährung vollwertig ist.

Alter	Jungen/Männer	Mädchen/Frauen
9 bis 12 Jahre	9 700 kJ	8 800 kJ
13 bis 15 Jahre	11 700 kJ	10 500 kJ
16 bis 18 Jahre	13 000 kJ	10 500 kJ
19 bis 35 Jahre	11 700 kJ	9 700 kJ
36 bis 60 Jahre	10 100 kJ	8 400 kJ

|2 Energiebedarf an einem Tag (für Erwachsene bei leichter Arbeit)

|3 Zusätzlicher Energiebedarf bei 1 Stunde Tätigkeit

Gesundheit "Fastfood"

„Fastfood" heißt wörtlich übersetzt „schnelles Essen". Es wird schnell zubereitet und ohne großen Aufwand verspeist. 4 Zu solchen Gerichten gehören Pommes frites, Hamburger und Currywurst. Diese Nahrungsmittel enthalten sehr viel Energie.

Fastfood kann aber auch Obst, Salate, Milchgetränke und Joghurts sein. 5 Es kommt also auch beim Fastfood darauf an, richtig auszuwählen, wenn man sich gesund ernähren will.

Den Begriff „schnelles Essen" sollte man jedoch nicht ganz wörtlich nehmen. Zur gesunden Ernährung gehört es nämlich auch, dass die Mahlzeiten in sauberer Umgebung und ohne Hast eingenommen werden. Der Magen und die anderen Verdauungsorgane brauchen immer ein wenig Zeit, damit sie die Nahrung aufnehmen und gut verdauen können.

A Mit der Energie von drei Tafeln Schokolade kann ein Mensch auf den Mount Everest steigen. Berechne den Energiegehalt der drei Tafeln und finde mit deinem Atlas heraus, wie hoch der Berg ist.
B Stellt ein gesundes Klassenfrühstück zusammen.
C Wenn dem Körper viele Kohlenhydrate zugeführt werden, kann er dann eher auf Eiweiß oder eher auf Fett in der Nahrung verzichten? Begründe deine Meinung.
D Beurteile das dargestellte Fastfood-Essen.
Wofür würdest du dich entscheiden? Begründe!

4 Fastfood – so ...   5 ... oder so

Produkt	Energie in kJ	Eiweiße in g	Fette in g	Kohlenhydrate in g
Hamburger	1087	13,3	9,7	28,9
Pommes frites (mittlere Portion)	1454	3,5	16,2	44,6
Currywurst	2378	19,0	49,0	8,0
Cola-Getränk (0,25 l)	552			33,0
Banane	409	1,3	0,2	22,6
Joghurt (natur, 150 g)	381	5,0	5,3	6,0
Müsliriegel	398	1,8	2,8	15,5
Vollmilch (0,25 l)	669	8,0	8,8	11,8

6 Verschiedene Fastfood-Produkte im Vergleich

Gesundheit Naschen und knabbern

Wer isst nicht gerne beim Fernsehen Salzstangen, Chips und Erdnüsse? Und wer kann schon Süßigkeiten wie Bonbons, Eis und Schokolade widerstehen?
Die Nahrungsmittel sollten aber nur in geringen Mengen gegessen werden, da sie sehr viel Energie enthalten. Beispielsweise besitzen 100 g Schokolade ungefähr 2200 kJ, 100 g Kartoffelchips sogar etwa 2400 kJ.

7

Der Weg der Nahrung im Körper

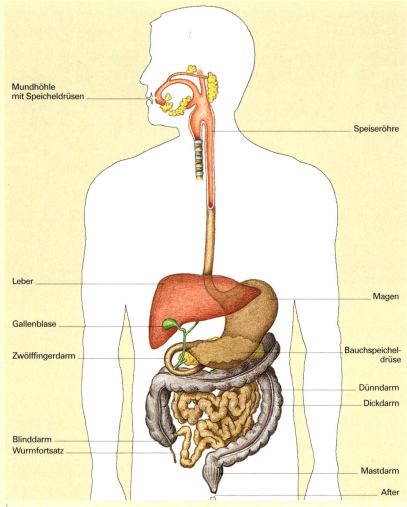

|1 Die Verdauungsorgane des Menschen

Welche Aufgaben haben die einzelnen Organe bei der Verdauung?

Probier's mal!

1 Wozu dient der Speichel?
Wie Speichel Stärke verändert, kannst du leicht selbst ausprobieren.
Kaue einen Bissen Brot 25 Mal. Durch den Speichel wird das Brot flüssig, aber auch sein Geschmack ändert sich …

2 Fällt die Nahrung durch die Speiseröhre?
Probiere aus, ob du im Handstand essen kannst.

3 Die Stationen der Verdauung
Bildet in der Klasse eine Kette, die dem Weg der Nahrung entspricht. Welche Aufgabe haben die einzelnen Stationen der Verdauung?

Grundlagen Die Verdauung

Der Weg, den die Nahrung im Körper zurücklegt, ist etwa 5 bis 6 m lang. Auf diesem Weg werden ihre Nährstoffe in Bausteine gespalten und zusammen mit den Ergänzungsstoffen ins Blut abgegeben. Diese Vorgänge laufen in den Verdauungsorganen ab. |1

Mundhöhle
Die Verdauung beginnt im Mund. Dort wird die Nahrung von den Zähnen zerkleinert. Der Speichel hüllt die Nahrungsbröckchen ein, weicht sie auf und macht sie gleitfähig. Die Zunge bewegt die Nahrung dabei hin und her. Es entsteht ein Nahrungsbrei.
Die Speicheldrüsen geben oft schon dann Speichel ab, wenn man eine Speise nur sieht oder riecht. Manchmal braucht man nur vom Essen zu reden, damit einem „das Wasser im Mund" zusammenläuft.
Der Speichel kann Stärke zerlegen, dabei entsteht Zucker.

Speiseröhre
Der Nahrungsbrei wird aus dem Rachenraum durch Schluckbewegungen in die Speiseröhre gedrückt. Die Speiseröhre zieht sich zusammen und transportiert auf diese Weise den Speisebrei bis in den Magen.

Magen
Wenn der Magen leer ist, liegen seine Wände aneinander. Er kann sich aber so weit ausdehnen, dass er ein bis zwei Liter Nahrung aufnehmen kann.
Der Magen ist von einer Schleimhaut ausgekleidet. |2 Sie enthält viele Drüsen, die Schleim sowie Magensaft abgeben. Der Magensaft enthält Salzsäure und tötet Krankheitserreger ab. Außerdem bereitet der Magensaft die Spaltung der Eiweiße in ihre Bausteine vor. Der Schleim schützt die Magenwand

vor Selbstverdauung. In der äußeren Magenwand liegen Muskeln, die sich in regelmäßigen Abständen zusammenziehen. So wird der Nahrungsbrei durchmischt und zum Magenausgang gedrückt.

Darm
Der Dünndarm ist 4 bis 5 m lang. Im Dünndarm wird in der Darmschleimhaut der Darmsaft gebildet. Er vollendet die Zerlegung der Nährstoffe.
Der Anfang des Dünndarms heißt *Zwölffingerdarm*. Zusätzlich werden in den Zwölffingerdarm auch Bauchspeichelsaft aus der Bauchspeicheldrüse und Gallensaft aus der Leber abgegeben. Beide Säfte sind ebenfalls an der Zerlegung der Nährstoffe beteiligt.
Die Schleimhaut des Dünndarms besitzt sehr viele, sehr dünne Ausstülpungen, die Zotten. 3 Durch diese Zotten ist die innere Oberfläche des Darms stark vergrößert. Die Bausteine der Nährstoffe gelangen durch die dünnen Wände der Darmzotten in die Blutgefäße und werden vom Blut weitertransportiert. Zuletzt gelangt der nun dünnflüssige, nährstoffarme Nahrungsbrei in den Dickdarm. Hier wird ihm das Wasser entzogen. Die unverdaulichen Reste der Nahrung werden im Mastdarm gesammelt und als Kot durch den After ausgeschieden.

Mundhöhle, Speiseröhre, Magen und Darm sind Verdauungsorgane. In ihnen wird die Nahrung zerkleinert, durchmischt und in ihre Bausteine zerlegt. Die Zerlegung erfolgt mithilfe von Speichel, Magen- und Darmsaft sowie durch Bauchspeichel und Gallensaft. Über den Dünndarm gelangen die Bausteine der Nährstoffe ins Blut und damit zu allen Teilen des Körpers.

A Beschreibe den Weg der Nahrung im Körper.
B Nenne die einzelnen Verdauungsorgane. Erläutere die Funktionen jedes Organs.
C Erkläre, was du unter Verdauung verstehst.
D Beschreibe die Veränderungen der Nahrung in der Mundhöhle. Welche Bedeutung haben diese Veränderungen?
E Warum müssen die Nährstoffe in ihre Bausteine zerlegt werden?

2 Magenschleimhaut (mikroskopische Aufnahme)

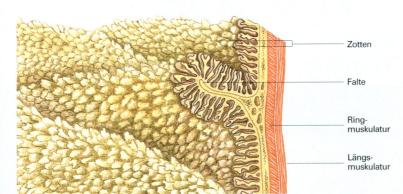

3 Schleimhaut des Dünndarms

Gesundheit Ein gesundes Gebiss

„Gut gekaut ist halb verdaut." Je länger man die Nahrung kaut, desto kleiner werden die Nahrungsbröckchen und desto besser kann der Speichel einwirken. Ein gesundes Gebiss ist also eine wichtige Voraussetzung für die Verdauung. 4
Jeder Zahn ist in Krone, Hals und Wurzel gegliedert und besteht aus mehreren Schichten: Harter Zahnschmelz hüllt die Krone ein und bildet die Kaufläche. Die Wurzel wird von einer dünnen Schicht Zahnzement geschützt. Den Hauptbestandteil des Zahns bildet das Zahnbein. Es umgibt das Zahnmark mit den Blutgefäßen und Nervenfasern. 5

F Welchen Teil der Zähne sieht man, wenn man in den Mund schaut?
G Welche Aufgaben hat das Gebiss?

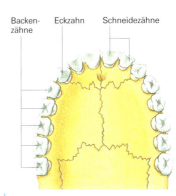

4 Erwachsenengebiss im Oberkiefer

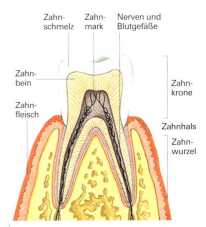

5 Schnitt durch einen Backenzahn

Fit bleiben durch gesundes Essen

Wie ernährt man sich gesund? Einige praktische Vorschläge findest du auf dieser Seite.

1 Keimlinge und Sprossen

1 Selbst gezogene Keimlinge und Sprossen

Schon vor 5000 Jahren wusste man in China, dass Keime und Sprossen sehr gesunde Nahrungsmittel sind. |1 Aber erst heute weiß man, warum: Sie sind reich an Vitaminen und Mineralstoffen. Alfalfa-Samen, Kressesamen, Mungobohnen und Weizenkörner sind die bekanntesten Sorten. Du bekommst sie im Reformhaus oder im Bioladen.

a Wir wollen mit Weizen Keime und Sprossen züchten. Du brauchst ein großes Glas mit Schraubdeckel, der mehrfach durchlöchert wird. Wasche eine Hand voll Weizenkörner gründlich und fülle sie in das Gefäß. Gieße lauwarmes Wasser darüber und lass die Körner acht Stunden quellen. In dieser Zeit entwickeln sie sich zu Keimlingen. Drehe das Gefäß um, sodass das Wasser durch die Löcher im Deckel abfließt.

b Stelle das Glas bei Zimmerwärme dunkel oder umwickle es mit einem Schal. Etwa alle zehn Stunden musst du die Keimlinge spülen. Achte darauf, dass stets genügend Feuchtigkeit im Glas ist.

Nach zwei, drei Tagen sind die Sprossen etwa 0,5 cm lang und erntereif. Du kannst sie zu Salaten, mit Quark, als Brotbelag oder einfach so essen.

2 Leckere Pausensnacks

Dein Frühstück sollte dir schmecken und gesund sein! |2
Obst, Nüsse, Milch- und Vollkornprodukte sind für die Zähne besser geeignet als Süßigkeiten und Limonade. Wenn du vor Schulbeginn noch nicht viel essen magst, ist das zweite Frühstück umso wichtiger. Frühstücke doch einmal gemeinsam mit deinen Klassenkameraden.

2 Gesundes Frühstück

Vollkornmüsli
Vermische 4 Esslöffel Vollkornmüsli mit je einem Teelöffel Rosinen, Nüssen und Sonnenblumenkernen oder Kokosflocken. Gib Bananen-, Apfel-, Birnen- und Orangenstückchen dazu und gieße Milch, Joghurt oder Fruchtsaft darüber.

Doppeldecker
Bestreiche eine Scheibe Vollkornbrot dünn mit Butter und belege sie mit Camembert. Darauf kommen Radieschenscheiben und eine Scheibe Knäckebrot. Dazu gibt es eine Mandarine.

Süß oder herzhaft
Bestreiche die Hälften eines Vollkornbrötchens mit Doppelrahmkäse. Belege sie je nach Geschmack mit Apfel- oder Bananenscheiben, Salatblättern, Tomaten- oder Gurkenscheiben, Paprikastreifen oder Keimlingen.

Ernährung und Verdauung

Zusammenfassung

Bestandteile der Nahrung

Unsere Nahrung enthält Nährstoffe und Ergänzungsstoffe. Nährstoffe benötigen wir
– für das Wachstum des Körpers (vor allem Eiweiß) und
– als Energielieferanten (vor allem Kohlenhydrate und Fett).
Zur Energiegewinnung werden die Nährstoffe im Körper mit Sauerstoff aus der Luft „verbrannt". Zu den Ergänzungsstoffen zählen Vitamine, Mineralstoffe, Ballaststoffe und Wasser.

3 Nährstoffe

Energiebedarf

Der Energiebedarf eines 13-Jährigen liegt bei etwa 12 000 Kilojoule (kJ) pro Tag, der einer 13-Jährigen bei etwa 10 000 Kilojoule. Wer körperlich arbeitet oder Sport treibt, braucht mehr Energie.
Führt man mit der Nahrung zu viel an Energie zu, werden die nicht benötigten Nährstoffe in Fett umgewandelt und gespeichert.

4 Nährstoffe liefern Energie.

Der Weg der Nahrung im Körper

Zu den Verdauungsorganen gehören die Mundhöhle, die Speiseröhre, der Magen und der Darm. In ihnen wird die Nahrung in ihre Bausteine zerlegt.
Über den Dünndarm gelangen die Bausteine der Nährstoffe ins Blut und damit zu allen Teilen des Körpers.

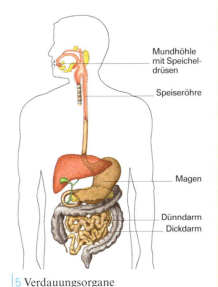

5 Verdauungsorgane

Alles klar?

A Säuglinge oder Junge von Säugetieren werden ausschließlich durch die Muttermilch ernährt.
1 Erkläre, welche Bestandteile in der Milch enthalten sein müssen, damit ein heranwachsendes Baby oder Jungtier ausreichend ernährt werden kann.
2 Wie kannst du deine Antwort überprüfen?

B Der Energiebedarf eines Menschen wird nie genau angegeben, sondern immer nur ungefähr.
1 Erkläre, warum das sinnvoll ist.
2 Wann wäre es sinnvoll, den Energiebedarf eines Menschen festzulegen und die Energiezufuhr zu überwachen?

C Früher sagte man: „Frühstücke wie ein König, iss zu Mittag wie ein Edelmann und zu Abend wie ein Bettler."
1 Vergleiche das Sprichwort mit den modernen Erkenntnissen zur Ernährung.
2 Seit es dieses Sprichwort gibt, haben sich die Lebensbedingungen stark verändert. Unter welchen Bedingungen besitzt es heute noch Gültigkeit?

Atmung und Blutkreislauf

Wie wir atmen

|1 Atmen gehört zum Leben …

|2

|3

Arbeitsweise Lernen an Stationen – Bewertung

Beim Stationenlernen arbeitet ihr in Gruppen. Welche Stationen bereits bearbeitet sind, lässt sich am „Laufzettel" erkennen.
Jeder muss seine Beobachtungen daheim auswerten und zusätzliche Aufgaben bearbeiten. Damit eure Ausarbeitungen positiv beurteilt werden können, achtet auf Folgendes:
– Ist der Laufzettel vollständig ausgefüllt?
– Auf dem Laufzettel ist eine Reihenfolge für die Stationen angegeben. Sind alle Stationen in dieser Reihenfolge eingeordnet?
– Sind die Ausarbeitungen richtig?
– Sind die Ausarbeitungen vollständig? Sind sie vielleicht sogar durch Zusatzinformationen ergänzt?
– Passen die Zusatzinformationen zum Teilthema?
– Sind die Zusatzinformationen bearbeitet oder wurden nur Texte oder Abbildungen abgeheftet?
– Sind die Ausarbeitungen gut lesbar, übersichtlich angeordnet? Ist die Gestaltung insgesamt gelungen?

Auf dem Beurteilungsbogen kann die Lehrkraft jeweils die entsprechende Punktzahl ankreuzen. Die erreichten Punkte werden dann in eine Note umgerechnet.

Bewertung für „Laufzettel":
+1 Punkt Laufzettel ist vollständig ausgefüllt und mit Bemerkungen versehen.
 0 Punkte Laufzettel ist vorhanden.
–1 Punkt Der Laufzettel fehlt.

Bewertung für Station …:
+2 Punkte Perfekte Ausarbeitung mit passenden Zusatzinformationen
+1 Punkt Gelungene Ausarbeitung
 0 Punkte Vollständig ausgearbeitet
–1 Punkt Unvollständige Ausarbeitung
–2 Punkte Die Station ist nicht bearbeitet.

Lernstationen Atmung
Gruppenmitglieder:

	Bearbeitet am	Bemerkungen
Brust- und Bauchatmung	?	?
Atemvolumen	?	?
Atmung bei Belastung	?	?
Brenndauer einer Kerze	?	?

|4 Muster für Laufzettel

	+2	+1	0	–1	–2
„Laufzettel"			–		–
Ausarbeitung der Station 1	?	?	?	?	?
Ausarbeitung der Station 2	?	?	?	?	?
Ausarbeitung der Station 3	?	?	?	?	?
…					
…					
Gesamtgestaltung, Schrift, Farbe	?	?	?	?	?

|5 Muster für Beurteilungsbogen

1 Brenndauer einer Kerze in Frischluft und Ausatemluft

Versuchsaufbau:

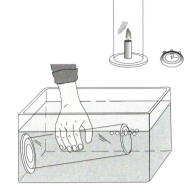

Versuchsdurchführung:

a Stülpt einen Standzylinder über eine brennende Kerze. Nach wie vielen Sekunden erlischt sie?
Führt den Versuch dreimal durch. Schwenkt jeweils den Standzylinder gut mit Frischluft aus.

b Füllt den Standzylinder über einen Schlauch mit Ausatemluft und stülpt ihn über eine brennende Kerze. Messt die Brenndauer. Führt den Versuch wieder dreimal durch.

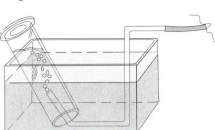

Versuchsauswertung:
Berechne jeweils die durchschnittliche Brenndauer. Vergleiche die Werte und suche eine Erklärung.

2 Veränderung der Luft beim Atmen

Versuchsaufbau:

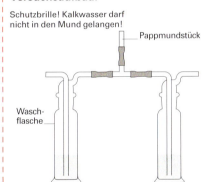

Versuchsdurchführung:

a Füllt die beiden Flaschen zum Ausprobieren jeweils zu einem Drittel mit Wasser. Verbindet sie wie in der Zeichnung. Eine Versuchsperson atmet über das Mundstück langsam ein und aus. Beobachtet den Weg der Luft und zeichnet ihn durch Pfeile auf.
b Ersetzt das Wasser in beiden Flaschen durch Kalkwasser und wiederholt den Versuch.

Versuchsauswertung:
Was kannst du aus euren Beobachtungen schließen?

3 Eigenschaften ausgeatmeter Luft

Versuchsdurchführung:

a Die Versuchsperson atmet durch den Mund gegen ein Thermometer in den hohlen Händen – so lange, bis sich die Temperatur nicht mehr verändert. Vergleicht diese Temperatur mit der Umgebungstemperatur.
b Was beobachtet ihr beim Ausatmen gegen einen Spiegel?

Versuchsauswertung:
Was kannst du aus euren Beobachtungen schließen?

4 Messung des Atemvolumens

Versuchsaufbau:

Versuchsdurchführung:
Benutzt jeweils ein neues Pappmundstück für den *Atemmesser*!

a Stellt den Zeiger vor Beginn auf null. Atmet sehr tief ein und blast alle Ausatemluft durch das Messgerät. Notiert den Wert.
b Stellt den Zeiger wieder auf null. Atmet jetzt fünfmal ganz normal durch den Atemmesser aus. Berechnet den Durchschnittswert für einen normalen Atemzug und tragt ihn in die Klassenliste ein.

Versuchsauswertung:
Vergleiche die Werte in der Klassenliste. Gibt es einen Zusammenhang zwischen Atemvolumen und Größe, Geschlecht oder Trainingszustand?

5 Atmung bei Belastung

Versuchsdurchführung:
a Zähle 1 min lang deine Atemzüge in Ruhe.
b Führe 20 Kniebeugen aus. Noch besser ist es, wenn du auf dem Schulhof 50 m rennst. Bestimme wieder die Anzahl der Atemzüge pro Minute. Vergleiche mit den Ergebnissen deiner Mitschülerinnen und Mitschüler.

Versuchsauswertung:
Welche Erklärungen findest du für Unterschiede?

6 Weg der Luft in den Körper

Der Torso ist ein Modell des Menschen. Erkundet daran den Weg der Luft in die Lunge. Nehmt die Organe aus dem Torso heraus und benennt sie. Welche Funktionen erfüllen sie? Übertrage die Abbildung vergrößert ins Heft und beschrifte sie, nachdem du im Text *Grundlagen* den Abschnitt *Weg der Atemluft* gelesen hast. Warum solltest du durch die Nase und nicht durch den Mund einatmen? Erfüllt der Kehldeckel seine Aufgabe immer fehlerfrei?

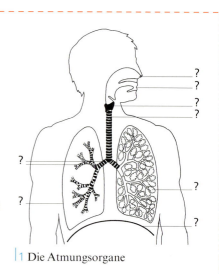

1 Die Atmungsorgane

7 Brustatmung

Versuchsdurchführung:
Miss den Brustkorbumfang deines Mitschülers nach dem Einatmen und nach dem Ausatmen mit dem Bandmaß. Trage die Werte in die Klassenliste ein.

Lies im Text *Grundlagen* den Abschnitt *Brust- und Bauchatmung*. Beschreibe den Unterschied zwischen Brust- und Bauchatmung.

Klassenliste (Muster)

Name	Brustumfang in cm	
	eingeatmet	ausgeatmet
Max	88 cm	77 cm
?	?	?

8 Bauchatmung

Versuchsaufbau:

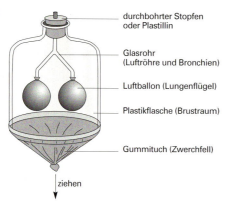

- durchbohrter Stopfen oder Plastillin
- Glasrohr (Luftröhre und Bronchien)
- Luftballon (Lungenflügel)
- Plastikflasche (Brustraum)
- Gummituch (Zwerchfell)
- ziehen

2 Modell zur Bauchatmung

Versuchsdurchführung:
Miss den Bauchumfang deines Mitschülers nach starkem Einatmen und nach intensivem Ausatmen mit dem Bandmaß. Trage die Werte in die Klassenliste ein.
Erkläre anhand des Modells den Unterschied. Lies dazu auch im Text *Grundlagen* den Abschnitt *Brust- und Bauchatmung*.

Grundlagen Die Atmungsorgane

Weg der Atemluft
Meist wird die Luft durch die Nase eingeatmet. |4
Dort bleibt der Staub im Nasenschleim hängen – die Luft wird gereinigt. Außerdem wird sie in den Nasenhöhlen angefeuchtet, erwärmt und durch den Geruchssinn geprüft. Am Eingang zur Luftröhre liegt der Kehlkopf mit den Stimmbändern. Beim Schlucken verschließt der Kehldeckel die Luftröhre. So kann keine Nahrung hineingelangen. Die Luftröhre ist durch Knorpelspangen verstärkt. Innen ist sie mit einer Schleimhaut und Flimmerhärchen versehen, die zur Reinigung der eingeatmeten Luft dienen. Im Brustkorb teilt sich die Luftröhre in zwei Äste, die Bronchien. Jede Bronchie führt zu einem Lungenflügel.

Die Luft gelangt über die Luftröhre und die Bronchien in die Lunge.

Brust- und Bauchatmung
Die Lunge hat keine Muskeln. Sie kann also nicht durch eigene Bewegungen ein- oder ausatmen. Aber die Lunge ist sehr elastisch. Sie funktioniert ähnlich wie ein Blasebalg. Hat sie Platz, um sich auszudehnen, strömt Luft in die Lunge hinein. Beim Platzschaffen hilft das *Zwerchfell* – eine Muskelschicht zwischen Lunge und Bauchraum. Normalerweise ist es nach oben gewölbt. Wenn sich seine Muskeln verkürzen, ist das Zwerchfell gespannt und fast waagerecht. Es drückt die Baucheingeweide nach unten und der Bauch wölbt sich vor. Dadurch wird der Raum für die Lunge vergrößert. Man spricht von *Bauchatmung*. |5
Die vielen kleinen Muskeln zwischen den Rippen helfen den Lungenraum zu vergrößern. Wenn sie sich zusammenziehen, werden die Rippen angehoben, der Brustraum wird größer und frische Luft gelangt in die Lungen *(Brustatmung)*. |6

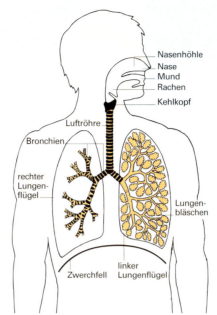

|4 Atmungsorgane

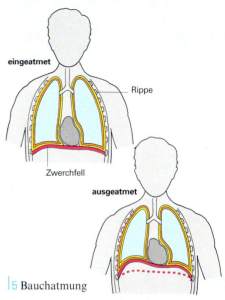

|5 Bauchatmung

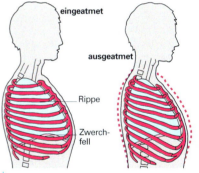

|6 Brustatmung

Atemvolumen
Bei normaler Atmung atmet man pro Atemzug einen halben Liter Luft ein. Wenn man tief einatmet, kann man zusätzlich etwa zwei Liter Luft in die Lunge aufnehmen. Bei starkem Ausatmen stößt man bis zu 5 Liter aus. Trotzdem bleibt auch dann noch ein Rest Luft in der Lunge.

Tätigkeit	Volumen
Schlafen	5 Liter
Sitzen	7 Liter
Gehen	17 Liter
Radfahren	19 Liter
Schwimmen	36 Liter

|8 Luftbedarf eines Erwachsenen pro Minute (Durchschnittswerte)

	Luftmenge pro Atemzug	Anzahl der Atemzüge pro min (ohne Belastung)
Erwachsener	500 ml	ca. 15
Jugendlicher	300–400 ml	15–20
Grundschulkind	200–300 ml	ca. 20
Kleinkind	100–200 ml	ca. 25
Säugling	ca. 20 ml	40–60

|7 Eingeatmete Luftmenge

Bau und Aufgabe der Lunge

Wie unterscheidet sich ausgeatmete Luft von frischer Luft?
Was geschieht in der Lunge mit der Luft?

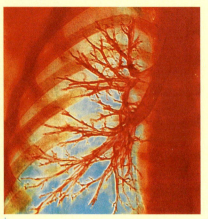

1 Verzweigungen der Bronchien

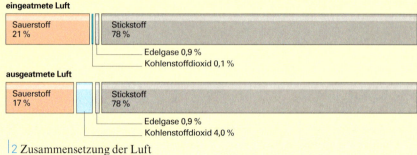

2 Zusammensetzung der Luft

Grundlagen Die Lunge – Austauschplatz für Atemgase

Zufuhr von Sauerstoff

Frische Luft ist reich an Sauerstoff, sie enthält 21 % Sauerstoff. Beim Einatmen gelangt die sauerstoffreiche Luft durch die Luftröhre, die Bronchien und deren Verzweigungen bis in die Lungenbläschen. 3 Die Lungenbläschen sind von einem Netz kleiner Blutgefäße umgeben. Der Sauerstoff durchdringt die dünnen Wände der Lungenbläschen und der Blutgefäße und gelangt so ins Blut. Vom Blut wird er an alle Stellen des Körpers transportiert.

Abgabe von Kohlenstoffdioxid

Muskeln, Gehirn und innere Organe brauchen Sauerstoff, um aus den Nährstoffen Energie für ihre Aufgaben (Bewegung, Denken, Verdauung ...) zu gewinnen. Dabei entsteht als Abfallstoff Kohlenstoffdioxid. Er wird von den Körperzellen ins Blut abgegeben und mit dem Blutstrom zu den Lungenbläschen transportiert. Genau wie Sauerstoff durchdringt auch Kohlenstoffdioxid die Wände der Blutgefäße und der Lungenbläschen. Die Ausatemluft enthält daher 4 % Kohlenstoffdioxid und nur noch 17 % Sauerstoff.

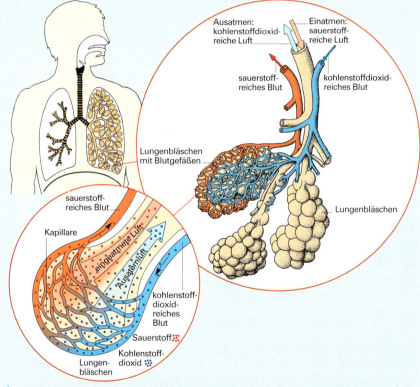

3 Aufbau der Lunge – Lungenbläschen

In den Lungenbläschen geht Sauerstoff von der Atemluft ins Blut über. Dort gibt auch das Blut Kohlenstoffdioxid an die Luft ab.

A Im Alltag spricht man von „frischer Luft" und „verbrauchter Luft". Was ist damit gemeint?

B Was geschieht in den Lungenbläschen mit dem Sauerstoff, was mit dem Kohlenstoffdioxid?

1 Wir bauen das Modell eines Lungenbläschens

Baue das Modell eines Lungenbläschens aus den abgebildeten Materialien. |4

Überlege dir Vorteile und Nachteile dieses Modells.

Wie könnte man die Durchlässigkeit des Lungenbläschens für Sauerstoff und Kohlenstoffdioxid im Modell besser darstellen?

Interessantes Die Lunge in Zahlen und in Fotos

Die Lunge eines Erwachsenen enthält 500 Millionen Lungenbläschen. Wenn man alle Lungenbläschen nebeneinander ausbreiten könnte, würde man eine Fläche von 150 m^2 brauchen – das entspricht der Fläche eines Volleyballfelds. |5
Die Bilder auf dieser Seite zeigen dir auch, wie eine Lunge und wie Lungenbläschen aussehen. |6 |7

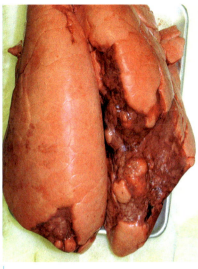

|6 Schweinelunge, teilweise mit Strohhalm „aufgeblasen"

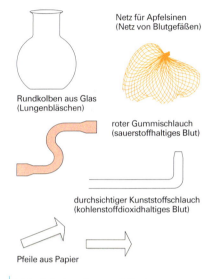

|4 Modell eines Lungenbläschens

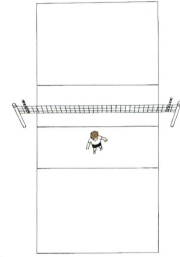

|5 Größenvergleich

|7 Lungengewebe unter der Stereolupe

Gesundheit Atemwegserkrankungen

Schnupfen
Beim Schnupfen nisten sich Viren in der Nasenschleimhaut ein und vermehren sich dort. Die Schleimhäute schwellen an, die Nase läuft. Die Ansteckung erfolgt z. B. über Tröpfcheninfektion beim Niesen.

Bronchitis
Bei einer Bronchitis sind die Schleimhäute in der Luftröhre und Atemwege der Lunge von Krankheitserregern befallen. Oft sind Bakterien die Ursache. Sie zerstören die Schleimhäute der Bronchien und bilden einen Eiterbelag. Es kommt zu Hustenreiz, wodurch der schleimig-eitrige Belag abgehustet wird.

Lungenentzündung
Die Entzündung des Lungengewebes wird meist durch Bakterien hervorgerufen. Die Anzeichen einer Lungenentzündung sind Fieber, Husten und allgemeine Körperschwäche.

Asthma
Vererbte Veranlagungen oder Allergien können zu Krämpfen in der Muskulatur der Atemwege führen. Bei Asthma-Anfällen sind die Atemwege verengt und die Erkrankten leiden unter starker Atemnot.

Der Blutkreislauf

Bei großer Anstrengung schlägt uns das Herz bis zum Hals. Wir spüren den Puls (lat. *pulsus:* Schlag).

Wenn das Herz nicht mehr schlägt, können Erste-Hilfe-Maßnahmen das Leben retten.
Welche Aufgabe hat das Herz?

1

2

Probier's mal!

1 Wo lässt sich der Blutkreislauf erkennen?
a Suche Stellen deines Körpers, die stark durchblutet sind. Schau dir dazu dein Gesicht und deine Hände an. Woran erkennst du starke Durchblutung?
b An manchen Stellen kannst du das fließende Blut unter der Haut mit den Fingern spüren. Suche solche Stellen.

2 Zähle deine Pulsschläge
Auch in Ruhe lässt sich der Puls an den Schlagadern ertasten, die nahe an der Körperoberfläche verlaufen. Am Handgelenk fühlst du den Puls so: Fahr mit Zeige- und Mittelfinger den Unterarm auf der Daumenseite entlang abwärts. Wenn du den Sehnenstrang und den Handknöchel gleichzeitig fühlst, presst du die Finger etwas fester und wartest eine Weile ... 3

3 Wie kommt der Pulsschlag zustande?
Zur Erklärung, was du eigentlich fühlst, kann dir ein Modell weiterhelfen. 4
a Was spürst du, wenn du auf den Kolben presst und gleichzeitig kurz vor dem Stopfen leicht auf den Schlauch drückst? Was ist die Ursache dafür?
b Was geschieht, wenn du den Kolben fester drückst?
c Vergleiche das Modell mit der Zeichnung. 5 Was kann das Modell zeigen? Wo ist das Modell unvollständig?
d Erkläre, wie der Druck in den Blutgefäßen zustande kommt und warum du ihn an der Hand spüren kannst.
e Weshalb fließt das Blut in den Schlagadern nur in eine Richtung?

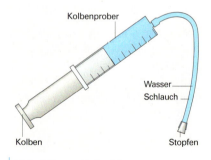

4 Modell zum Pulsschlag

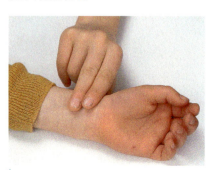

3 Puls zählen

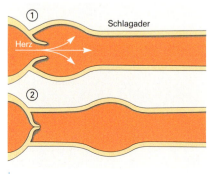

5 Fortschreitende Pulswelle

Grundlagen **Der Blutkreislauf**

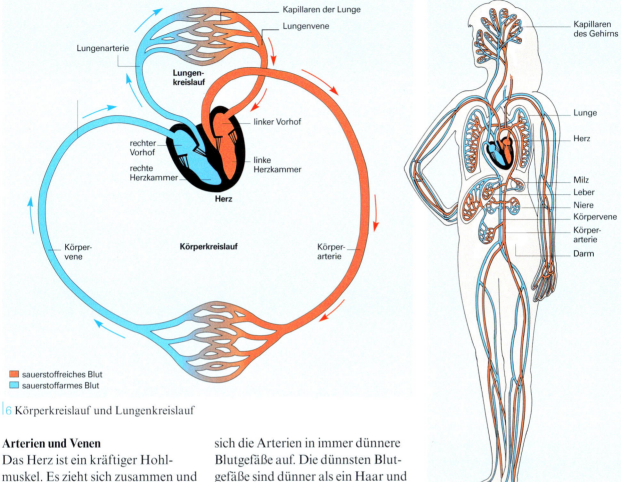

6 Körperkreislauf und Lungenkreislauf

7 Der Blutkreislauf im Körper

Arterien und Venen
Das Herz ist ein kräftiger Hohlmuskel. Es zieht sich zusammen und weitet sich. Dadurch pumpt es das Blut durch die Adern. Blutgefäße, die das Blut vom Herzen wegführen, heißen *Schlagadern* oder *Arterien*. In den *Venen* strömt das Blut zum Herzen zurück. Wo eine Arterie dicht unter der Haut verläuft, wie an den Schläfen oder an der Innenseite des Unterarms, fühlst du das stoßweise Strömen des Bluts als Pulsschlag.

Der Körperkreislauf des Bluts
In jeder Minute schlägt dein Herz etwa 80-mal. Wenn sich das Herz zusammenzieht, presst es das Blut aus der linken Herzkammer in die große Körperarterie. Diese verzweigt sich im Körper in rund 40 große Arterien, die zu allen Organen in Kopf, Rumpf und Gliedmaßen führen. 6 7 Auf ihrem Weg zu den Organen zweigen sich die Arterien in immer dünnere Blutgefäße auf. Die dünnsten Blutgefäße sind dünner als ein Haar und durchziehen alle Bereiche des Körpers. Aus diesen *Haargefäßen* oder *Kapillaren* gibt das Blut die zerlegten Nährstoffe und Sauerstoff ab. Das sauerstoffarme Blut fließt durch die wegführenden Kapillaren ab. Sie vereinen sich zu den *Venen*. In ihnen gelangt das Blut zur rechten Herzkammer. Damit ist der *Körperkreislauf* des Bluts geschlossen.

Der Lungenkreislauf des Bluts
Die Trennwand im Herzen verhindert, dass sauerstoffarmes Blut aus der rechten in die linke Herzkammer fließt. Das sauerstoffarme Blut der rechten Herzhälfte wird in die Lunge gepumpt, wo es Kohlenstoffdioxid abgibt und Sauerstoff aufnimmt. Das sauerstoffreiche Blut strömt dann zurück zum Herzen, und zwar in die linke Herzkammer. Diesen zweiten Kreislauf heißt *Lungenkreislauf*. Nun beginnt der doppelte Kreislauf des Bluts von neuem.

Das Blut transportiert lebensnotwendige Stoffe und wehrt Krankheitserreger ab. Das Herz pumpt es in zwei Kreisläufen durch den Körper.

A Verliert man mehr als 2 Liter seines Bluts, so besteht höchste Lebensgefahr. Begründe!
B Der Mensch hat zwei Blutkreisläufe. Erkläre, was damit gemeint ist.
C Beschreibe den Weg des Bluts durch den Körper.

Grundlagen Das Blut hat viele Aufgaben

Blut und Blutgerinnung
Jeder Mensch hat etwa *5 Liter Blut*. Es fließt in *Blutgefäßen* oder *Adern*, die wie ein feinmaschiges Netz den Körper durchziehen. Blut ist im Körper überall vorhanden.
Schon bei kleinen Verletzungen sickert ein Blutstropfen aus der Wunde. Meist hört es aber rasch wieder auf zu bluten. Das Blut enthält nämlich Stoffe, die es fest werden lassen, sobald es aus einer Wunde tropft. Man sagt, das Blut *gerinnt*. Dadurch wird die Wunde „abgedichtet", sodass man bei Verletzungen möglichst wenig Blut verliert.

Aufgaben des Bluts
Auf seinem Weg durch den Körper *bringt* das Blut *lebenswichtige Stoffe* dorthin, wo sie gebraucht werden. Verbrauchte Stoffe transportiert es wieder ab. Wenn Krankheitserreger wie Bakterien oder Viren in den Körper eindringen, werden sie von den *Abwehrstoffen* im Blut bekämpft. Zudem sorgt das Blut dafür, die im Körper entstehende *Wärme* zu verteilen.

Blut als Transportmittel
Die in kleinste Teilchen zerlegten Nährstoffe sowie Vitamine und Mineralstoffe treten durch die Wand des Dünndarms ins Blut über. Das Blut transportiert sie überall hin, z. B. zu den Muskeln. Aus einem Großteil der Nährstoffe wird *Energie* für die Lebensvorgänge gewonnen. Der nötige *Sauerstoff* wird ebenfalls durch das Blut von der Lunge herangeführt. Bei der Energiegewinnung entsteht schädliches *Kohlenstoffdioxid*. Das Blut transportiert es zurück zur Lunge, wo es ausgeatmet wird.

Das Herz – Motor des Lebens
Das Blut selbst wird durch das *Herz* in Bewegung gehalten – ein Leben lang. Dein Herz ist ungefähr so groß wie deine Faust. Es liegt, mit der Spitze nach links zeigend, in der Mitte des Brustkorbs. |1 Innen ist es hohl. Eine *Trennwand* teilt es in eine linke und in eine rechte Hälfte. Jede dieser Herzhälften besteht aus einem *Vorhof* und einer *Kammer*.

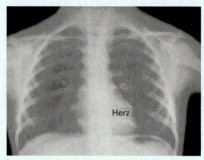

|1 Röntgenbild des Brustkorbs

	Blutmenge
Frau	65 ml je kg Körpergewicht
Mann	75 ml je kg Körpergewicht

vom Herzen beförderte Blutmenge je Minute …	
… in Ruhe	ca. 5 l
… bei Anstrengung	bis 30 l
… am Tag	ca. 10 000 l
… in 70 Jahren	ca. 250 000 000 l

Herzschlag je Minute …	
… beim 14-Jährigen	ca. 80-mal
… beim Erwachsenen	ca. 70-mal
… bei Anstrengung	bis zu 250-mal

Kreislauf: Haargefäße	
Zahl	ca. 30 Milliarden
Durchmesser	ca. 0,008 mm
Gesamtlänge	ca. 1200 km

|2 Blut und Blutkreislauf in Zahlen

Interessantes Blut und Leben

Von alters her wird Blut eine besondere Bedeutung beigemessen. So wurden im Mittelalter manche Verträge mit Blut unterschrieben. Damit bürgte der Unterzeichner symbolisch mit seinem Leben für die Einhaltung des Vertrags.
Der Sage nach badete Siegfried in Drachenblut. Dadurch wurde er unverwundbar.
Die Wörter *Blutsbande* oder *Blutrache* drücken aus, dass Personen bereit wären, ihr Blut, ihr Leben füreinander hinzugeben.
Im 15. Jahrhundert versuchte ein Arzt das Leben des im Sterben liegenden Papstes *Innozenz VIII.* zu verlängern, indem er ihm das Blut von drei Knaben übertrug. Das Ergebnis war verheerend: Der Papst und die drei Knaben starben nach dem Eingriff. Der Arzt floh.
Bis ins 19. Jahrhundert wurde Blut von Schafen auf kranke Menschen übertragen. Für die Patienten endeten die Versuche tödlich. Das Menschenblut vertrug sich nicht mit Tierblut – es verklumpte. |3

|3 Tödlicher Versuch (1671): Einem Menschen wird Tierblut übertragen.

A Stelle die Aufgaben zusammen, die das Blut erfüllt.

B Welche Farbe hat deine Haut, wenn sie kalt ist? Begründe!

Zusammenfassung

Organsysteme arbeiten zusammen

Muskulatur
Die Muskeln sind die „Motoren" unseres Körpers. Sie sorgen dafür, dass wir uns bewegen können.

Skelett
Das Skelett stützt den Körper und schützt die inneren Organe. Die Knochen sind über Gelenke beweglich miteinander verbunden.

Verdauung und Atmung
Die Verdauungsorgane zerlegen die Nahrung in kleinste Bausteine. Aus ihnen werden körpereigene Stoffe aufgebaut und Energie für Lebensvorgänge gewonnen. Den zur Energiegewinnung notwendigen Sauerstoff nehmen wir über die Lunge auf. Kohlenstoffdioxid atmen wir aus.

Blut
Das Blut ist das Transportsystem des Körpers.

Gehirn und Nervensystem
Alle Lebensvorgänge werden von Gehirn und Nervensystem überwacht und gesteuert.

4 Zusammenspiel der Organe

- Gehirn, Rückenmark und Nerven
- Herz und Blutgefäße
- Atmungsorgane
- Verdauungsorgane
- Skelett
- Muskulatur

Weg der Atemluft

Frische Luft ist reich an Sauerstoff, sie enthält 21 % Sauerstoff. Bei normaler Atmung atmet ein Erwachsener pro Atemzug etwa 0,5 l Luft ein.
Beim Einatmen gelangt die sauerstoffreiche Luft durch die Luftröhre, die Bronchien und deren Verzweigungen bis in die einzelnen Lungenbläschen.
Die Ausatemluft enthält etwa 4 % Kohlenstoffdioxid und nur noch 17 % Sauerstoff.

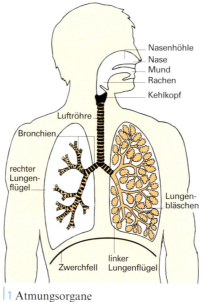

1 Atmungsorgane

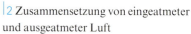

2 Zusammensetzung von eingeatmeter und ausgeatmeter Luft

Aufgabe der Lunge

Die Lungenbläschen sind von einem Netz kleiner Blutgefäße umgeben. Der Sauerstoff durchdringt die dünnen Wände der Lungenbläschen und der Blutgefäße und gelangt so ins Blut. Vom Blut wird er an alle Stellen des Körpers transportiert.

In allen Teilen des Körpers wird Sauerstoff benötigt, um Energie zum Beispiel für Bewegung, Denken oder Verdauung zu gewinnen. Dabei entsteht als Abfallstoff Kohlenstoffdioxid. Es wird ins Blut abgegeben und mit dem Blutkreislauf zu den Lungenbläschen transportiert. Auch Kohlenstoffdioxid durchdringt die dünnen Wände der Blutgefäße und der Lungenbläschen und wird dann mit der Ausatemluft abgegeben.

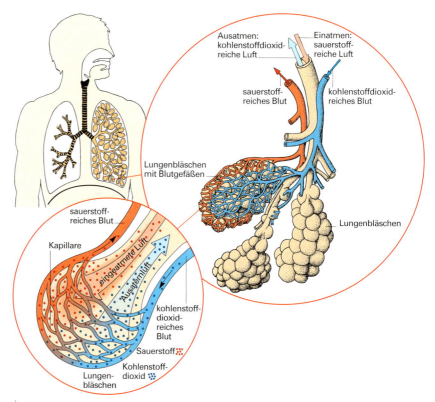

3 Gasaustausch in den Lungenbläschen

Funktionsweise der Lunge

Die Lunge funktioniert so ähnlich wie ein Blasebalg. Hat die Lunge Platz um sich auszudehnen, strömt Luft in sie hinein.

Für den nötigen Platz sorgt das Zwerchfell, eine Muskelschicht zwischen Lunge und Bauchraum. Auch die vielen kleinen Muskeln zwischen den Rippen haben die Aufgabe, den Lungenraum zu vergrößern.

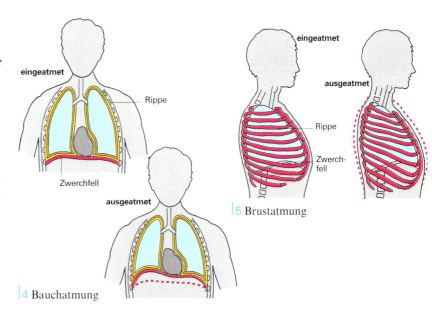

|4 Bauchatmung

|5 Brustatmung

Der Blutkreislauf

Das Blut durchströmt den Körper in zwei Kreisläufen, dem *Lungen-* und dem *Körperkreislauf*. Dabei wird das Blut durch das *Herz* angetrieben. Die *Arterien* führen das Blut vom Herzen weg, die *Venen* führen es zum Herzen hin. *Kapillaren* nennt man die feinsten Verzweigungen der Blutgefäße.
Das Blut versorgt alle Organe mit Sauerstoff und Nährstoffen.

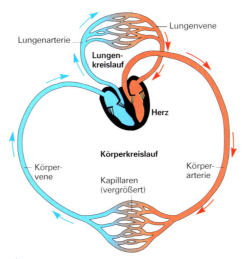

|6 Körperkreislauf und Lungenkreislauf

Alles klar?

A Begründe, warum das Klassenzimmer regelmäßig gelüftet werden sollte.
B Warum sollte man durch die Nase einatmen?
Wann ist es notwendig, durch den Mund einzuatmen?
C „Atmung ist Gasaustausch."
Welche Gase werden getauscht? Wo findet der Gasaustausch statt?

D Wenn du einatmest, hebt sich dein Brustkorb. Wird das durch die einströmende Luft bewirkt?
Begründe deine Antwort.
E Welche Folge hätte es für den Atemvorgang, wenn der Brustraum (z. B. durch einen Stich) ein Loch hat?
F Aus einer Wunde tritt stoßweise Blut aus. Welche Art von Blutgefäß ist verletzt? Begründe!

G Beschreibe mithilfe von Bild |6 den Weg des Bluts durch den Körper. Gib auch an, an welchen Stellen jeweils ein Gas- und ein Stoffaustausch erfolgt.

Sich entwickeln – erwachsen werden

Ich bin kein Kind mehr

1 Paula – früher und heute

Im Alter zwischen 9 und 14 Jahren ändert sich allmählich der kindliche Körper. Er nimmt jetzt mehr und mehr die Gestalt eines Erwachsenen an.
Auch die Interessen und Wünsche ändern sich: Mit den Eltern etwas zu unternehmen ist auf einmal langweilig. Mit Freunden zusammen sein, Musik hören, mit der Clique weggehen ist viel interessanter. Mädchen und Jungen werden neugierig aufeinander. Vieles passiert zum ersten Mal: die erste Verabredung, der erste Kuss …
Mit der *Pubertät* oder *einsetzenden Geschlechtsreife* beginnt eine aufregende, oft auch schwierige Zeit.

A Seht euch die Fotos von Paula an. 1 Welche Unterschiede fallen euch auf? Wie alt dürfte Paula sein? Wonach habt ihr euch beim Schätzen gerichtet?

B Auch das Interesse an Spielsachen ändert sich. Womit habt ihr früher gespielt und womit heute?

C Bringt Babyfotos mit. Versucht zu erraten, zu wem die Fotos gehören.

Grundlagen Reifezeit und Zeit des Wandels

Alles wird anders
Die Körper von Mädchen und Jungen sind in der Kindheit sehr ähnlich. 2–6 Man kann sie häufig nur an ihren Geschlechtsorganen unterscheiden.
Ein auffälliger Wachstumsschub zeigt den Beginn der Geschlechtsreife an.

Da die Geschlechtsreife nicht bei allen zur gleichen Zeit einsetzt, gibt es bei Kindern gleichen Alters oft enorme Größenunterschiede. Jetzt wachsen unter den Achseln und im Schambereich Haare. Die Flaumhärchen auf den Unterarmen und Beinen werden – vor allem bei den Jungen – kräftiger und dunkler.

2 Junge oder Mädchen?

3 „Junge Dame"

4 „Junger Mann"

Alltag **Wo kommen plötzlich die Pickel her?**

Die Veränderungen, die in der Pubertät vor sich gehen, werden durch die *Hormone* ausgelöst – d. h. durch biochemische Stoffe, die viele Abläufe im Körper steuern.
Hormone werden vor allem in *Drüsen* produziert. Sie kreisen mit dem Blut durch den Körper. An einigen Stellen bewirken die Hormone dann Veränderungen. Es gibt z. B. Drüsen für Geschlechtshormone und Drüsen für Wachstumshormone.
Die Geschlechtshormone sorgen dafür, dass sich die Geschlechtsorgane weiterentwickeln. Während der Kindheit sind sie noch in „Wartestellung". Durch vermehrte Hormonbildung werden dann die Geschlechtsorgane angeregt, das weibliche Hormon *Östrogen* oder das männliche Hormon *Testosteron* zu bilden. Diese lassen *Eizellen* bzw. *Samenzellen* heranreifen. Somit werden Mädchen und Jungen zeugungs- und fortpflanzungsfähig.
Und die *Pickel*? Als Nebenprodukt dieser Umstellung kommt es zu vermehrter Fettbildung auf der Haut: Die Haare werden schneller fettig, die Poren der Haut verstopfen und entzünden sich. Schließlich bilden sich unschöne Pickel auf der zarten Gesichtshaut, dem Dekolletee oder dem Rücken.

Aus einem Tagebuch (Lisa, 12 Jahre)

Meine Eltern behandeln mich immer noch wie ein Baby. Dabei bin ich schon 12 Jahre alt. In die Disko vom Jugendtreff darf ich nicht, aber auf meine kleine Schwester aufpassen soll ich – dafür bin ich offenbar alt genug. Früher habe ich mich so gut mit meinen Eltern verstanden. Doch jetzt …
Keiner versteht mich. Meine Mutter kramt ständig in meinen Sachen herum und ist beleidigt, wenn ich sie mal anfahre, dass sie mich einfach mal in Ruhe lassen soll. Und mein Vater zieht mich laufend damit auf, dass ich Schlabberpullis trage. Ich verstehe mich manchmal selbst nicht. Ist das so, weil ich in der Pubertät bin?

Bei den Mädchen ändert sich die Form der Augenbrauen: Sie erhalten einen Schwung.
Bei den Jungen beginnt der Bart zu wachsen. Bei den Mädchen wachsen die Brüste.
Die Stimme wird jetzt tiefer – bei Jungen und Mädchen. Das bemerkt man vor allem bei den Jungen; man sagt, sie sind „im Stimmbruch".
Die Schweiß- und Talgdrüsen arbeiten jetzt stärker und viele Jugendliche entdecken ihre ersten Pickel.

Die Gefühle fahren Achterbahn
Nicht nur der Körper verändert sich. |5|6 Auch die Gefühle und Empfindungen erfahren einen Wandel. Plötzliche Gefühlsumschwünge sind nun an der Tagesordnung. Jugendliche können einerseits sehr gereizt und launisch sein, andererseits aber auch voller Kraft und Tatendrang. Alles wird jetzt angezweifelt und kritisiert. Vor allem die Eltern scheinen plötzlich recht „rückständig" zu sein.
Alles soll sich ändern. Gleichzeitig soll aber auch alles so bleiben, wie es ist. Das Leben schwankt zwischen dem Wunsch, „cool" zu sein, und Angst, zwischen Gehorsam und Auflehnung, zwischen Langeweile und fantastischen Ereignissen. Eine Zeit der Extreme!

D Überlege dir, was man unter dem Begriff *Pubertät* versteht.
E Was ist an dieser Entwicklungsstufe besonders typisch? (Siehe auch den obigen Tagebuchauszug.)
F Miss die Größe mehrerer gleichaltriger Kinder. Was stellst du fest?
G Zeichne die Umrisse der Hände gleichaltriger Kinder. Beschreibe, was du siehst.

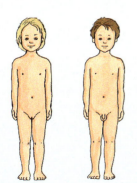

|5 Mädchen und Junge, 4 Jahre alt

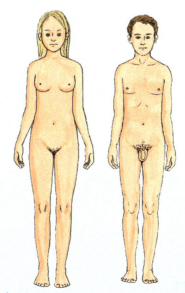

|6 Mädchen und Junge, 14 Jahre alt

Ich werde eine Frau – Ich werde ein Mann

1 Sie sind ein Paar: junge Erwachsene am Strand

Während der Pubertät hat sich das Aussehen von Mädchen und Jungen verändert. 1 Ihr Körper ist dem der Erwachsenen immer ähnlicher geworden.
Sowohl beim Mädchen als auch beim Jungen zeigt sich das an den *primären* und den *sekundären* Geschlechtsmerkmalen.

Grundlagen Primäre Geschlechtsmerkmale

Unterschiede schon im Mutterleib
Eine (weibliche) Eizelle muss erst von einer Samenzelle befruchtet werden, damit ein Kind entstehen kann. Das weißt du bereits.
Schon in dieser Eizelle ist der Unterschied der Geschlechter angelegt. In den ersten sechs Wochen der Entwicklung des Kindes im Mutterleib sind aber noch keine äußeren Unterschiede erkennbar.
Ab der 12. Woche gibt es aber eine Wende: Es bilden sich die *primären* (zuerst vorhandenen) Geschlechtsmerkmale aus.

Die Pubertät ist die Übergangszeit zwischen Kindheit und Erwachsenwerden. Die Geschlechtsmerkmale prägen sich jetzt aus:
Die Eierstöcke der Mädchen beginnen mit der Produktion von Eizellen, die Hoden der Jungen produzieren Samenzellen (Spermien).
Die Jugendlichen sind von nun an in der Lage, selbst Kinder zu zeugen.

Weibliche Geschlechtsmerkmale 2
Beim Mädchen sind äußerlich die Schamlippen zu erkennen.
Scheide, Gebärmutter, Eileiter und Eierstöcke liegen im Körperinnern. In den Eileitern bilden sich die *Eizellen*.
Die Gebärmutter und die schlauchförmige Scheide sind mit einer Schleimhaut ausgekleidet.

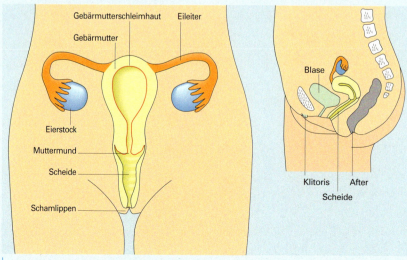

2 Die weiblichen Geschlechtsorgane im Unterleib (von vorne und von der Seite)

Grundlagen Sekundäre Geschlechtsmerkmale ...

In den ersten Lebensjahren unterscheiden sich Mädchen und Jungen nur durch die primären Geschlechtsmerkmale. Das ändert sich mit dem Beginn der Pubertät. Nun setzt auch die Ausbildung der *sekundären* (als Zweites vorhandenen) Geschlechtsmerkmale ein.

... beim Mädchen
Bei ihr wachsen nun Haare unter den Achseln und um die Scheide herum *(Schamhaare)*.
Fettpolster lagern sich ab. Der Körper wird damit runder, die Brüste vergrößern sich, die Hüften werden breiter, die Oberschenkel kräftiger. Auch das Körpergewicht des Mädchens nimmt zu.
In den Eierstöcken reift nun jeden Monat eine Eizelle. Das Mädchen wird jetzt alle 4 Wochen seine *Periode (Menstruation)* bekommen. Meist dauert es einige Monate, bis dies regelmäßig geschieht. Gleichzeitig verstärken sich sexuelle Gefühle.

... beim Jungen
Bei ihm wachsen jetzt Achselhaare, Schamhaare und Barthaare. Die Körperbehaarung an Brust, Bauch, Armen und Beinen wird dichter. Der Kehlkopf vergrößert sich und die Stimmbänder werden länger. Es tritt der Stimmbruch ein; die Stimme wird deutlich tiefer. Die Haut wird fettiger und die Muskulatur wird kräftiger – in der Regel mehr als bei den Mädchen. Der Penis und die Hoden vergrößern sich. Die Hoden produzieren nun Millionen von Spermien. Auch beim Jungen werden die sexuellen Gefühle stärker.

Neue Erfahrungen und Gefühle
Bis sich die Gestalt eines Erwachsenen entwickelt hat, dauert es Jahre. In dieser Reifezeit fühlen sich Jugendliche oft unwohl in ihrer Haut. Viele sind unzufrieden mit ihrem Körper. Es fällt ihnen nicht immer leicht, mit ihrer „neuen" Gestalt fertig zu werden. Sie erleben auch, dass Verliebtsein mit sexuellen Empfindungen verbunden sein kann. Es ist manchmal schwierig, mit diesen aufregenden Gefühlen zurechtzukommen.

Männliche Geschlechtsmerkmale |3
Beim Jungen sind äußerlich das *Glied* (der *Penis*) und der *Hodensack* zu sehen. Im Hodensack befinden sich die beiden Hoden, in denen die *Spermien*, die Samenzellen, gebildet werden.
Im Körperinnern liegt der *Samenleiter* mit den verschiedenen Hilfsdrüsen.

A Geschlechtsmerkmale:
1 Was bedeuten die Ausdrücke „primäre Geschlechtsmerkmale" und „sekundäre Geschlechtsmerkmale"?
2 Nenne die Fachbegriffe für die primären Geschlechtsmerkmale von Mann und Frau.
3 Nenne sekundäre Geschlechtsmerkmale von Mann und Frau.
B Gib an, nach welcher Veränderung Mädchen und Jungen geschlechtsreif sind.

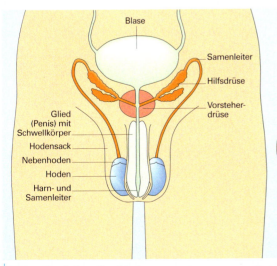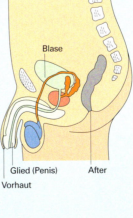

|3 Die männlichen Geschlechtsorgane (von vorne und von der Seite)

Menstruation und Empfängnisregelung

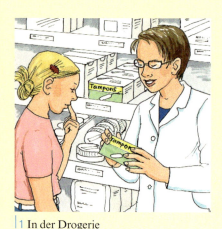

Jasmine sorgt vor: In Kürze wird sie wieder „ihre Tage" bekommen. Dafür gibt es in Drogerien und Kaufhäusern ein reichhaltiges Angebot. |1
Weißt du, um was es dabei geht?

|1 In der Drogerie

Menstruationsbeschwerden
Manche Mädchen und Frauen fühlen sich während der Regel nicht sehr wohl. Andere klagen über ein Ziehen im Unterleib, über Rückenschmerzen oder Bauchkrämpfe. Dagegen helfen meist leichte Bewegung, sanfte Massagen, ein warmes Bad, eine Wärmflasche oder etwas Kräutertee.

Grundlagen Der Menstruations- oder Monatszyklus

Der Eisprung
Etwa alle vier Wochen löst sich eine Eizelle aus einem der Eierstöcke. Das ist der *Eisprung*. Die Eizelle wandert dann durch den Eileiter hindurch und gelangt in die Gebärmutter. Am Tag nach dem Eisprung steigt die Körpertemperatur der Frau um etwa 0,5 °C an. |2

Woher kommen die Blutungen?
Bis zum Zeitpunkt des Eisprungs ist die Schleimhaut in der Gebärmutter dicker geworden; sie ist jetzt besonders stark durchblutet. Damit wurde sie auf eine mögliche Einnistung der Eizelle gut vorbereitet.

Eine Eizelle nistet sich nur ein, wenn sie innerhalb von 12 bis 24 Stunden nach dem Eisprung befruchtet wird. Das ist aber normalerweise nicht der Fall. Wenn sie nicht befruchtet wird, stirbt sie ab. Die vorbereitete Gebärmutterschleimhaut wird damit überflüssig. Sie löst sich unter *Blutungen* ab und wird über die Scheide ausgeschieden.
Die Blutung dauert 3 bis 7 Tage. Sie wird als *Regel* bezeichnet, als *Menstruation* oder *Periode*. Frauen und Mädchen sagen dazu auch: „Ich habe meine Tage."
Sie benutzen Binden oder Tampons, um das Blut aufzufangen.

Etwa alle vier Wochen findet bei der Frau ein Eisprung statt. Die Eizelle wandert dann durch den Eileiter in die Gebärmutter.
Wenn die Eizelle nicht von einer Samenzelle befruchtet wird, stirbt sie ab. Die Gebärmutterschleimhaut löst sich dann ab und wird unter Blutungen aus der Scheide ausgeschieden.

A Erkläre den Begriff „Eisprung". |2 Woran ist unter anderem zu erkennen, dass ein Eisprung erfolgt ist?
B Die Schleimhaut in der Gebärmutter wird im Lauf des Monats dicker. Was geschieht mit ihr, wenn sich keine befruchtete Eizelle einnistet?
C Beschreibe den Monatszyklus der Frau. |2 Warum spricht man von der „Regel"?

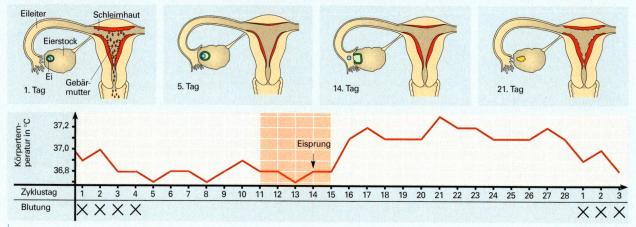

|2 Monatszyklus einer Frau (hier: 28 Tage angenommen) – Zusammenhang mit der Körpertemperatur

Grundlagen Empfängnisregelung

Schwangerschaft – ja oder nein?
Schwangerschaft und Geburt sind für die Mutter und den Vater eine wunderbare und schöne Erfahrung – vorausgesetzt, die Beziehung der Eltern ist in Ordnung.
Anders sieht es aus, wenn der Zeitpunkt der Schwangerschaft ungünstig ist. Das ist z. B. der Fall, wenn die werdende Mutter zu jung ist, wenn die Schwangerschaft nicht gewollt wird oder medizinische Gründe gegen sie sprechen. Dann muss die Schwangerschaft vermieden werden.

Ab wann ist eine Frau fruchtbar?
Mädchen können schon von der ersten Periodenblutung an – also ab dem 10./11. Lebensjahr – schwanger werden, wenn sie mit einem Jungen oder einem Mann Geschlechtsbeziehungen haben. Darum steht die *Empfängnisregelung* in jungen Jahren im Vordergrund.
Beim ersten Zusammensein mag es unromantisch sein, über *Verhütung* zu reden. Doch das ist sehr wichtig! Eine frühe Schwangerschaft würde das Leben des jungen Mädchens und des zukünftigen Vaters in andere Bahnen lenken als vorher geplant.

Verhütungsmethoden |3
Es gibt verschiedene Methoden zur Verhütung einer Schwangerschaft:
1. Die natürliche Methode: Dabei werden die Tage ermittelt, an denen der Eisprung stattfindet. An diesen „fruchtbaren Tagen" darf dann kein Geschlechtsverkehr erfolgen. Man ermittelt die Tage durch Messen der morgendlichen Körpertemperatur. Die Temperaturkurve zeigt dann die befruchtungsfähigen Tage an. |2
Bei dieser Methode bleibt ein hohes Risiko einer ungewollten Schwangerschaft. Die fruchtbaren Tage können sich nämlich verschieben.
2. Die Barrieremethode: Ein Kondom (ein dünner Gummischutz) wird über den Penis des Mannes gestreift. Er fängt die Spermien auf. Hierbei bleibt ein geringes bis mittleres Risiko. Ein großer Vorteil ist: Das Kondom bietet einen Schutz vor Aids oder anderen sexuell übertragbaren Krankheiten.
3. Die hormonelle Methode: Das Mädchen oder die Frau nimmt täglich eine Antibabypille – das heißt eine Hormonpille – ein. Antibabypillen verhindern den Eisprung. Wenn die Pillen genau nach Anleitung eingenommen werden, besteht nur ein geringes Risiko einer ungewollten Schwangerschaft. Durch die künstliche Hormonzufuhr kann es zu starken Nebenwirkungen kommen. So kann z. B. bei Jugendlichen das Knochenwachstum zu früh beendet werden. Das führt dann zu erheblichen psychischen Problemen. Über die Einnahme der Pille muss daher immer ein Arzt entscheiden.

Erweiterung Die Befruchtung

Im Körper der Frau wird jeden Monat eine Eizelle reif. Sie kann durch eine männliche Spermazelle befruchtet werden.
Wenn beim *Geschlechtsverkehr* keine *Empfängnisverhütung* vorgenommen wird, können die Spermien des Mannes eine Eizelle der Frau befruchten. Beim Geschlechtsverkehr führt der Mann seinen Penis in die Scheide der Frau ein. Dort erfolgt dann bei ihm ein Samenerguss.
Die Spermazellen bewegen sich mithilfe ihres Schwanzteils von der Scheide durch die Gebärmutter in die Eileiter.
Spermazellen haben eine Lebensdauer von etwa 12 Stunden. Nur die schnellsten und kräftigsten unter ihnen erreichen die Eizelle und nur eine dringt in sie hinein. Eizelle und Spermazelle verschmelzen dann miteinander. Das heißt: Die Eizelle ist nun befruchtet. |4
Sobald eine Spermazelle die Wand der Eizelle durchbrochen hat, fällt ihr Schwanzteil ab.
Die Eizelle bildet sofort eine Schutzhülle, damit andere Spermazellen nicht mehr hineingelangen. Sie sterben ab und lösen sich auf.
Aus der befruchteten Eizelle kann nun ein neuer Mensch entstehen.

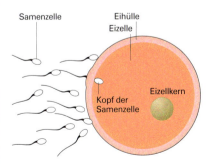

|4 Eizelle und Spermazelle verschmelzen.

Was in der Schwangerschaft geschieht

1 Eine besondere Zeit für die ganze Familie

Kennst du eine Frau, die gerade schwanger ist?
Vielleicht erwartet sogar deine Mutter zurzeit ein Baby?
Was hast du bemerkt? Was hat sich geändert? Wie geht es ihr?
Erzähle davon.

Die folgenden Bilder und Texte helfen, über das Thema zu sprechen.

Mit der Körperflüssigkeit wird die befruchtete Eizelle in 3 bis 6 Tagen durch die Eileiter zur Gebärmutter getragen. Dort teilt sie sich und verdoppelt immer wieder ihre Zellen. 2 Gleichzeitig wächst sie an der Innenwand der Gebärmutter fest.

Manchmal kommt es vor, dass sich die befruchtete Eizelle bei der ersten Teilung vollständig in zwei Teile trennt. Dann entwickeln sich *eineiige* Zwillinge („aus einer Eizelle entstanden"). Dadurch erklärt sich ihre große Ähnlichkeit . 3

Es passiert auch, dass zufällig zwei Eizellen durch die Eileiter wandern und dort befruchtet werden. Dann entstehen zweieiige Zwillinge. Zweieiige Zwillinge sehen sich einfach nur ähnlich – wie andere Geschwister auch. 4

Etwa **30 Stunden** nach der Befruchtung hat sich die Eizelle einmal geteilt …

… nach **40 bis 50 Stunden** sind es schon vier Zellen …

… nach **60 Stunden** sind es 16 Zellen …

… und **96 Stunden** nach der Befruchtung sind es 32 Zellen.

2 Eine befruchtete Eizelle teilt sich.

3 Eineiige Zwillinge

4 Zweieiige Zwillinge

Der Körper der Mutter stellt sich während der Schwangerschaft durch Einflüsse verschiedener Hormone um.
Das Kind – in den ersten drei Monaten Embryo, später Fötus genannt – wächst in einer mit Fruchtwasser gefüllten Fruchtblase heran. Das Fruchtwasser dient dem Schutz des Kindes. |5

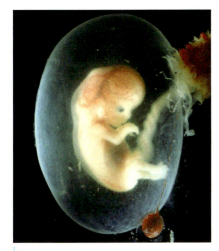

|5 In der Fruchtblase

Ab dem 1. Monat bewegt sich das Kind. Ab dem 5. Monat ist das Gehör voll funktionsfähig. Die Nabelschnur zwischen dem Bauchnabel des Kindes und der Gebärmutterwand ist die körperliche Verbindung von Mutter und Kind. Durch die Blutgefäße in der Nabelschnur wird das Ungeborene mit Sauerstoff und Nährstoffen versorgt. |6 Der Blutkreislauf der Mutter ist jedoch nicht direkt mit dem Blutkreislauf des Kindes verbunden. Die Stoffe dringen durch die Blutgefäßwände wie durch ein Filter vom mütterlichen Blut in das kindliche Blut. Giftstoffe wie Alkohol, Zigaretteninhaltsstoffe und Drogen gehen denselben Weg und bedeuten eine große Gefahr für das werdende Kind.

Die Schwangerschaft dauert etwa neun Monate (40 Wochen).
Im Lauf dieser Zeit hat sich der Embryo zu einem lebensfähigen Kind entwickelt. |7 Ob es ein Mädchen oder ein Junge wird, steht schon im Augenblick der Befruchtung fest. Doch erst vom 5. Monat an ist das Geschlecht äußerlich zu erkennen.
Im 8. Monat wiegt das Kind ungefähr 2 kg.
Es dreht sich nun so im Mutterleib, dass es mit dem Kopf nach unten in der Gebärmutter liegt.
Nun ist die Schwangerschaft beinahe beendet: Die Mutter bekommt Wehen. Die Fruchtblase platzt und das Fruchtwasser läuft aus.
Mithilfe einer Hebamme, einer Ärztin oder eines Arztes kommt das Kind auf die Welt.

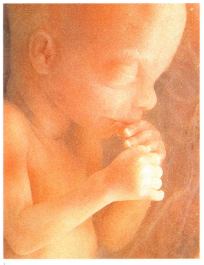

|7 Das Kind wächst heran.

Die letzten stärkeren Wehen pressen das Kind aus dem mütterlichen Körper heraus.
Das Neugeborene fängt an zu schreien – ein Zeichen dafür, dass seine Lunge ihre Arbeit beginnt.
Die Nabelschnur wird durchtrennt und das Kind wird als Erstes der Mutter kurz in die Arme gelegt.
Dann wird es gewaschen, gewogen und untersucht.
Endlich können die beiden Eltern ihr Baby etwas länger in den Armen halten. |8

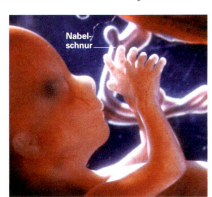

|6 Die Nabelschnur

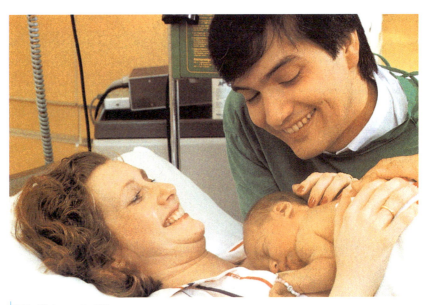

|8 Endlich geschafft!

Mein Körper und meine Gefühle

|1 Die tägliche Körperpflege …

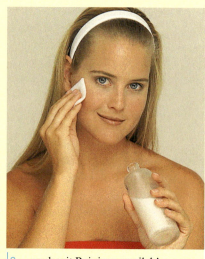

|2 … auch mit Reinigungsmilch!

Körperpflege ist in der Pubertät besonders wichtig. Das gilt aber nicht nur für die Pflege des Gesichts. |1|2
Vor allem der Intimbereich und die Achselhöhlen müssen gewaschen werden!

Hygiene Regelmäßige Körperpflege

In der Pubertät musst du auch lernen selbst für deinen Körper zu sorgen. Schweiß- und Talgdrüsen *(Hautfettdrüsen)* beginnen nämlich verstärkt zu arbeiten. Du schwitzt bei körperlicher Anstrengung oder wenn du aufgeregt bist.
Vor allem in den Achselhöhlen entwickeln sich dadurch Duftstoffe, die sehr unangenehm riechen können. Deshalb sollten Gesicht, Hals, Achselhöhlen, Hände, Geschlechtsorgane und Füße täglich gewaschen werden. Regelmäßiges Duschen mit einer milden Reinigungslotion ist ebenfalls zu empfehlen.
Die Jungen müssen jeden Tag die Absonderungen zwischen Eichel und Vorhaut entfernen. Sonst können sich dort Entzündungen bilden.

Die Scheide der Mädchen kann sich innerlich selbst reinigen. Äußerlich muss sie aber jeden Tag gewaschen werden. Besonders wichtig ist dies während der Menstruation – sonst könnten Krankheitskeime von außen in die Gebärmutter eindringen. Regelmäßiges Wechseln von Unterwäsche, Slipeinlagen, Binden und vor allem Tampons ist unerlässlich.

|3 Duschen säubert und erfrischt.

Tipps zur Körperpflege
- Dusche oder bade dich mindestens zwei- bis dreimal pro Woche.
- Wasche dir mindestens zwei- bis dreimal pro Woche die Haare.
- Wasche täglich die Achselhöhlen. Nimm bei Bedarf zusätzlich ein Deo.
- Putze dir regelmäßig die Zähne.
- Verwende Hautpflegemittel nur ganz wenig und gezielt.
- Nach dem Gang zur Toilette darfst du nicht das Händewaschen vergessen.
- Reinige und kürze regelmäßig die Finger- und Zehennägel.
- Zieh täglich frische Unterwäsche an.

Tipps für Mädchen
- Wasche die Hautfalte zwischen den großen und kleinen Schamlippen täglich mit Wasser.
- Wasche den Intimbereich während der Menstruation morgens und abends.
- Binden oder Tampons müssen je nach Stärke der Blutung alle zwei bis sechs Stunden gewechselt werden.

Tipps für Jungen
- Wasche den Penis täglich. Zieh dabei die Vorhaut vorsichtig zurück und spüle die Talgabsonderungen mit Seifenwasser ab.

Zusammenleben **Körperkontakte**

Die meisten Menschen haben das Bedürfnis, eine Person, die sie sehr mögen, zu berühren. Sie möchten auch gerne von ihr berührt werden. Umarmen und zärtliches Streicheln kann Freude bereiten. Es kann beruhigen, manchmal auch erregen. Unsere Haut ist überall empfindlich für Berührungen. Während der Pubertät machen Mädchen und Jungen auch auf diesem Gebiet ganz neue Erfahrungen.

Jeder Mensch hat intime Körperteile. Sie haben für ihn eine ganz persönliche Bedeutung. Bei Mädchen und Frauen sind dies die Scheide, das Gesäß und die Brüste. Auch die Lippen und die Zunge sind äußerst empfindsam.

Wenn diese Körperteile berührt werden, kann dies besonders angenehm und lustvoll sein. Deshalb ist es sehr wichtig, diese Stellen nicht jedem preiszugeben! Das erreichst du dadurch, dass du sie nicht von jedem berühren lässt. Vor allem solltest du nur das erlauben, was du wirklich möchtest.

Hilfe bei Kindesmissbrauch
1. Sprich mit jemandem, dem du vertraust, z. B. mit deinen Eltern, einem Lehrer oder einer Lehrerin.
2. Nutze das kostenlose Info-Telefon des Deutschen Kinderschutzbundes: 01308 11103.
3. Wende dich an spezielle Beratungsstellen in deiner Nähe, z. B.:
Pfiffigunde, Heilbronn: 07131 166178,
Aufschrei, Offenburg 0781 31000,
Allerleirauh, Karlsruhe 0721 1335381,
Wildwasser, Duisburg 0203 343016,
Kobra, Stuttgart 0711 16297-0.

Zusammenleben **Vom Neinsagen**

Was Ela erlebt hat
Ela geht mit ihrer Familie gern zu ihrem Onkel Klaus. Auch im Kindergarten erzählt sie immer voller Freude von diesen Wochenendbesuchen. Wieder ist ein Wochenende vorüber. Der Erzieherin Marion fällt auf, dass Ela heute gar nicht wie sonst von diesen Besuchen erzählt. Vielmehr hockt sie still in einer Ecke und will nicht mitspielen.
Marion geht zu ihr und Ela kuschelt sich sofort in ihre Arme. Allmählich erfährt Marion, warum Ela so durcheinander ist. Sie will nicht mehr zu „diesem doofen Onkel", der sie plötzlich so komisch geküsst hat – „ganz nass und sabbelig". Es war ihr eklig. Und als sie weglaufen wollte, hat er sie festgehalten, sodass es ihr richtig wehtat.
Ela war ganz still vor Schreck und wusste nicht, was sie tun sollte …

Falsche Kinderfreunde
Liebe und Zärtlichkeit sind etwas sehr Schönes.
Es gibt aber Erwachsene, die Jungen oder Mädchen an intimen Körperstellen anfassen oder sich selbst anfassen lassen. Man sagt dazu, sie *missbrauchen* diese Kinder. Andere Erwachsene erzwingen sogar Geschlechtsverkehr mit ihnen. Das ist sehr schlimm für die betroffenen Mädchen oder Jungen.

Solche Personen fordern die Kinder auf, alles geheim zu halten. Sie sagen die „tollsten Dinge", verlangen aber immer höchste Geheimhaltung und Verschwiegenheit.
In seiner Angst wagt es ein Kind häufig nicht, seiner Mutter, seinem Vater oder einer anderen Vertrauensperson davon zu erzählen. Doch solche Geheimnisse, die mit Angst und Lügen verbunden sind, muss ein Kind nicht bei sich behalten. Die darf es auf jeden Fall weitererzählen.
Ein Kind hat niemals Schuld, wenn es durch einen Erwachsenen zu solchen Handlungen gezwungen oder überredet wird.
Fast alle Kinder werden davor gewarnt, mit Fremden mitzugehen. Leider sind aber die Täter oft keine Fremden, sondern gut bekannte Personen aus der Nachbarschaft. Manche stammen sogar aus der eigenen Familie. Das hindert die missbrauchten Kinder noch mehr, diese Personen zu „verraten".
Aber die Taten, die solche Menschen verüben, sind unrecht! Sie müssen Vertrauenspersonen erzählt werden, damit sie endlich aufhören.

Man muss auch „Nein" sagen!
Achte auf deine Gefühle! Wenn du das Gefühl hast, dass du eine Berührung gerne magst, ist es wahrscheinlich in Ordnung. Wenn aber „deine innere Stimme" *Nein* sagt und dir die Berührung unangenehm ist, dann lass sie dir nicht gefallen! Sage *Nein* und zeige deine Ablehnung deutlich! Das gilt für dich jetzt – in jungen Jahren – und viel mehr noch, wenn du älter geworden bist.
Wenn du etwas erlebt hast, das dich beunruhigt, musst du auf jeden Fall mit einer Vertrauensperson darüber sprechen und sie um Hilfe bitten.

Zusammenleben Zuwendung und Urvertrauen

Unser ganzes Leben lang begleitet uns ein Wunsch: von Menschen umgeben zu sein, denen wir vertrauen können. Wir wollen Menschen ohne Angst betrachten können und auch den Körperkontakt mit ihnen genießen.
Das fängt im frühen Säuglingsalter an. |1– |3 Dieses Bedürfnis endet auch im Alter nicht.
Der erste Hautkontakt kommt unmittelbar nach der Geburt zustande: Dann liegt der Säugling im Arm der Mutter.
Die Berührung der mütterlichen Brust ist besonders wichtig. Wenige Minuten nach der Geburt ist nämlich der Saugreflex stark ausgeprägt (*Überlebensreflex*).
Aus dieser engen Beziehung erwachsen für die Mutter Zuwendung und für das Neugeborene Geborgenheit. Das hält gewöhnlich ein Leben lang. Kinder, die früh mit dauernd wechselnden Personen zu tun haben, sind oft unruhig und Krankheiten gegenüber anfällig.
Der Blickkontakt zwischen Kind und Mutter ist ebenfalls von großer Bedeutung. Wenn das Kind beim Anblick des Gesichts der Mutter lächelt, lächelt die Mutter zurück. Das Lächeln des Kindes verstärkt sich und es entsteht eine tiefe innere Verbindung.
Sprache, Blicke und Berührungen bilden eine Einheit. In ihr entwickelt sich beim Kind ein *Urvertrauen*, das es ein Leben lang begleiten wird. Wenn in den ersten Entwicklungsjahren diese Kontaktmöglichkeiten gestört sind, wird auch dieses Urvertrauen ein ganzes Leben lang gestört sein.
Säuglinge und Kleinkinder brauchen den engen Kontakt zu vertrauten Menschen. Nur so können sie ein Urvertrauen aufbauen.

|1 Wenige Stunden nach der Geburt

|2 Enger Kontakt und Fürsorge sind lebenswichtig.

|3 Das Baby wird gestillt.

Zusammenleben **Freundschaft und Liebe**

Vor der Pubertät
Sich zu mögen, sich anzufreunden, sich zu verkrachen und zu versöhnen – ganz einfach *Freundschaften* (auch mit „denen vom anderen Geschlecht") sind vor der Pubertät selbstverständlich.
Auch die *Liebe* ist bekannt. Sie ist ein tiefes warmes Gefühl für die Eltern, die Geschwister, den Hund, den besten Freund oder die beste Freundin.
Mit der Pubertät kommt aber zur Freundschaft und Liebe ein neues Gefühl hinzu, das beim Verliebtsein eine Rolle spielt: die *Sexualität*.

Sich kennen lernen
Liebe äußert sich anfangs oft als Schwärmerei. In der Pubertät sind die Umschwärmten allerdings häufig „weit weg": ein Lehrer, eine Lehrerin, der Bruder einer Freundin oder auch Sportler und Popstars. |4

|4 Lieben „aus der Ferne"

Irgendwann kann es aber passieren, dass man sich „bis über beide Ohren" in jemanden verliebt, der für einen erreichbar ist. Dann ist oft das *Kennenlernen* das größte Problem. Je verliebter man ist, desto schwerer wird es nämlich, das zu zeigen. Oft warten beide darauf, dass der andere den ersten Schritt tut.

Mit etwas Mut und Fantasie klappt das Kennenlernen dann doch. Wenn es nun bei dem anderen „funkt", hat man viel gewonnen.
Es kann aber sehr wehtun, wenn der andere nichts von einem wissen will. Das muss man jedoch akzeptieren – schließlich kann man niemanden zur Liebe überreden.

Verliebtsein
Dann will man am liebsten immer beieinander sein. Man will über alles reden, sich einander anvertrauen, sich berühren.
Mit der Zeit finden zwei, die „miteinander gehen", über den anderen und über sich selbst immer mehr heraus. Auch gegensätzliche Gefühle gehören dazu: sich zu streiten und zu versöhnen, zusammen sein zu wollen und Abstand zu halten. Irgendwann wollen sie vielleicht auch miteinander schlafen.

Auseinandergehen
Es kann auch sein, dass man feststellt, nicht zusammenzupassen. Vielleicht trennt man sich dann als Freunde, die noch vieles gemeinsam haben. Vielleicht geht man sich aber lieber erst einmal aus dem Weg.

|5–|8

A Sieh dir die Bilder dieser Seiten an. Erzähle dann, was dir zu Freundschaft und Liebe einfällt.
B Es gibt verschiedene Formen von „Liebe". Beschreibe einige.

> Mein Freund und ich sind sehr verschieden, in fast allem wie Gegensätze. Aber wir mögen uns sehr!
> *Melanie, 10 Jahre*

> Wenn man verliebt ist, fühlt man es im Herzen und im Magen!
> *Achim, 11 Jahre*

> Man kann Tiere und Menschen lieben. Ich mag zum Beispiel meinen Vogel furchtbar gern.
> *Liane, 10 Jahre*

> Man soll alle Menschen lieben, auch die, die aus einem anderen Land kommen.
> *Markus, 12 Jahre*

|9 Und welcher Meinung bist du?

Kommt Sucht von Suchen?

1 Fernsehen kann süchtig machen!?

Tina ist 12 Jahre alt. Ihre Eltern sind beide beruflich stark beschäftigt und haben selten Zeit für das Mädchen. Dies wollen sie durch viele Geschenke ausgleichen. Tina hat in ihrem Zimmer ein Fernsehgerät, einen Computer, teures Spielzeug und eine übervolle Spardose. Doch wenn sie Fragen hat, ist häufig keiner da. Nur der Fernseher „spricht" mit ihr. Sie sieht auch abends oft Filme. Am nächsten Morgen in der Schule ist sie dann übermüdet und unkonzentriert. Die Lehrerin macht sich Sorgen und spricht mit Tina über ihre „Fernsehsucht". Empört wehrt sich das Mädchen gegen diese Bezeichnung, sie ist doch nicht süchtig! Sie nimmt doch keine Drogen.

Grundlagen Was heißt „Sucht"?

Wodurch kann man süchtig werden?
In Deutschland sind 1,5 Millionen Menschen tablettenabhängig. 2,5 Millionen sind alkoholkrank. Über ein Viertel der Jugendlichen rauchen. Etwa 100 000 Menschen sind von Rauschdrogen abhängig.
Für die Sucht ist nicht unbedingt ein Suchtmittel wie Nikotin oder Alkohol nötig. Auch Fernsehen, Einkaufen, Computer- oder Glücksspiele können zur Sucht führen.
Dem Süchtigen verschafft das Suchtmittel oder das Suchtverhalten ein angenehmes Lebensgefühl. Es hebt die Stimmung oder steigert scheinbar die Leistungsfähigkeit.

Der Süchtige verspürt einen übermächtigen Drang, sich die Befriedigung durch das Suchtverhalten immer wieder zu verschaffen.

Suchtverhalten
Schon alltägliches Verhalten kann zu ersten Suchterfahrungen führen. Für viele Menschen ist es der Fernseher, der allmählich zur Ersatzdroge geworden ist. Andere verzehren unkontrolliert Chips oder Süßigkeiten und ärgern sich, dass sie dick werden. Und weil sie sich ärgern, essen sie noch mehr.
Viele Jugendliche und Erwachsene lassen sich von Spielen fesseln und beschäftigen sich stundenlang z. B. mit Computerspielen. Manche Menschen sitzen auch vor Glücksspielautomaten, ohne Rücksicht auf Familie, Freunde, Zeit oder Einkommen.

Wer ist suchtgefährdet?
Jeder kennt Situationen oder Tage, an denen er sich einsam fühlt, Probleme hat oder mit der Welt nichts anzufangen weiß. Das Beste ist es, wenn man von sich aus an die Überwindung von Schwierigkeiten herangeht. Wer das nicht gelernt hat, wird Problemen gern ausweichen. Die Gefahr ist dann groß, von Suchtmitteln oder bestimmten Verhaltensweisen abhängig zu werden.

Wer aktiv an die Bewältigung von Problemen herangeht, ist kaum oder gar nicht suchtgefährdet. Suchtmittel lösen keine Probleme, sondern man wird von ihnen abhängig.

Sucht durch Suchtmittel	Süchtiges bzw. zwanghaftes Verhalten
Tabletten, Alkohol, Nikotin, Schnüffelstoffe, Drogen (Rauschgift)	Esssucht, Magersucht, Fernsehsucht, Spielsucht, Computerspielsucht, Kaufsucht, Machtsucht, Sexsucht, Putzsucht, Arbeitssucht

2 Verschiedene Arten von Sucht

Gesundheit Der Sucht vorbeugen

Sport und Spiel, bei denen du selbst Leistungen vollbringst, stärken dein Selbstbewusstsein und schaffen Freundschaften. 3 Ein selbstbewusster Mensch ist besser in der Lage, Probleme zu lösen und mit Konfliktsituationen zurechtzukommen. Er kann auch mit Misserfolgen umgehen.

Viele junge Menschen vermissen Verständnis und Aufgeschlossenheit für ihre Fragen und Probleme. Du selbst kannst daran durchaus einiges ändern: Bemühe dich, mit deinen Eltern und Geschwistern, mit Freunden, Lehrern oder anderen vertrauten Personen ins Gespräch zu kommen. Sprich mit ihnen über deine Ängste und über deine Wünsche. Teile deine Freuden und Erfolge mit ihnen.

3 Aktive Jugendliche beim Sport

A Was könnt ihr in eurer Region in der Freizeit unternehmen? Informationen erhaltet ihr bei Vereinen, aus der Tageszeitung oder Jugend- und Sportämtern. Schreibt die Aktivitäten, Veranstaltungsorte, Termine und Kosten auf ein Blatt Papier. Gestaltet mit den Beschreibungen, mit Fotos, Prospekten und Lageplänen eine Pinnwand.

Gesundheit Alkohol und seine Folgen

4 Die Droge Alkohol

Alkohol und Nikotin sind weit verbreitete Drogen. Sie werden als „Genussmittel" bezeichnet, obwohl der Körper von ihnen abhängig wird und Entzugserscheinungen zeigt, wenn sie abgesetzt werden. Das Trinken von Alkohol wird bei uns häufig als „normal" angesehen. Wer nicht mittrinkt, gilt schon fast als Spielverderber. „Trinkfestigkeit" ist aber keine Tugend, sondern ein Zeichen von Alkoholgewöhnung und damit eine Vorstufe zur Alkoholabhängigkeit.

Unter Alkoholeinfluss benehmen sich Menschen anders als sonst. 4 Entweder sind sie reizbar oder von einer lauten Fröhlichkeit, gleichgültig oder aggressiv. Die Wirkung kann je nach Alkoholmenge sehr unterschiedlich sein und bis zu schweren Vergiftungserscheinungen reichen.

Alkohol erhöht die Unfallgefahr. Menschen, die Alkohol getrunken haben, überschätzen ihre Leistungen und reagieren wesentlich langsamer auf ihre Umwelt. Dies hat vor allem im Straßenverkehr oft tödliche Folgen.

Neben den akuten Gefahren muss man auch mit Langzeitschäden rechnen: Gehirnzellen werden allmählich abgetötet und die Gedächtnisleistung lässt nach. Bei Jugendlichen reagiert das Nervensystem wesentlich empfindlicher als bei Erwachsenen. Die Magenschleimhaut entzündet sich, es kommt zu Magengeschwüren. Leber, Nieren und Muskeln werden geschädigt. Auch das Herz und der Kreislauf werden stark belastet. Vorzeitiges Altern und Depressionen sind weitere Auswirkungen eines hohen Alkoholkonsums.

Alkoholmenge	Wirkung (bei Erwachsenen)
1 Glas Bier (0,3 l) oder 0,25 l Wein	Wärmegefühl, leichte Anheiterung, Wegfall von Hemmungen, Anzeichen von Plaudersucht, Euphorie – Verkehrsuntauglichkeit
6 bis 7 Glas Bier oder 1 l Wein	Erste Gleichgewichtsstörungen und vermindertes Reaktionsvermögen – deutliche Angetrunkenheit
10 Glas Bier oder 1,5 l Wein	Plaudersucht, Selbstgespräche, Stottern und deutliches Schwanken – starke Trunkenheit
12 Glas Bier oder 2 l Wein	Erbrechen, hilfloser Zustand, schwere Gleichgewichtsstörungen – schwerer Rausch
mehr	Bewegungsnerven versagen, Bewusstsein setzt aus – Lebensgefahr

5 Wirkung von Alkohol auf das Nervensystem des Menschen

Stark sein: Nein sagen!

„Nimm schon eine, sei kein Feigling!" Wie jeden Tag haben sich die Freunde am Nachmittag getroffen. Heute hat Tim von zu Hause eine Schachtel Zigaretten mitgebracht. Sie kreist in der Runde und fast alle haben schon eine genommen. Nun ist Marco an der Reihe – er zögert.

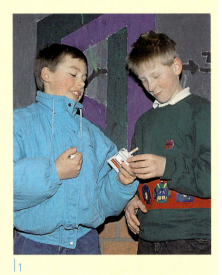

|1

2 Umfrage zum Thema Rauchen
Führe unter Bekannten und Verwandten eine Umfrage durch. Erstelle einen Fragebogen zum Thema Rauchen. Denke an Beginn, Gründe, Menge, Kosten, Gefahren, Rücksichtnahme auf Nichtraucher usw.

3 Neinsagen lernen
Wer kennt nicht ähnliche Situationen: Da hat man sich überwunden, lernt endlich für die Klassenarbeit und plötzlich klingelt es. Ein Freund steht vor der Tür mit ein paar Videokassetten. Die Eltern sind nicht zu Hause … Na, was würdest du jetzt tun?
Es gibt viele ähnliche Situationen. Kleine oder große Verführer wollen einen daran hindern, das zu tun, was man eigentlich wollte.
Versucht solche Situationen in der Klasse nachzuspielen. Zwei Schülerinnen oder Schüler stellen sich dazu vor die Klasse. Einer der Spielpartner soll jeweils versuchen den anderen zu überreden. Der zweite muss sich mit passenden Argumenten wehren. Nach einigen Minuten kommt das nächste Spielerpaar an die Reihe.
– Welches Paar hat euch am besten gefallen?
– Welche Antworten haben euch überzeugt?

1 Werbung entlarven
Die Werbung zeigt uns eine schöne, heile Welt. Sport, Freizeit, Urlaub und Abenteuer stehen im Vordergrund. Unbewusst verbindet man die gezeigten Bilder mit dem angepriesenen Produkt. |2
Durch die ständige Berieselung mit Werbung bekommen wir falsche Vorstellungen vom Leben und entwickeln falsche Erwartungen an uns selbst.

Sammle verschiedene Anzeigen. Jede enthält versteckte Botschaften. Du kannst sie mit etwas Geduld erkennen. Beantworte dazu folgende Fragen:
– Wofür wird geworben?
– In welcher Umgebung wird die Ware gezeigt?
– Was erfährt man über die Eigenschaften der Ware? Was wird versprochen, was verschwiegen?
– Was hat das mit deinen eigenen Wünschen zu tun?

|2 Werbung für Zigaretten

|3 Rollenspiel

Sich entwickeln – erwachsen werden

Zusammenfassung

Was man unter „Pubertät" versteht

Die Pubertät ist die Zeit, in der sich ein Mädchen zur Frau und ein Junge zum Mann entwickelt.

Sie beginnt etwa im Alter zwischen 9 und 14 Jahren. Vieles am Körper verändert sich in dieser Zeit: Größe, Gewicht, Stimme, Behaarung.

Geschlechtsreife

Auch die Geschlechtsorgane reifen jetzt aus. |4–|6
Beim Mädchen werden regelmäßig *Eizellen* reif und beim Jungen die *Samenzellen (Spermien)*.

Rein körperlich gesehen, können Mädchen jetzt schwanger werden und Jungen sind zeugungsfähig.

Weitere Veränderungen

Neben dem Körper verändern sich auch Gefühle, Träume und Interessen. Sie bringen eine Vielfalt an Eindrücken mit sich, die die Mädchen und Jungen ganz in Anspruch nehmen.
Es dauert mehrere Jahre, bis sich die Gestalt des Erwachsenen entwickelt hat. In dieser Zeit lernen sich die Jugendlichen selbst immer besser kennen; sie werden selbstständiger und verantwortungsbewusster.

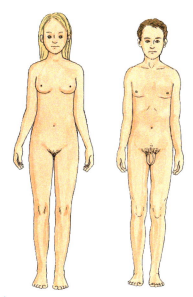
|4 Mädchen und Junge, 14 Jahre alt

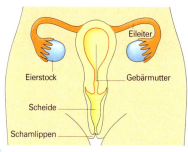
|5 Primäre Geschlechtsmerkmale (Frau)

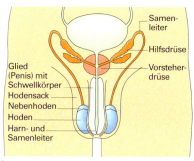
|6 Primäre Geschlechtsmerkmale (Mann)

Alles klar?

A Während der Pubertät entwickeln sich Kinder zu Erwachsenen.
1 Was ändert sich am Körper, wenn ein Mädchen zur Frau wird und ein Junge zum Mann?
Wozu dienen diese Veränderungen?
2 Was ändert sich sonst noch?
B Benenne die primären Geschlechtsmerkmale von Frau und Mann.
C Könnte ein 12-jähriges Mädchen bereits Kinder bekommen? Begründe deine Antwort.
D Regelmäßige Körperpflege trägt zum Wohlbefinden bei.
1 Warum muss man in der Pubertät auch seine Körperpflege ändern?
2 Beschreibe, warum die Hygiene der Geschlechtsorgane besonders wichtig ist.
E Daniela ist elf. In letzter Zeit will sie manchmal alleine sein. Kannst du dir vorstellen, welche Dinge sie beschäftigen? Beschreibe!
F Mit der Pubertät verändert sich auch der Umgang von Mädchen und Jungen untereinander.
1 Überlege, was du in deiner Klasse beobachtet hast. Gibt es Probleme, die früher nicht da waren?
2 Welche Regeln können helfen das Zusammenleben in der Klasse zu erleichtern?
G Aus den Medien hast du sicher von Fällen erfahren, in denen Kinder sexuell missbraucht wurden.
1 Was versteht man unter sexuellem Missbrauch?
2 Wo bekommen Jugendliche, die solche Erfahrungen gemacht haben, Hilfe?

|7 Sie weiß, was sie will und was nicht.

Kontrolliere deinen Lernstand

A Bewegungen bei Tier und Mensch entstehen auf dieselbe Weise.
1 Wie verändern sich Muskeln, um eine Bewegung hervorzurufen?
2 Fertige eine Skizze des Oberarms vom Menschen mit Knochen, Muskeln und Gelenken an. Beschrifte deine Skizze.
Erkläre anhand deiner Skizze das Gegenspielerprinzip der Muskeln.
3 Lege eine Tabelle zu den Organen an, die an der Armbewegung beteiligt sind.

Organ	Eigenschaften	Aufgaben
?	?	?

4 Viele Menschen zeigen Körperfehlhaltungen. Was versteht man darunter? Nenne Beispiele.
5 Was kannst du für eine gesunde Körperhaltung tun?

B Man bezeichnet den Blutkreislauf des Menschen und der Säugetiere auch als *doppelten* Kreislauf.
1 Erkläre den Begriff des doppelten Blutkreislaufs.
2 Welche Herzkammer treibt welchen Kreislauf an?

Die Lösungen findest du im Anhang.

C Früher sprach man von venösem Blut als sauerstoffarmem Blut und von arteriellem Blut als sauerstoffreichem Blut.
1 Begründe, weshalb die Begriffe venöses Blut und arterielles Blut heute nicht mehr gebräuchlich sind.
2 Wie lassen sich sauerstoffreiches und sauerstoffarmes Blut farblich voneinander unterscheiden?

D „Gut gekaut ist halb verdaut."
1 Erkläre das Sprichwort biologisch.
2 Nenne die Aufgaben der einzelnen Stationen der Verdauung.
3 Weshalb ist sauerstoffarmes Blut oft nährstoffreicher als sauerstoffreiches Blut?

E Während der Pubertät wird der Körper der Jugendlichen dem der Erwachsenen immer ähnlicher. Die Geschlechtsmerkmale prägen sich mehr und mehr aus.
1 Man bezeichnet einige Geschlechtsmerkmale als „primär" und einige als „sekundär". Erläutere die beiden Begriffe.

2 Erstelle je eine Tabelle
– mit den primären Geschlechtsmerkmalen der Frau und des Mannes,
– mit den sekundären Geschlechtsmerkmalen der Frau und des Mannes.

F Schwanger – ja oder nein? Diese Frage stellt sich irgendwann fast jedem Mädchen oder jeder Frau im gebärfähigen Alter. Was ist zu tun, damit eine Schwangerschaft mit hoher Wahrscheinlichkeit vermieden werden kann?
1 Nenne die drei häufigsten Methoden der Schwangerschaftsverhütung.
2 Was geschieht bei den einzelnen Formen der Verhütung?

G In der Zeit nach der Geburt wird der Grundstein für die Fähigkeit des Kindes gelegt, Vertrauen zu entwickeln.
1 Was ist außer der Versorgung mit Nahrung für den Säugling besonders wichtig?
2 Welche Formen der Freundschaft und Zuneigung kennst du?
3 Es gibt falsche Kinderfreunde. Was kannst du tun, wenn Menschen dir zu nahe kommen?

Schätze deine Kenntnisse und Fähigkeiten ein:

Aufgabe	Ich kann …
A	das Zusammenspiel von Knochen und Muskeln bei Bewegungsvorgängen erklären.
B, C	den Blutkreislauf des Menschen beschreiben und kenne seine Aufgaben.
D	den Weg der Nahrung bei der Verdauung beschreiben und die Aufgaben der Verdauungsorgane angeben.
E	primäre und sekundäre Geschlechtsmerkmale unterscheiden.
F	die verschiedenen Wirkungsweisen von Verhütungsmethoden unterscheiden.
G	erfassen, wie wichtig die Gefühle im Leben sind.

Einschätzung

Ordne deiner Aufgabenlösung im Heft ein Smiley zu:
☺ Ich habe die Aufgabe richtig lösen können.
😐 Ich habe die Aufgabe nicht komplett lösen können.
☹ Ich habe die Aufgabe nicht lösen können.

Geräte und Stoffe im Alltag

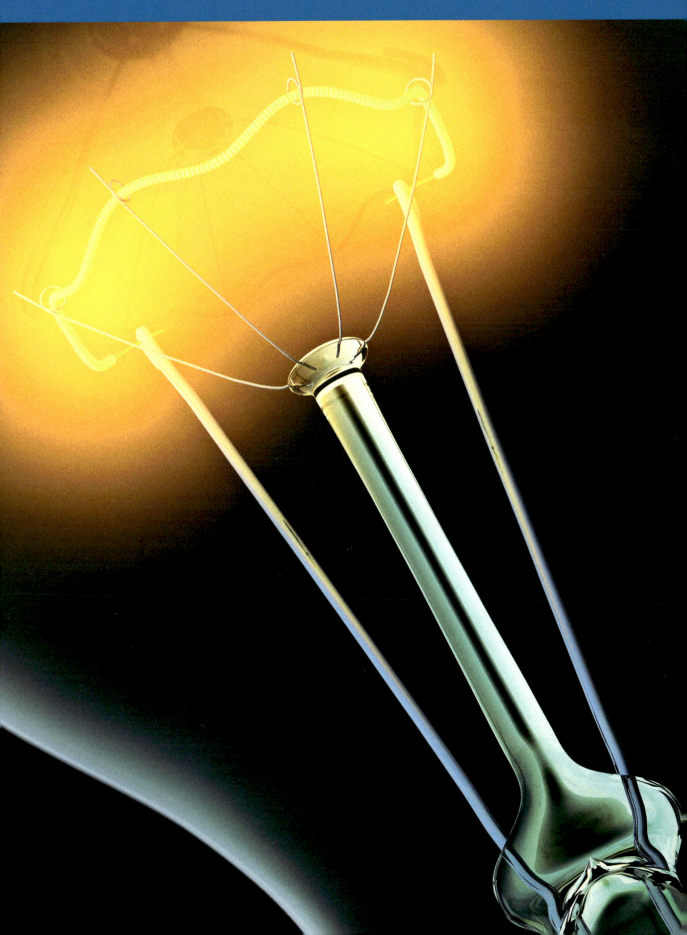

Geräte und Stoffe im Alltag

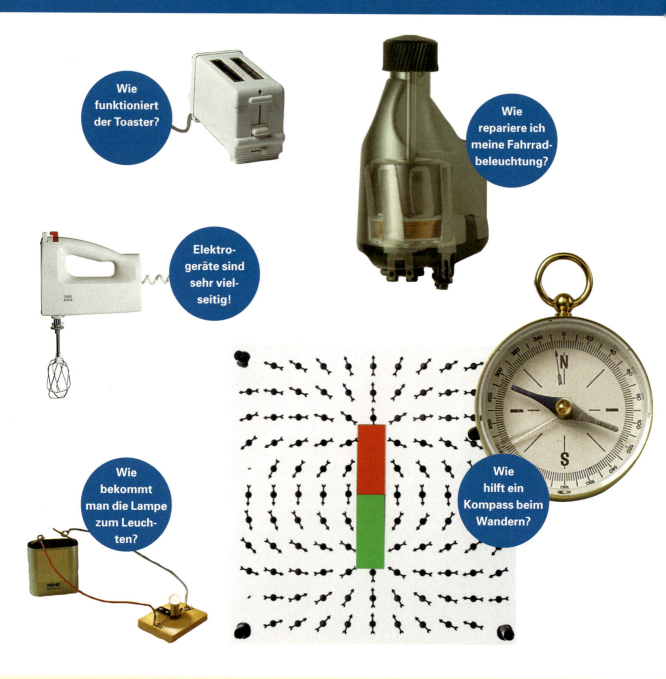

„Geräte und Stoffe im Alltag"
Viele Geräte im Alltag sind Elektrogeräte. Sie erleichtern uns das Leben. Elektrische Energie steht in Gebäuden und in ihrer Nähe fast überall zur Verfügung.
Der Kompass zeigt immer Richtung Nord.
Elektrischer Strom und die Ausrichtung der Kompassnadel – die Natur hat viele Geheimnisse, die du lüften kannst.

Stoffe, mit denen du im Alltag zu tun hast, das sind nicht nur Jeansstoffe, Klebstoffe, Farbstoffe, Duftstoffe, Werkstoffe, Nährstoffe, sondern Zehntausende andere. Das fängt schon morgens im Bad und beim Frühstück an …
Durch Versuche lässt sich mehr über Stoffe und ihre interessanten Eigenschaften erfahren.

In diesem Kapitel kannst du …
- elektrische Schaltungen entwerfen,
- Magnete untersuchen,
- lernen, mit dem Kompass die richtige Richtung zu finden,
- Stoffe unterscheiden,
- einen Kunststoff selbst herstellen,
- Smarties in ihre Inhaltsstoffe zerlegen und Filzstiftfarben wie ein Detektiv untersuchen,
- eine Badelotion nach eigener Rezeptur herstellen.

Was steckt in der Mischung?

Es ist nicht alles Gold, was glänzt …

Ein Stuhl aus wiederverwendetem Müll?

Trinkwasser aus Meerwasser?

Verschiedene Arbeitsmethoden:
Du wirst
- Versuchsreihen durchführen und deine Beobachtungen festhalten,
- Schaltpläne zeichnen,
- Stoffeigenschaften an Lernstationen erkunden,
- „Steckbriefe" für unterschiedliche Stoffe erstellen,
- dir eine Vorstellung vom Aufbau der Stoffe machen.

Ausblick
Zum Thema „Geräte und Stoffe im Alltag" kann man viele Fragen stellen. Zum Beispiel: „Wie werden Glasscheiben hergestellt?"
Nicht auf alle Fragen wirst du in diesem Buch Antworten finden.
Du möchtest aber gerne mehr zu den Themen wissen?
Informationen bekommst du im Lexikon oder in der Bücherei.

Elektrische Geräte im Alltag

Geräte erleichtern unseren Alltag

1 Teppichklopfer – Staubsauger

2 Waschbrett – Waschmaschine

3 Hochrad – Motorroller

4 Bügeleisen

5 Bohrmaschinen

6 Petroleumlampe – Glühlampe

Geräte sind schon seit langem „Diener" des Menschen. Was hat sich durch die technische Entwicklung verändert?

A Fast täglich benutzen wir einige der abgebildeten Geräte. 1–6 Andere sind nicht mehr im Einsatz. Trage die Geräte in eine Tabelle (s. Muster) ein und gib an, welchen Dienst sie uns erweisen.

Gerät	Dienst
Staubsauger	reinigt die Wohnung
…	…

B Damit die Geräte ihren Dienst verrichten können, benötigen sie Energie. Trage in eine Tabelle ein, woher diese Energie jeweils kommt.

Gerät	Energiequelle
Staubsauger	
früher	Muskeln
heute	…

C Geräte wandeln die zugeführte Energie in andere Energieformen um. Beispiele:
– Die Handbohrmaschine wandelt die Energie aus den Muskeln in die Bewegung des Bohrers um.
– Das Bügeleisen wandelt elektrische Energie in die Wärme der Bügelsohle um.

Formuliere weitere Sätze.

D Lass dir von deinen Großeltern oder anderen älteren Menschen erzählen, wie ein Waschtag vor 50 Jahren ablief. Schreibe dazu eine kleine Geschichte. Wie sieht heute ein „Waschtag" bei dir zu Hause aus?

Viele Geräte werden heute mit elektrischer Energie betrieben. Noch vor 80 Jahren hatten nur wenige Haushalte einen elektrischen Anschluss. Viele Haushaltsgeräte mussten mit Muskelkraft angetrieben werden. Wie das war, könnt ihr in den Versuchen erfahren.

1 Kaffee mahlen wie früher
Besorgt euch von den Großeltern einige Handkaffeemühlen und bringt elektrische Kaffeemühlen mit in die Schule. Bildet mehrere Gruppen: Die einen mahlen eine Hand voll Kaffeebohnen zwischen zwei Steinen zu feinem Pulver, die anderen mit einer Handmühle. |7|8
Vergleicht die Qualität des Kaffeemehls und die benötigte Zeit.
Vergleicht die Ergebnisse mit denen der elektrischen Kaffeemühlen.

|7 Mahlsteine

|8 Kaffeemühle

2 Hausarbeit früher
Überlegt euch weitere Versuche, um zu erfahren, wie früher ohne elektrische Energie gearbeitet wurde:
– Bringt 1 Liter Wasser zum Kochen.
– Wascht T-Shirts mit der Hand.
– Wie wird zerknitterte, trockene Wäsche wieder glatt?

Geschichte Vor 100 Jahren war vieles anders

Du drückst auf den Lichtschalter – und schon ist es hell. Die Kaffeemaschine wird mit Wasser und Kaffeepulver gefüllt und angestellt – und bald duftet frischer Kaffee in der Küche. Schmutzige Wäsche legt man in die Waschmaschine – und nach einer Stunde ist sie sauber.
Das war nicht immer so. Noch vor hundert Jahren wurde abends beim Schein einer Petroleumlampe gelesen oder Hausmusik gemacht. |9
Radios und Fernseher waren noch nicht erfunden.
Zum Bügeln wurde glühende Holzkohle in Bügeleisen gefüllt oder eine Eisenplatte mit Handgriff erhitzt. Kaffeewasser wurde auf dem Kohleherd erhitzt, die Kaffeebohnen wurden mit Handmühlen gemahlen. Die Kleidung wurde mehrmals gelüftet, bevor sie gewaschen wurde. Ein Waschtag war für die Hausfrau sehr anstrengend: Meist heizte sie schon am Tag zuvor einen Bottich mit Wasser an. Die Wäsche wurde dann in heißer Waschlauge gekocht und anschließend auf dem Waschbrett geschrubbt. Dann spülte die Frau die Wäsche in einem zweiten Bottich, wrang sie mit der Hand aus und hängte sie auf die Leine. Abends spürte sie die Mühen des Waschtags in den Armen und Schultern. Elektrische Geräte eroberten den Haushalt erst, als immer mehr Häuser an das elektrische Netz angeschlossen wurden. In deutschen

|9 A. von Menzel: Wohnzimmer (1847)

Großstädten war 1930 nur die Hälfte aller Häuser mit elektrischer Energie versorgt. Auf dem Land dauerte es noch bis in die Sechzigerjahre des letzten Jahrhunderts, ehe alle Häuser angeschlossen waren.

E Stelle Tätigkeiten vor 100 Jahren und Tätigkeiten heute in einer Tabelle zusammen.

Tätigkeit	früher	heute
Bügeln	?	?
Musik hören	?	?

F Stell dir vor, du wachst morgen früh auf und es gibt keine elektrische Energie mehr. Funktioniert dein Wecker noch? Wirst du zur Schule kommen? Schreibe eine Geschichte über deinen Tag ohne elektrische Energie.

Interessantes Edison – der „Zauberer von Menlo Park"

Die erste brauchbare Glühlampe leuchtete im Oktober 1879 im Laboratorium des amerikanischen Erfinders *Thomas Alva Edison*. Schon vorher hatten sich andere mit dem Bau eines „elektrischen Glühlichts" befasst – z. B. der aus Hannover stammende Deutsch-Amerikaner *Heinrich Göbel*.

Das Hauptproblem war: Man musste das Material für einen Glühdraht finden, der nicht so schnell durchbrannte. Monatelang experimentierte Edison mit verschiedenen Metallfäden, aber ohne rechten Erfolg. Ermutigend waren seine Versuche mit Nähgarn, das verkohlt wurde und einen dünnen Kohlefaden ergab. Nach mehr als einjähriger Arbeit – nach vielen Fehlschlägen und Enttäuschungen – war es endlich so weit.

Ein Mitarbeiter berichtete darüber: „Am 19. Oktober, einem Sonntag, hatte man mal wieder in Menlo Park eine Lampe mit einem verkohlten Faden aus Nähgarn an die Pumpe angeschlossen. Die Luft sollte jetzt aus dem Glaskolben abgesaugt werden. Nach etwa fünf Stunden war die Luft in der Lampe schon so dünn geworden, dass wir es wagten, die Lampe an die Batterie anzuschließen: Der Kohlefaden erstrahlte in hellem Licht. Dennoch wurde – bei eingeschalteter Lampe – noch weitere fünf Stunden lang gepumpt; dann erst wurde das Glasrohr zur Pumpe zugeschmolzen. Nun galt es abzuwarten, bis der Faden durchbrennen würde. Er wurde genau beobachtet und jede Unregelmäßigkeit musste aufgeschrieben werden. Doch nichts geschah. Als wir am

1 Edison und seine Glühlampe

Montagmorgen abgelöst wurden, leuchtete die Lampe noch immer so hell wie in der ersten Stunde. Sie leuchtete auch noch den Tag ohne Störung. Ja, die Dauer von 24 Stunden wurde sogar überschritten. Unsere Begeisterung steigerte sich von Stunde zu Stunde. Als dann die Lampe auch noch die folgende Nacht hindurch hell und ruhig leuchtete, war Edison überzeugt. Er wusste, dass er jetzt eine solide Grundlage für die elektrische Beleuchtung geschaffen hatte. Ununterbrochen leuchtete die Lampe auch noch am 21. Oktober. Sie hatte nun mit 45 Stunden eine Brenndauer erreicht, die man nie zuvor bei einer Glühlampe beobachtet hatte.

Erst als Edison den Strom erhöhte, brannte sie durch."

A Mit welchen Schwierigkeiten hatten die Erfinder von Glühlampen zu kämpfen?

Arbeitsweise Versuchsprotokoll

Bei Versuchen und Beobachtungen solltest du immer ein Protokoll anfertigen. Auch Wissenschaftler in Laboratorien schreiben auf, was sie getan und was sie beobachtet und gemessen haben. Solche Protokolle sind die Grundlage, um mit anderen über die Experimente zu sprechen und Ergebnisse zu vergleichen. So kann man Regeln und Gesetze der Natur erkennen.

Bei vielen Versuchen müsst ihr genau hinschauen und beschreiben, was passiert. Bei anderen Experimenten wird z. B. mit einem Thermometer gemessen. Die Messwerte tragt ihr dann in eine Tabelle ein. Ein Experiment kann Fragen an die Natur beantworten. Ob eine Antwort oder eine Regel immer gilt, muss man überprüfen. Wenn das Experiment in gleicher Weise durchgeführt wird, muss es zu gleichen Beobachtungen oder gleichen Messwerten führen. Dabei ist das Versuchsprotokoll wichtig.

Für die Protokolle solltest du immer eine gleiche Form wählen und sie in deinem Heft oder deiner Mappe sammeln.

2 Versuche werden protokolliert.

Anne Müller – 25.5.2005 8.00 Uhr	Frank Saß – 6. Juli 2005 8.55 Uhr	Name (Namen) /Datum/Uhrzeit

Zieht ein Magnet überall gleich stark an?

Versuchsskizze:

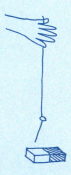

Durchführung: Ich habe einen Eisennagel an ein Band gebunden und mit etwas Abstand über die Mitte eines Magneten gehalten.

Beobachtung: Der Nagel bleibt nicht gerade hängen. Die Nagelspitze geht an ein Ende des Magneten. Der Nagel wird zum roten oder grünen Ende hingezogen.

Ergebnis: Ich vermute, dass der Magnet an dem roten und dem grünen Ende am stärksten anzieht.

|3 Beispielprotokoll 1

Wie heiß kann Wasser werden?

Versuchsskizze:

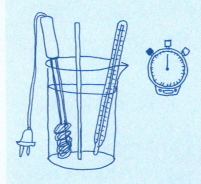

Durchführung: Ich habe 250 ml Wasser mit einem Tauchsieder erhitzt und jede Minute die Wassertemperatur gemessen.

Beobachtung:

Zeit	Temperatur
1 min	22 °C
2 min	25 °C
…	…
15 min	100 °C
16 min	100 °C

Ergebnis: Das Wasser erreicht nach 15 min eine Temperatur von 100 °C. Es wird nicht heißer als 100 °C.

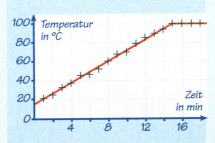

|4 Beispielprotokoll 2

Name (Namen) /Datum/Uhrzeit

Thema oder Frage des Versuchs

Versuchsskizze:
Skizziere die Versuchsgeräte und den Versuchsaufbau.

Durchführung:
Beschreibe, was du gemacht hast.

Beobachtung:
Beschreibe genau, was du gesehen, gehört, gerochen, gefühlt oder gemessen hast.
Manchmal hilft es, den Versuch mehrmals durchzuführen, um möglichst genau beobachten zu können.

Ergebnis:
Beantworte die Versuchsfrage und formuliere eine erste Regel zu deiner Beobachtung.

|5 Allgemeine Form eines Protokolls

Elektrische Geräte

Elektrische Geräte funktionieren nur, wenn sie an die „passende" Energiequelle angeschlossen sind. Welche Energiequellen werden von den Geräten |1–|6 benötigt?

Nicht alle Geräte haben einen Stecker. Zwei Kontakte haben sie aber alle. Weißt du, wo sie bei den abgebildeten Geräten sind?

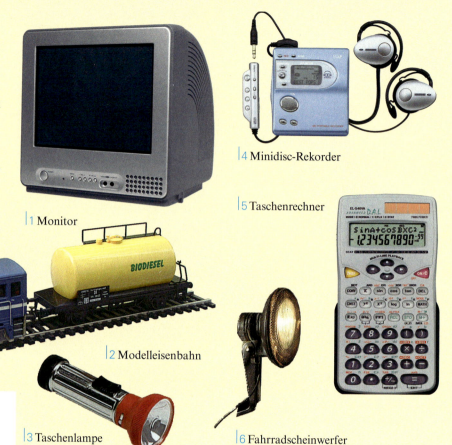

|1 Monitor
|2 Modelleisenbahn
|3 Taschenlampe
|4 Minidisc-Rekorder
|5 Taschenrechner
|6 Fahrradscheinwerfer

Achtung, Lebensgefahr!
Führe keine Versuche mit der Steckdose als Energiequelle durch!
Bastle nie an Elektrogeräten herum!
Die vorgeschlagenen Experimente mit Batterien oder Netzgeräten sind ungefährlich.

Probier's mal!

1 Wie werden elektrische Geräte angeschlossen?
Probiere eine Lampe mit einer Flachbatterie zum Leuchten zu bringen. |7
In welcher Anordnung gibt die Batterie Energie an die Lampe ab? Erkläre.

2 Leuchtet die Lampe ohne deine Hilfe?
Eine Glühlampe soll in Betrieb genommen werden, ohne dass du sie an die Batterie halten musst. |8
Erfinde und teste eine Lampenhalterung.
Du kannst zum Beispiel folgende Hilfsmittel verwenden: Draht, Knetgummi, Büroklammern, Wäscheklammern, Aluminiumfolie.

3 Stromkreis mit Schalter
Eine Lampe soll wie eine Taschenlampe ein- und ausgeschaltet werden. Erfinde aus einer Büroklammer, zwei Reißnägeln und einem Korkstück einen geeigneten Schalter. |9
a Baue den Stromkreis mit einer Batterie und dem Schalter auf. Prüfe, ob er funktioniert. Zeichne die Schaltung auf.
b Erfinde andere Geräte, mit denen du einen Stromkreis unterbrechen kannst.

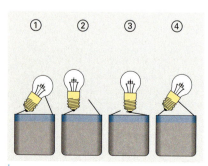
|7

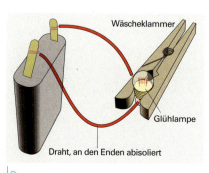
|8

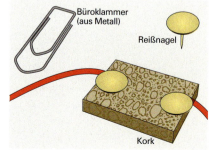
|9

Grundlagen Vom Stromkreis und seinen Bestandteilen

4 Für Tüftler: Taster und Schalter
Manche Taschenlampen haben zusätzlich zum Schalter einen Taster. Man kann die Taschenlampe mit dem Schalter oder dem Taster ein- und ausschalten. Baue solch eine Schaltung mit Taster *und* Schalter auf.

5 Bauanleitung
Wir bauen ein Lichtmorsegerät
Schiffe auf dem Meer geben sich Lichtsignale. |10 Ganze Wörter kann man mit Morsezeichen übermitteln. Morsezeichen sind aus kurzen und langen Lichtsignalen zusammengesetzt. |11

Du brauchst:
1 Flachbatterie (4,5 Volt), 1 Glühlampe mit Fassung, Leitungsdraht, 2 Büroklammern, 1 Wäscheklammer (aus Holz), 2 Reißnägel.

So wird's gemacht:
Zum Ein- und Ausschalten der Lampe verwendet man einen Taster. Er schließt auf Fingerdruck den Stromkreis und öffnet ihn beim Loslassen. Du kannst ihn aus der Wäscheklammer und zwei Reißnägeln bauen. |12
a Baue den Stromkreis mit dem Taster auf. Mit den Büroklammern befestigst du die Drähte an den Batteriepolen. Überprüfe, ob er funktioniert.
b Zeichne deine Schaltung ab.
c Übermittle deinem Nachbarn eine Nachricht. Versucht Wörter über weite Entfernungen zu senden.
Wie könntest du die Informationen in einen anderen Raum übertragen?

Damit eine Glühlampe leuchtet, muss sie an eine elektrische Energiequelle angeschlossen sein (Batterie, Netzgerät ...). Auch alle anderen elektrischen Geräte muss man immer erst mit einer Energiequelle verbinden.

Die Lampe kann nur leuchten, wenn ihre beiden Kontakte mit je einem Leitungsdraht mit den beiden Polen einer elektrischen Energiequelle verbunden sind. Es muss ein geschlossener Stromkreis vorliegen. |13

Wenn eine der Verbindungen fehlt, leuchtet die Lampe nicht. Der Stromkreis ist unterbrochen.

So ist eine Glühlampe aufgebaut. |14 Ihre beiden Anschlusskontakte sind der Gewindesockel und der Fußkontakt. Im Innern der Lampe ist der Stromkreis über die Haltedrähte und den Glühdraht geschlossen. Auch Metallteile der Lampenfassung sind Teil des Stromkreises. |15

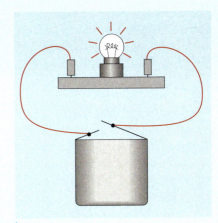
|13 Geschlossener Stromkreis

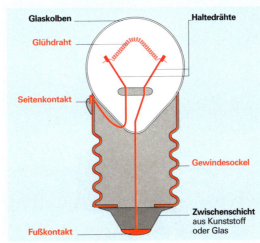
|14 Aufbau einer Glühlampe

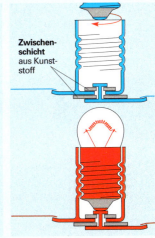
|15 Lampenfassung

|10 Morsen mit Lichtsignalen

|11 Morsezeichen

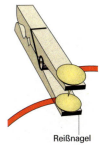
|12 Taster

Arbeitsweise Schaltzeichen und Schaltpläne

Du kannst eine Schaltung sauber abmalen, das dauert lange. |1|2 Schnell und einfach zu zeichnen sind Schaltpläne, und sie sind übersichtlich. |3
Um das Zeichnen der aufgebauten Schaltungen zu erleichtern, hat man für die Bauteile des Stromkreises Zeichen vereinbart: die *Schaltzeichen* oder Schaltsymbole. |4
Leitungsdrähte werden als gerade Linien gezeichnet.

Einen Stromkreis kann man mit Schaltzeichen darstellen. Man erhält einen Schaltplan.

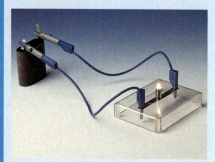

|1 Foto eines Stromkreises

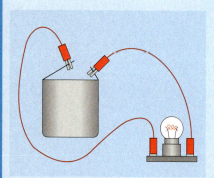

|2 Stromkreis gezeichnet

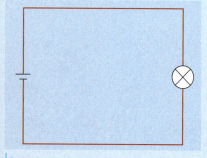

|3 Schaltplan

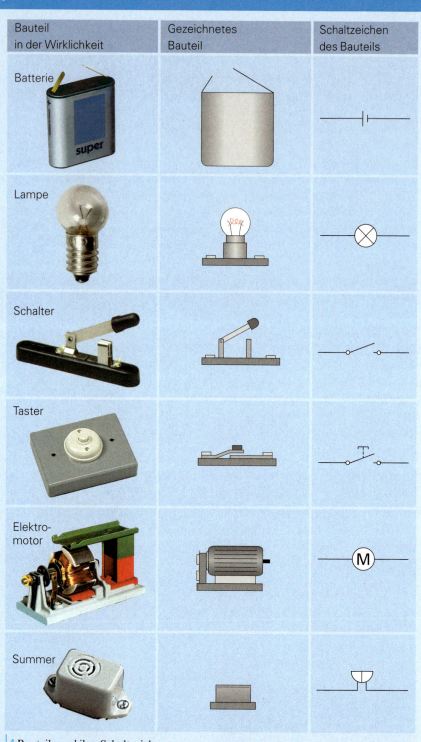

|4 Bauteile und ihre Schaltzeichen

A Zeichne für deine Schaltung mit Schalter einen Schaltplan mit den richtigen Schaltzeichen.

B Zeichne für dein Lichtmorsegerät einen Schaltplan.

C Wie sieht der Schaltplan aus, wenn du einen Motor mit einem Schalter und der Batterie betreibst?

1 Morsen mit dem Summer

Morsezeichen können auch als Töne gesendet werden. Dazu musst du dein Lichtmorsegerät umbauen; ein Summer ersetzt die Lampe.

a Verwende den Klammer-Taster und baue damit den Schaltkreis auf. |5
Achte darauf, dass Plus- und Minuskontakt des Summers jeweils an den richtigen Batteriepol angeschlossen werden.

b Gelingt es dir, deinen Namen mit Morsetönen zu versenden? Kannst du aus gehörten Morsetönen die Nachricht entschlüsseln?

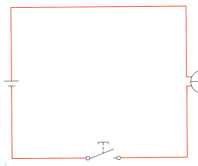

|5 Schaltplan Morsesummer

2 Eine Motorschaltung

Baue mit deinem selbst gebauten Schalter, einem kleinen Elektromotor und einer Batterie einen Stromkreis auf.
Teste deine Schaltung und achte darauf, ob sich der Motor links- oder rechtsherum dreht. Wie kannst du die Drehrichtung ändern?
Zeichne den Schaltplan zum Versuch.

3 Wie ist die elektrische Kaffeemühle geschaltet?

Der Motor der Kaffeemühle setzt sich erst in Bewegung,
– wenn du den Verschluss des Geräts herunterdrückst und
– wenn du gleichzeitig einen Taster am Gehäuse betätigst.

Sobald du Taster oder Verschluss loslässt, hört die Maschine auf zu mahlen. Mit dem Verschluss wird ein zweiter, versteckter Taster betätigt. |6

a Gelingt es dir, die Schaltung der Kaffeemühle nachzubauen? Du brauchst dazu zwei Taster, einen Motor, eine Batterie und Drähte …

b Ob deine Schaltung richtig funktioniert, kannst du anhand der Tabelle überprüfen. |7
Wenn deine Schaltung richtig ist, zeichne den Schaltplan dazu auf.

|6 Kaffeemühle

Taster 1	Taster 2	Motor
nicht gedrückt	nicht gedrückt	läuft nicht
nicht gedrückt	gedrückt	läuft nicht
gedrückt	nicht gedrückt	läuft nicht
gedrückt	gedrückt	läuft

|7 Wann läuft die Kaffeemühle?

4 Funktioniert die Schaltung?

Überprüfe die Schaltpläne |8 – |10 und entscheide jeweils, ob die Schaltung funktionieren kann.
Baue dann die Schaltung(en) auf, die du für richtig hältst. Probiere sie aus.

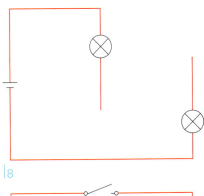

|8

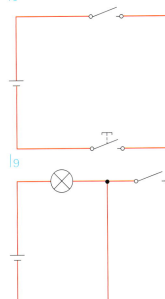

|9

|10

Funktioniert die Fahrradbeleuchtung?

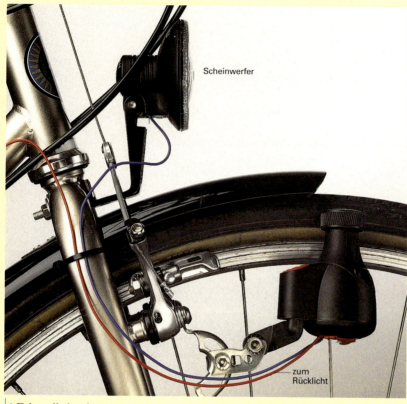

|1 Fahrradbeleuchtung

Vor der großen Radtour überprüfst du dein Fahrrad genau. Sind Bremsen und Beleuchtung in Ordnung? Der Scheinwerfer leuchtet nicht. Für einen Kenner von Stromkreisen ist das kein Problem.

Doch schau einmal genau hin. Was ist das für ein eigenartiger Stromkreis? Nur ein einziges Kabel führt vom Dynamo zur Scheinwerferlampe …

Grundlagen Der Fahrradstromkreis

Beim Fahrrad sind Dynamo und Scheinwerfer nur durch *einen* Draht verbunden. Die Befestigungsschelle des Dynamos stellt den zweiten Pol dar. Auch der Scheinwerfer hat seinen zweiten Anschluss an der metallischen Befestigungsschelle. Beide sind fest an den Fahrradrahmen geschraubt. Neben dem einen Kabel zwischen Lampe und Dynamo bildet also der Fahrradrahmen die zweite Verbindung und schließt so den Stromkreis. |4

Stromkreise müssen nicht über Drähte geschlossen sein. Auch Metallteile, wie z. B. der Fahrradrahmen, können Teil eines Stromkreises sein. |4 |5

1 Wo befindet sich der zweite Pol des Dynamos?
Schließe eine Experimentierlampe an einen Fahrraddynamo an. |2
a Finde verschiedene Möglichkeiten, wie du die Lampe zum Leuchten bringst.
b Erkläre, wie der Stromkreis geschlossen wird.

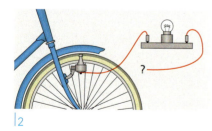

|2

2 Wo ist der zweite Anschluss des Fahrradscheinwerfers?
Versuche mit einer Flachbatterie den Fahrradscheinwerfer zum Leuchten zu bringen. |3
a Der Scheinwerfer hat nur einen Anschluss für ein Kabel. Findest du auch hier verschiedene Möglichkeiten, den Scheinwerfer zu betreiben?
b Führe den Versuch auch mit dem Rücklicht durch.
c Beschreibe jeweils die geschlossenen Stromkreise.

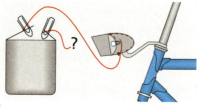

|3

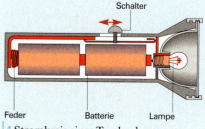

|4 Stromkreis einer Taschenlampe

Wissenswertes Der „Check" für die Fahrradbeleuchtung

  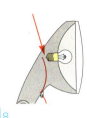   

|6 |7 |8 |9 |10 |11

Die Fahrradbeleuchtung dient vor allem dazu, *gesehen zu werden*. Sie ist wichtig für deine Sicherheit! Du solltest sie regelmäßig kontrollieren. Wenn eine Lampe nicht leuchtet, hilft dir die folgende *Checkliste*:

1. Überprüfe, ob der Draht vom Dynamo zur Lampe richtig angeklemmt ist. |6

Sind die Kontaktstellen blank und rostfrei? Den Belag kannst du mit einem Schraubendreher abkratzen.
Hast du ein Rad mit Kunststoff-Schutzblechen, in die ein Metallstreifen eingelassen ist? Dann könnte sich der Steckkontakt für den Metallstreifen gelöst haben.

2. Öffne den Scheinwerfer des Fahrrads und schraube die Glühlampe heraus. Sieht der Fußkontakt der Lampe blank aus? Ist der Glühdraht in Ordnung? |7
3. Schraube die Glühlampe ein. Achte darauf, dass sie fest in der Fassung sitzt. Der Fußkontakt muss auf den Blechstreifen im Scheinwerfer drücken. |8
4. Der Seitenkontakt des Rücklichts ist über die Halterung der Lampe mit dem Fahrradrahmen verbunden. Die Stelle, an der die Halterung befestigt ist, muss rostfrei sein. |9
5. Prüfe, ob der Leitungsdraht unterbrochen ist – eventuell sogar unter der Isolierung. |10
6. Wenn weder der Scheinwerfer noch das Rücklicht leuchtet, könnte der Dynamo defekt sein. Zur Kontrolle solltest du eine Batterie anschließen. Vergiss dabei nicht den Anschluss der Batterie an den Rahmen. |11

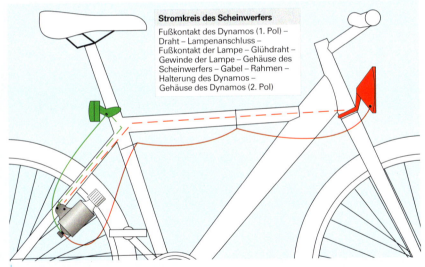

Stromkreis des Scheinwerfers
Fußkontakt des Dynamos (1. Pol) – Draht – Lampenanschluss – Fußkontakt der Lampe – Glühdraht – Gewinde der Lampe – Gehäuse des Scheinwerfers – Gabel – Rahmen – Halterung des Dynamos – Gehäuse des Dynamos (2. Pol)

|5 Stromkreise der Fahrradbeleuchtung

A Beschreibe den Stromkreis des Rücklichts. |5
B Welche Teile bilden den Stromkreis der Taschenlampe? |4
C Zeichne einen Stromkreis mit Lampe und Batterie, der mit vielen Metallteilen (z. B. Schere, Büroklammer, Nägel) geschlossen wird. Probiere aus, ob es funktioniert.

Elektrizität „geht nicht überall hindurch"

Du weißt schon, dass Drähte aus Kupfer den elektrischen Strom gut leiten. Ob dafür auch andere Materialien geeignet sind?

|1 Eine Schnur als Kabel?

1 Welche Materialien sind elektrische Leiter?

a Baue einen Leitungstester. Du brauchst zwei Drähte. Wickle jeweils ein Ende um einen Reißnagel. Stich die Reißnägel dann in ein Korkstück. |2

b Baue dein Testgerät anschließend in einen Stromkreis ein.
Die „Leitungslücke" überbrückst du mit verschiedenen Gegenständen. Drücke sie fest auf die beiden Reißnägel. Notiere die Ergebnisse in einer Tabelle. |3

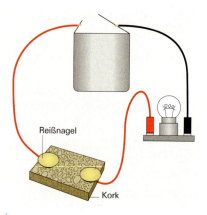

|2 Leitungstester für feste Gegenstände

2 Bauanleitung
Leitungstester für Flüssigkeiten

Mit einer Leuchtdiode statt der Glühlampe kannst dir ein sehr empfindliches Prüfgerät bauen. |3

Du brauchst:
5 Abschnitte von Lüsterklemmen ①,
1 Leuchtdiode ②,
1 Widerstand (330 Ohm) ③,
3 flexible und 2 starre Kupferkabel (alle an den Enden abisoliert) ④ ⑤,
1 Batterie (4,5 Volt oder 9 Volt) ⑥.

a Baue das Gerät zusammen. *Achtung:* Verbinde das (kürzere) Minus-Beinchen der Leuchtdiode mit dem Minuspol der Batterie!
b Prüfe das fertige Gerät: Wenn sich die blanken Kupferdrähte berühren, muss die Leuchtdiode leuchten.
Tipps zur Fehlersuche: Ist die Leuchtdiode richtig gepolt? Sind alle Kabel abisoliert? Sind die Anschlüsse fest?
c Untersuche, ob z. B. Salzwasser, Apfelsaft, Speiseöl, Seifenwasser leiten. Notiere die Ergebnisse in der Tabelle. |4

Gegenstand	Material	Lampe leuchtet → elektrischer Leiter	Lampe leuchtet nicht → Nichtleiter
Schlüssel	Eisen (Stahl)	X	
Korken	Kork	?	?
Knopf	Kunststoff	?	?
Kugel	Glas	?	?
Bleistiftmine	Graphit	?	?
…	?	?	?

|4 Leiter – Nichtleiter

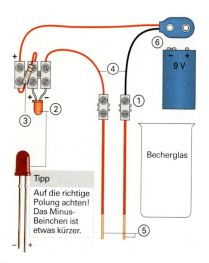

|3 Leitungstester für Flüssigkeiten

Grundlagen Nicht alles leitet

Elektrische Leiter
Immer wenn du deinen Prüfstromkreis mit einem Gegenstand aus Metall schließt, leuchtet die Lampe auf. Bei einer Bleistiftmine aus Graphit leuchtet die Lampe etwas schwächer. Graphit leitet nämlich schlechter als Metalle.

Gute elektrische Leiter sind alle Metalle. Silber und Kupfer gehören zu den besten elektrischen Leitern.

Nichtleiter
Bei Gegenständen aus Kunststoff, Glas, Holz, Gummi oder Kork bleibt die Lampe dunkel. Diese Materialien leiten nicht. Man nennt sie *Nichtleiter* oder *Isolatoren*.
Gummi und Kunststoffe als Nichtleiter sind für elektrische Leitungen genauso wichtig wie die Metalle als Leiter. Kupferkabel werden mit Kunststoff überzogen, sie sind isoliert. Ohne Isolierung wäre es lebensgefährlich, ein Kabel anzufassen, das an eine Steckdose angeschlossen ist. |5

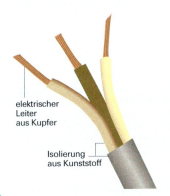

|5 Kabel – Leiter und Isolator

Flüssigkeiten – Leiter und Nichtleiter
Auch unter den Flüssigkeiten gibt es Leiter. Beispiele sind Apfelsaft und Essig (beides sind Säuren) sowie Salzwasser. Öl und reines (destilliertes) Wasser leiten dagegen nicht, sie sind Isolatoren.

Alltag Elektrogeräte und ihre Gefahren

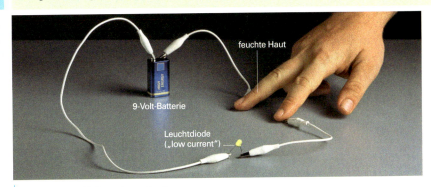

|6 Hand als Teil eines Stromkreises

Der Mensch als elektrischer Leiter
Weil der menschliche Körper zu zwei Dritteln aus salzhaltigem Wasser besteht, ist er ein Leiter. |6
Der Mensch kann Teil eines Stromkreises werden. Der Strom kann z. B. von einer Hand durch deinen Körper in die andere Hand fließen.
Bei Unfällen mit dem Stromnetz besteht Lebensgefahr. Die Muskeln verkrampfen sich, das Herz kommt aus dem Takt und Verbrennungen sind möglich.

Der menschliche Körper ist ein elektrischer Leiter. Zu einem Elektrounfall kommt es, wenn der Mensch Teil eines Stromkreises wird.

Verhalten bei Stromunfällen
Unterbrich zuerst den Stromkreis: Betätige dazu den Not-Aus-Schalter oder schalte die Sicherung aus. Auf keinen Fall den Verunglückten vorher anfassen, sonst fließt der Strom auch durch den Helfer! Notarzt bzw. Rettungswagen rufen. Bei Atemstillstand sind Wiederbelebungsmaßnahmen erforderlich (Atemspende, Herzdruckmassage).

A Fertige ein Plakat über die Gefahren des elektrischen Stroms an.
B Mit Elektrizität aus der Steckdose muss man vorsichtig umgehen. |7 Schreibe zu den Bildern Verhaltensregeln auf. Erläutere die Gefahren.

Haartrockner im Bad brachte den Tod
Frankfurt. Unvorstellbarer Leichtsinn hat einem Menschen das Leben gekostet. Am Montag wurde in einer Frankfurter Wohnung ein 39 Jahre alter Mann tot in der gefüllten Badewanne aufgefunden. Der Haartrockner lag eingeschaltet im Wasser. Die Kriminalpolizei stellte fest, dass das Gerät keinen technischen Mangel aufwies.
Der Elektrotechnik-Verband VDE bezeichnet die Gewohnheit, sich in der Badewanne die Haare zu trocknen, als lebensgefährliche Dummheit. Sobald der Haartrockner in die Wanne rutscht, fließt elektrischer Strom durch den Körper. Es genügt, wenn man feuchte Stellen des Geräts berührt und gleichzeitig Kontakt mit der Wasserleitung hat.
Haartrockner gehören nicht in die Badewanne!
Gefahr besteht besonders dort, wo sich Wasser und Strom begegnen. Auch angeschlossene Elektrogeräte darf man nicht mit Wasser reinigen!

|7 Vorsicht mit elektrischen Geräten!

Wir bauen einen Haartrockner nach

Viele von euch benutzen einen Haartrockner fast täglich. Was macht eigentlich ein Haartrockner?

Weil das Basteln an Elektrogeräten lebensgefährlich ist, darf der Haartrockner nicht geöffnet werden. Ihr könnt aber seine verschiedenen Funktionen untersuchen und nachbauen.

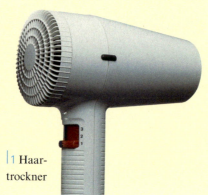

|1 Haartrockner

|2 Schalter

Funktionen des Haartrockners
– Wenn der linke Schalter am Griff betätigt wird, bläst der Haartrockner kalte Luft.
– Wenn *zusätzlich* der rechte Schalter betätigt wird, strömt warme Luft aus dem Gerät.
– Der Haartrockner schaltet automatisch ab, wenn er zu lange sehr nahe an den Haaren gehalten wird. Das ist eine Sicherung, damit das Gerät nicht zu heiß wird.

1 Der Haartrockner bläst kalte Luft

Die erste Funktion kannst du leicht nachbauen. Dazu brauchst du einen Schalter, eine Batterie und einen Motor mit Propeller. |3 Prüfe deine Ventilatorschaltung und zeichne den Schaltplan.

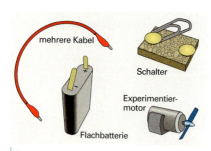

|3

2 Elektrische Energie wird in Wärme umgewandelt

Von vorne siehst du im Haartrockner eine Drahtwendel. Sie wandelt elektrische Energie in Wärme um.

a Wickle 50 cm Konstantandraht (0,2 mm dick) eng um eine Stricknadel. Ziehe die Nadel heraus – fertig ist die Heizwendel. |4

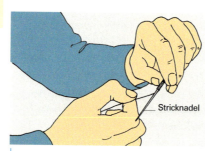

|4 Herstellen einer Wendel

Schließe die Wendel an ein Netzgerät an. |5 Drehe den Regler langsam höher und fühle, wie warm sie wird. Vorsicht, verbrenne dich nicht an der Wendel!
b Auch Glühlampen besitzen eine Drahtwendel und erzeugen viel Wärme. Schau sie dir mit der Lupe genau an.

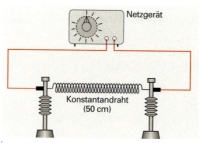

|5 Einfache Heizspirale

3 Der Luftstrom – kalt oder warm

a Benutze als „Heizspirale" diesmal eine Glühlampe.
Wie musst du die Ventilatorschaltung durch die Lampe und einen Schalter ergänzen, damit das Gerät nach Bedarf zusätzlich warme Luft (Lampe leuchtet) abgibt? |6
b Die Funktionsweise der Schaltung beschreibt man am besten in einer Tabelle. |7
Übertrage die Tabelle in dein Heft, ergänze sie und prüfe die Schaltung mithilfe der Tabelle.

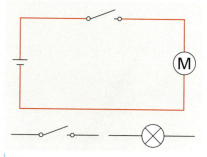

|6 Haartrocknerschaltung

Arbeitsweise **Funktionstabellen**

Was wird gemacht?		Was passiert?	
Schalter Gebläse	Schalter Heizung	Gebläse (Motor)	Heizung (Lampe)
aus	aus	aus	aus
aus	ein	aus	?
ein	aus	?	?
ein	ein	?	?

|7 Funktionstabelle Haartrockner

Mit einer Funktionstabelle |7 kannst du beschreiben, wie ein Gerät funktioniert. Auf der einen Tabellenseite wird notiert, was am Gerät eingestellt wird (Schalter ein oder aus …). Auf der anderen Seite schreibst du auf, was passiert (Motor läuft, Lampe leuchtet …).

A Eine Brotschneidemaschine enthält eine Sicherheitsschaltung. Sie läuft erst dann an, wenn man sie mit einem Taster einschaltet und das Brot gegen einen weiteren Taster am Schneidmesser drückt.
1 Fertige die Funktionstabelle für die Brotschneidemaschine an.
2 Zeichne den Schaltplan.
B Untersuche zu Hause die Waschmaschine: Was musst du einstellen, damit der Motor der Maschine läuft und das Wasser einströmt?
Fertige die Funktionstabelle an.

4 Der Hitzeschutz
Wenn es im Gehäuse zu heiß wird, schaltet der Haartrockner von selbst ab. Das Abschalten übernimmt ein *Bimetallstreifen*. |8
Wenn der Streifen heiß wird, biegt er sich nach oben und unterbricht den Stromkreis. Kühlt er wieder ab, wird er wieder gerade und schließt den Stromkreis. Man spricht von einem *Bimetallschalter*.
Baue den Bimetallschalter so in deine „Haartrockner-Schaltung" ein, dass er bei Überhitzung alles ausschaltet.

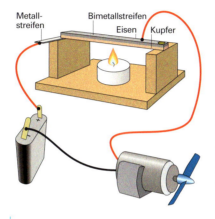

|8 Bimetallschalter

5 Viel oder wenig Luft
Beim Haartrockner kannst du einstellen, ob viel oder wenig Luft ausströmt. Versuche diese Funktion mit zwei Batterien nachzubauen. |9
Wie kannst du die Motorgeschwindigkeit verändern?
Wie müssen die Batterien geschaltet sein, damit der Motor schnell läuft? Zeichne dafür den Schaltplan.

6 Für Tüftler – der „Stufenschalter"
Ein Schalter, der in zwei „Stufen" schalten kann, ist leicht zu bauen. |10
Wie müssen zwei Batterien, ein Motor und der Schalter verbunden werden, damit der Motor einmal langsam und einmal schnell läuft? Probiere deine Schaltung aus.
Einen solchen zweistufigen Schalter nennt man auch *Umschalter*.

7 Euer Haartrockner zu Hause
Vielleicht funktioniert euer Haartrockner zu Hause anders. Besitzt er Schalter, Taster oder Stufenschalter?
a Notiere die verschiedenen Funktionen in einer Tabelle.
b Entwickle eine Modellschaltung zu deinem Haartrockner.
c Baue die Schaltung auf und kontrolliere sie mithilfe der Funktionstabelle.

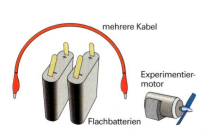

|9 Wie läuft der Motor besonders schnell?

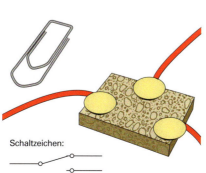

|10 Umschalter

Batterien, Dynamos und Solarzellen

Neben Batterien und Netzgeräten gibt es weitere elektrische Energiequellen: Solarzellen wandeln die Sonnenenergie in elektrische Energie um. Um den Dynamo anzutreiben, musst du in die Pedale treten oder kurbeln.

Die elektrische Energie wird in den elektrischen Geräten weiter umgewandelt – bei der Glühlampe in Licht und Wärme.

1 Batterien und Akkus

2 Solarzellen

3 Dynamo

4 Tischgenerator

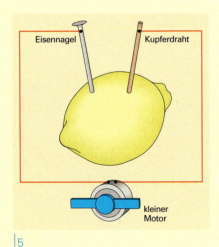

5

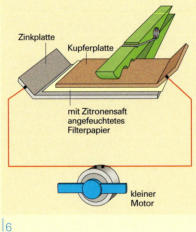

6

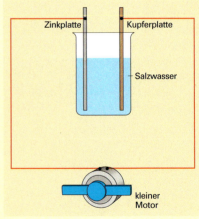

7

Es müssen nicht immer gewöhnliche Batterien sein. Eine Zitronenbatterie kann zum Beispiel einen kleinen Motor (Solarmotor) antreiben. 5–7

Probier's mal!

1 Woher kommt die Energie für die Fahrradlampe?

Stelle dein Fahrrad auf den Kopf. Klappe den Dynamo an den Reifen und drehe das Rad kräftig an.

a Miss die Zeit, wie lange sich das Rad mit dem leuchtenden Scheinwerfer und dem leuchtenden Rücklicht dreht. Führe die Messung dreimal durch. Achte darauf, dass das Rad immer gleich stark gedreht wird. Notiere deine Ergebnisse in einer Tabelle und ermittle die Durchschnittszeit.

b Löse die Drähte am Dynamo. Er läuft aber weiterhin mit. Die Lampen leuchten jetzt nicht mehr. Drehe das Rad wieder kräftig an. Miss mehrmals die Zeit. Bemerkst du einen Unterschied?

Lampen leuchten Rad dreht sich …	Lampen leuchten nicht
? Sekunden	? Sekunden
? Sekunden	? Sekunden
? Sekunden	? Sekunden
Durchschnittliche Drehzeit	
? Sekunden	? Sekunden

2 Elektrische Energie – per Hand erzeugt

Mit dem Tischdynamo kannst du wie mit dem Fahrraddynamo elektrische Energie erzeugen.

a Drehe die Kurbel des Dynamos, ohne eine Lampe anzuschließen.
b Schließe jetzt eine Experimentierlampe an. Drehe unterschiedlich schnell und achte auf die Helligkeit.
c Schließe eine Lampe für einen Autoscheinwerfer an.
d Beschreibe den Unterschied, den du beim Drehen spürst.
Hast du eine Erklärung dafür?

3 Elektrische Energie aus der Zitrone

a Einfache „Batterien" lassen sich leicht selbst bauen. |5–|7
Statt des kleinen Motors kannst du eine Leuchtdiode benutzen. Mit ihr stellst du auch fest, wo die Zitronenbatterie ihren Pluspol hat: Die LED leuchtet nur, wenn das längere Anschlussbeinchen am Pluspol angeschlossen ist.
b Mehrere Batterien lassen sich zusammenschalten. Dabei muss immer der Eisenpol der einen mit dem Kupferpol der nächsten Zitrone verbunden werden. Übrigens: Der Weltrekord steht zurzeit bei 180 Zitronen!
c Gelingt es dir, andere elektrische Geräte mit mehreren Zitronenbatterien zu betreiben?
d Wenn deine Batterie keine Energie mehr liefert, schaue dir einmal die Metallplatten oder -stifte an. Säubere sie mit Schleifpapier und baue den Stromkreis erneut auf.
e Bei einer verbrauchten Batterie ist der Metallmantel zersetzt. |8 In der Batterie findet eine Stoffumwandlung statt. Dabei wird elektrische Energie freigesetzt. Bei der Zitronenbatterie ist es ähnlich. Beschreibe, wo hier Veränderungen sichtbar sind.

4 Elektrische Energie aus Sonnenlicht

Man verwendet meist Platten mit mehreren Solarzellen. Mit einer solchen Platte kannst du aus Sonnenlicht elektrische Energie erzeugen.

a Schließe eine Experimentierlampe an die Solarzellen an.
Untersuche, unter welchen Bedingungen die Solarzellen möglichst viel Energie abgeben. Schreibe ein Protokoll deiner Untersuchung.
b Schalte mehrere Solarzellen zusammen. Dabei musst du immer den Minuspol der einen mit dem Pluspol der nächsten Zelle verbinden.
c Wie sind Solarzellen auf Hausdächern ausgerichtet? Erkläre es mit deinen Erfahrungen aus dem Versuch.

5 Elektrische Energie aus dem Akku

Ein Akkumulator (Akku) ist eine aufladbare Batterie. Wenn er keine elektrische Energie mehr liefert, lädt man ihn mit einem Ladegerät auf.
Baue einen Stromkreis mit einer Lampe und einem Akku auf.
Überlege dir, was für den Einsatz von Akkus spricht.

|8 Verbrauchte Batterie

Grundlagen Elektrische Energie aus dem Dynamo – Energieumwandlung

Der Dynamo – ein Energiewandler
Von allein leuchtet keine Lampe. Beim Fahrrad muss das Rädchen am Dynamo gedreht werden. Für die Taschenlampe brauchst du eine „volle" Batterie.

Lampen und alle elektrischen Geräte benötigen elektrische Energie. Ein Dynamo gibt elektrische Energie ab. Dazu muss ihm Energie durch Drehen zugeführt werden.

Wenn viele Lampen angeschlossen sind, ist mehr Energie nötig. Du musst kräftiger drehen und so mit deinen Muskeln *mehr* Energie zuführen. Die Energie zum Drehen liefert dein Körper. Er erhält sie mit der Nahrung. Sowohl der Dynamo als auch dein Körper sind *Energiewandler*. Bei allen Energiewandlern entsteht neben der gewünschten Energieform (Bewegung, elektrische Energie) immer auch Wärme, die nicht genutzt wird. Du kommst ins Schwitzen und der Dynamo wird warm. |1

Weitere Energiewandler
Wenn viel Licht auf die Solarzelle fällt, wird viel elektrische Energie erzeugt. Ein Motor läuft dann schnell und die Lampe leuchtet hell. Die Energieumwandlung mit Solarzellen ist umweltfreundlich. Es entstehen keine Schadstoffe.

Solarzellen wandeln die Energie des Sonnenlichts in elektrische Energie um. |2

Wenn eine Batterie oder ein Akku elektrische Energie liefert, wandeln sich in ihrem Innern Stoffe um. Du kannst Batterien mit verschiedenen Spannungen kaufen. Die Spannung wird in Volt (V) angegeben.

Batterien und Akkus speichern Energie. |3

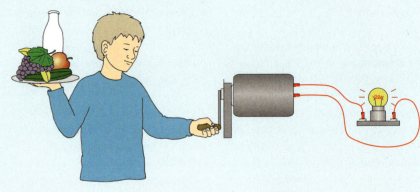
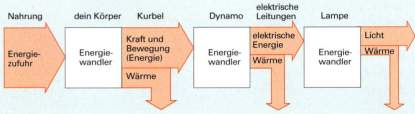
|1 Energieschema: Dynamo

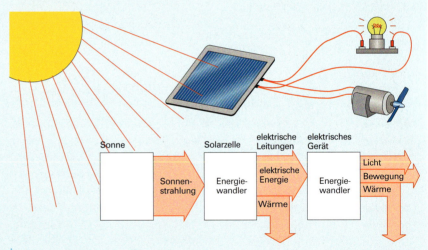
|2 Energieschema: Solarzelle

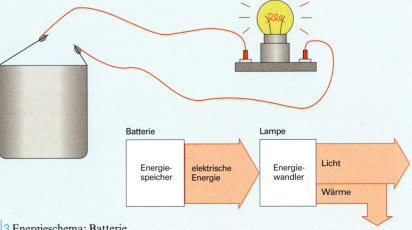
|3 Energieschema: Batterie

Wissenswertes Batterie, Akku oder Solarzelle

Für diesen CD-Player brauchst du zwei 1,5-Volt-Batterien. |4 Batterien sind nur einmal zu benutzen. Du kannst auch zwei 1,2-Volt-Akkus einsetzen. Sie sind zwar teurer als Batterien, dafür kannst du sie aber einige hundert Mal wieder aufladen. Mit Akkus sparst du Geld! In Deutschland werden jährlich 900 Millionen Batterien und Akkus verbraucht. Das sind 1000 große Lastwagen – voll beladen mit verbrauchten Batterien. Dabei sind die Autobatterien nicht mitgezählt. Batterien enthalten Schwermetalle wie Zink und Nickel, die für die Umwelt gefährlich sind. In den preiswerten Akkus steckt das giftige Schwermetall Cadmium. Batterien und Akkus müssen daher als Sondermüll entsorgt werden. Sie dürfen nicht in den Hausmüll gelangen! In den Geschäften kannst du sie zurückgeben. Der Umwelt kann man mit einem Akku eine ganze Menge Batterien ersparen. Wenn möglich, solltest du ganz auf Batterien und Akkus verzichten. Betreibe deine Elektrogeräte mit einem Netzteil und nutze die Energie aus der Steckdose. Gut für die Umwelt sind auch Solarzellen. Wenn die Geräte auch im Dunkeln funktionieren sollen, müssen sie einen Akku enthalten.

|4 CD-Player – Batterien oder Akkus?

A Nenne Geräte, die mit Sonnenenergie betrieben werden.

B Erstelle ein Informationsplakat über die Nutzung von Batterien und Akkus. Gehe dabei auf Umweltprobleme ein und zeige auch Alternativen auf.

C Frage in Geschäften nach, wie viele Batterien sie im Monat zurücknehmen. Wohin werden sie gebracht?

D Digitalkameras sind „Batterienfresser". Besonders ihr Bildschirm benötigt viel Energie. Was kannst du dem Benutzer einer Digitalkamera raten? Überzeuge ihn durch eine Aufstellung der Kosten. Gehe davon aus, dass die Kamera vier 1,5-Volt-Batterien für 50 Bilder benötigt.

Umwelt Elektrische Energie aus der Steckdose

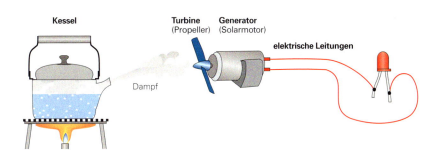

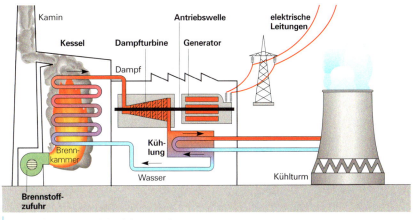

|5 Energieschema: Elektrizitätswerk

Elektrische Energie aus der Steckdose entsteht nicht „von selbst". |5 Im Elektrizitätswerk wird beim Verbrennen von Kohle Energie freigesetzt. Sie wird benutzt, um Wasser zu erhitzen und Wasserdampf zu erzeugen. Der Dampf strömt in der Dampfturbine gegen große Schaufelräder. Die Schaufelräder drehen sich und treiben den Generator, einen riesengroßen Dynamo, an. Der Generator wandelt die Energie in elektrische Energie um.
Elektrizitätswerke belasten die Umwelt: Beim Verbrennen von Kohle oder Öl entstehen Abgase. Der größte Teil der Energie geht in Form von Wärme verloren.
Generatoren können auch mit Wind oder Wasser angetrieben werden.

Elektrische Geräte sind Energiewandler

Mit der elektrischen Energie aus Batterien, Akkus, Solarzellen oder der Steckdose betreiben wir Geräte. Sie wandeln die Energie in eine andere Form um. Licht, Wärme, Bewegung und Töne (Schall) sind solche Energieformen.
Welche Energieumwandlungen finden in den Geräten statt? |1

|1

1 Der Styroporschneider
a Spanne 50 cm Konstantandraht (0,2 mm dick) zwischen zwei Isolatoren und schließe ihn an ein Netzgerät an. |2 Versuche Styropor mit dem kalten Draht zu schneiden ist.
b Schalte das Netzgerät ein und regle es so hoch, dass der Konstantandraht zu glühen beginnt. Lässt sich das Styropor jetzt schneiden? |

2 Elektrische Energie – Brandgefahr
Spanne 50 cm Konstantandraht (0,2 mm dick) zwischen zwei Isolatoren. Lege ein Stück Papier auf den Draht. |3
a Schließe den Draht an ein Netzgerät an. Schalte das Gerät ein und regle es hoch, bis der Draht glüht. Beobachte.
b Wie könnte man die Hitze nutzen, die durch die elektrische Energie entsteht? Nenne entsprechende Geräte.

3 Licht durch elektrische Energie
Baue ein einfaches Modell einer Glühlampe.
Als Glühdraht wickelst du 50 cm Konstantandraht (0,2 mm dick) zu einer Wendel über einer Stricknadel auf.
Ziehe die Nadel heraus und schließe die Wendel an ein Netzgerät an.
Drehe den Regler, bis die Glühwendel leuchtet.

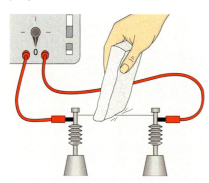

|2 Netzgerät bleibt ausgeschaltet (Teil a) |3 Vorsicht, Brandgefahr!

Grundlagen Elektrische Energie wird umgewandelt

In jedem Stromkreis gibt es
- eine elektrische Energiequelle,
- Drähte zum Übertragen der Energie und
- Geräte, die die elektrische Energie umwandeln. |5

Die Energie aus Batterien, Akkus, Dynamos oder Solarzellen kann vielseitig eingesetzt werden.

Elektrische Energie kann in verschiedene andere Energieformen umgewandelt werden.

Umwandlung in Wärme
Drähte können durch die elektrische Energie erhitzt werden. Sie geben Wärme ab. Die Wärme wird z. B. in Heizplatten und Toastern genutzt.

Umwandlung in Licht
Der Glühdraht wird durch die elektrische Energie so stark erhitzt, dass er hell leuchtet. In Leuchtstoffröhren und Leuchtdioden wird elektrische Energie in Licht umgewandelt, ohne dass es dabei heiß wird.

Umwandlung in Bewegung
Motoren nutzen die magnetische Wirkung des Stroms, um eine Drehbewegung hervorzurufen. Im Haushalt findest du viele Elektromotoren: Mixer, Bohrmaschine, Waschmaschine …

Umwandlung in Schall (Töne)
Die magnetische Wirkung des Stroms wird auch genutzt, um die Membran eines Lautsprechers ganz schnell hin und her schwingen zu lassen. Elektrische Klingeln und Summer funktionieren ähnlich.

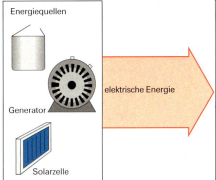
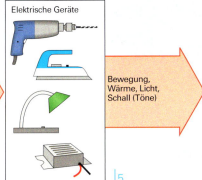

|5

A Dieses Radio kann nicht nur mit Akkus betrieben werden. |6 Nenne die beiden anderen Energiequellen.
B Welches Gerät steht vor dem Spiegel? |7 Wie wird die Sonnenenergie genutzt?
C Wenn du einen Diaprojektor einschaltest, wird die Lampe nicht nur hell … Beschreibe, was passiert. Zeichne ein Schaubild für die Energieumwandlung.

4 Wasserkocher mit Handantrieb
Mit der Wendel von Versuch 3 kannst du einen handgetriebenen „Wasserkocher" bauen. Schließe die Drahtwendel dazu an einen Handgenerator an und tauche sie in ein Becherglas mit Wasser. |4

a Im Becherglas befinden sich 50 ml Wasser. Um wie viel Grad Celsius kannst du das Wasser in 3 Minuten erwärmen?
b Wie lange müsstest du arbeiten, damit das Wasser kocht? Wie viele Personen müssten so wie du arbeiten, um 1 Liter Wasser zum Kochen zu bringen?
c Erhitze 1 Liter Wasser mit einem richtigen Wasserkocher. Miss die Zeit, bis das Wasser kocht.

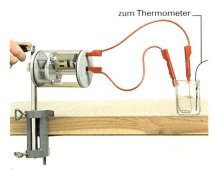

|4 Modell eines Wasserkochers

|6 Radio mit mehreren Energiequellen

|7 Beispiel für Energieumwandlung

Zusammenfassung

Elektrische Stromkreise

Eine Glühlampe leuchtet nur, wenn ihre beiden Kontaktstellen durch zwei Drähte an die beiden Kontakte einer Batterie oder eines Netzgeräts angeschlossen sind.

Damit die Lampe leuchtet, muss der Stromkreis geschlossen sein.

Mit Schaltern und Tastern werden Geräte ein- und ausgeschaltet. Ein Taster schließt den Stromkreis, solange er gedrückt ist. Der Fahrradscheinwerfer ist nur mit einem Kabel an den Dynamo angeschlossen. Der Stromkreis wird über den Fahrradrahmen geschlossen.

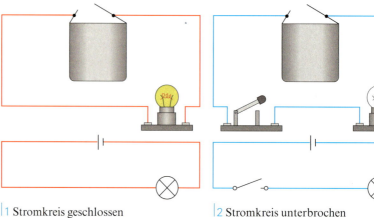

1 Stromkreis geschlossen

2 Stromkreis unterbrochen

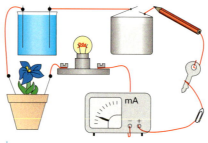

3 Fahrradstromkreis

Elektrische Leiter

Alle Gegenstände aus Metall sind Leiter. Auch salzige oder saure Flüssigkeiten gehören zu den Leitern.

Lebensgefahr besteht, wenn der menschliche Körper Teil eines Stromkreises mit der Steckdose wird.

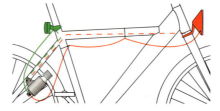

4 Elektrische Leiter

5 WARNUNG vor jeder Berührung der Drähte und Isolatoren und der Annäherung an herabhängende Drähte LEBENSGEFAHR!

Elektrische Energie

Ein Dynamo (Generator) liefert elektrische Energie. Dazu muss ihm durch Drehen Energie zugeführt werden. Elektrogeräte wandeln die elektrische Energie in andere Energieformen um (Licht, Wärme, Bewegung …).

Im *Kraftwerk* wird mit Generatoren die elektrische Energie für die Haushalte bereitgestellt. *Batterien* und *Akkus* haben Energie gespeichert. Wenn sie elektrische Energie liefern, wandeln sich in ihnen Stoffe um. *Solarzellen* wandeln die Energie des Sonnenlichts in elektrische Energie.

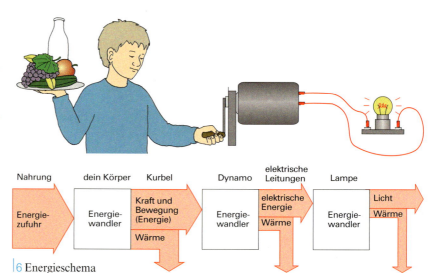

6 Energieschema

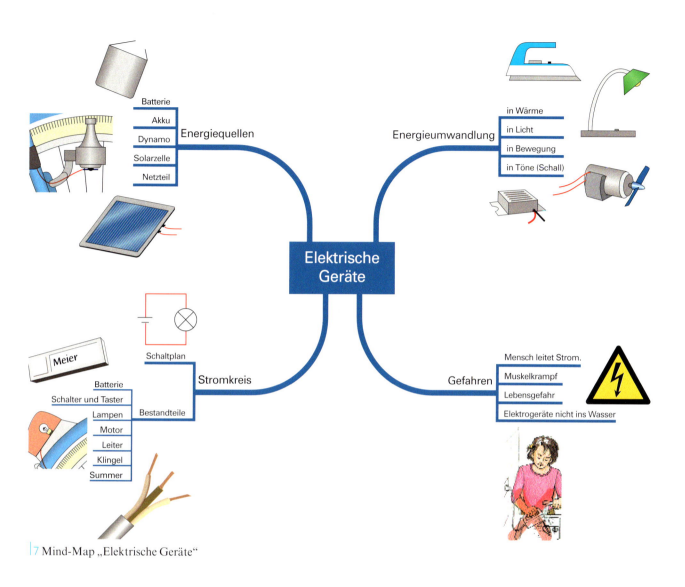

|7 Mind-Map „Elektrische Geräte"

Alles klar?

A Die Lampe leuchtet nicht. |8 Welche Gründe könnte das haben?

B Das Rücklicht deines Fahrrads leuchtet nicht. Beschreibe die Schritte, wie du den Fehler suchst.

C Der Mixer ist voller Teigspritzer und muss abgewaschen werden. Gib Tipps, wie man ihn säubert.

D Stelle in einer Tabelle Vor- und Nachteile von Solarzellen als Energiequelle zusammen.

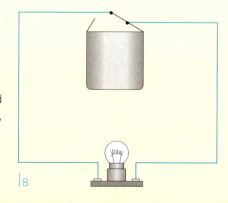
|8

E In einer Akku-Bohrmaschine wird elektrische Energie in Bewegung umgewandelt.

1 Nenne Vorteile und Nachteile einer solchen Bohrmaschine.

2 Aus welchen Bestandteilen ist der Stromkreis in der Bohrmaschine aufgebaut? Zeichne den Stromkreis mit Schaltsymbolen. (*Tipp:* Die Maschine kann an- und ausgeschaltet werden.)

Magnete im Alltag

Eigenschaften von Magneten

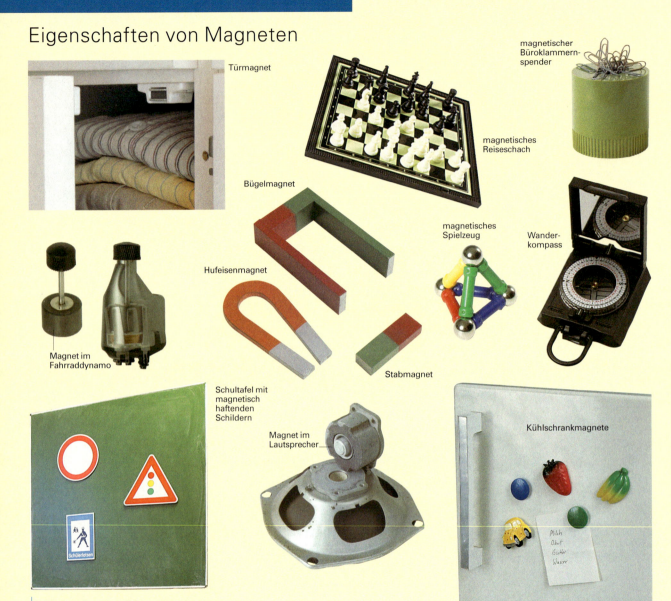

1 Verwendung von Magneten

Hier siehst du Magnete für unterschiedliche Zwecke.
Welche Eigenschaften von Magneten kennst du?
Welche Eigenschaften von Magneten werden gezeigt?

Probier's mal!

1 Magnete im Haushalt
In jedem Haushalt gibt es eine Vielzahl von Magneten.
a Welche der gezeigten Magnete gibt es bei euch zu Hause? |1
Beschreibe, wozu sie benutzt werden.
b Welche weiteren Magnete findest du bei euch im Haushalt? *Tipp:* Sie können auch versteckt angebracht sein. |2

2 Versteckte Magnete

Für einen „Steckbrief" untersuchen wir die Eigenschaften eines Stabmagneten. Die Versuchsreihe könnt ihr auch als Stationenarbeit durchführen.

2 Welche Gegenstände kann ein Magnet anziehen und welche nicht?
Untersuche möglichst viele unterschiedliche Gegenstände mit dem Stabmagneten.
a Welche Gegenstände werden angezogen, welche nicht? |3 |4
Überlege dir, aus welchem Material (Stoff) die Gegenstände bestehen. Trage deine Beobachtungen in eine Tabelle ein. |5
b Kannst du eine Regel erkennen, welche Materialien der Stabmagnet anzieht? Schreibe sie unter die Tabelle.

3 Zieht ein Magnet überall gleich stark an?
a Binde einen Eisennagel an einen Faden und versuche die Mitte des Magneten zu treffen. |6
Was stellst du fest? Hast du eine Erklärung?
b Die Stellen, an denen die Anziehungskraft am stärksten ist, heißen *Magnetpole* oder kurz Pole. Notiere die Anzahl und Lage der Magnetpole.

4 Wie verhalten sich zwei Magnete, wenn sie zusammenkommen?
Experimentiere mit zwei Stabmagneten auf kleinen Rollen.
a Nähere die Magnetwagen mit der gleichen Farbseite. |7
b Führe sie dann mit den verschiedenen Farben zusammen. |8
c Schreibe deine Beobachtung in einer Tabelle auf. |9
d Die Magnetpole sind nicht gleich. Man unterscheidet *Nordpol* und *Südpol*. Bei Experimentiermagneten ist der S**ü**dpol gr**ü**n und der N**o**rdpol r**o**t lackiert.
Formuliere eine Regel, wie Nord- und Südpol sich zueinander verhalten.

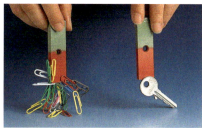

|3 Magnete ziehen manche Dinge an … |4 … und manche nicht.

| *Vom Magneten werden angezogen* | | *Vom Magneten werden nicht angezogen* | |
Gegenstand	Material (Stoff)	Gegenstand	Material (Stoff)
Schere	Eisen (Stahl)	Ohrring	Silber
Nagel	?	Bleistift	Holz
Büroklammer	?	Büroklammer	?
Schmuckkette	Nickel (silbrig, glänzend)	…	?

|5 Mustertabelle zu Versuch 2

|6

5 Wie verhalten sich drei Magnete zueinander?
Die Skizzen zeigen Vorschläge, wie du die Frage untersuchen kannst. |10
Du kannst auch zwei Magnete mit den gleichen Polen zusammendrücken und mit Klebefilm zusammenfügen.
Notiere wieder genau, was du machst und was du beobachtest.

|7

|8

|10

Was ich tue	Was ich beobachte
Die rote Magnetseite nähere ich der roten Magnetseite.	?
Die rote Magnetseite nähere ich der grünen Magnetseite.	?
Die … Magnetseite …	…

|9 Mustertabelle zu Versuch 4

6 Wie wird die magnetische Wirkung durch einen anderen Magneten verändert?

Ein Magnet kann eine ganze Reihe von 1-Cent-Münzen halten. Was passiert, wenn ein zweiter Magnet in seine Nähe kommt? Baue den Versuch auf. |1

a Hänge so viele Münzen an einem Pol untereinander, wie der Magnet gerade noch halten kann.
Nähere dich mit einem zweiten Magneten mal mit dem gleichen Magnetpol und mal mit dem anderen.

b Notiere deine Beobachtungen und versuche eine Erklärung zu finden.

8 Magnetische Kräfte messen

Ein Kraftmesser zeigt an, wie stark an einem Gegenstand gezogen wird. Ähnlich wie man Längen in Meter (1 m) misst, gibt man Kräfte in Newton an (1 N).

a *Vorversuch:* Hänge verschiedene Gegenstände an einen Kraftmesser: Schreibetui, Tafel Schokolade ...

b Ermittle, wie stark ein Magnet einen Gegenstand aus Eisen festhält. |3
Ziehe langsam und gleichmäßig am Nagel. Notiere die Kraft, bei der der Nagel vom Magneten abreißt (Tabelle).

c Führe den Versuch mit anderen Gegenständen durch.

10 Wirkt ein Magnet durch Dinge hindurch?

Zunächst musst du mit einem Stabmagneten eine Büroklammer aus Eisen zum Schweben bringen. |5

a Schiebe flache Gegenstände aus verschiedenen Materialien zwischen Magnet und Büroklammer (z. B. Papier, Holz, Aluminium, Eisen). Hält der Magnet die Büroklammer immer?

b Protokolliere deine Beobachtung in einer Tabelle.

c Welche Materialien lassen die magnetische Wirkung nicht hindurch? Vielleicht hast du eine Erklärung.

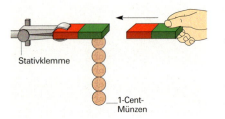

Gegenstand	Kraft, mit der ihn ein Magnet hält
Nagel	? N
Büroklammer	? N

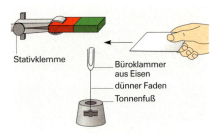

|1

|5

7 Zieht ein Stück Eisen einen Magneten an?

„Nicht nur der Magnet zieht ein Stück Eisen an, sondern auch das Eisen zieht den Magneten an."
Ob diese Aussage stimmt, soll hier überprüft werden. |2
Schreibe deine Beobachtungen auf und gib eine Antwort.

9 Wie weit reicht die magnetische Wirkung?

Ein Magnet wirkt aus der Ferne auf Gegenstände aus Eisen. Untersuche, wie weit die erkennbare Wirkung des Magneten reicht.
Lege eine Büroklammer oder einen kleinen Nagel aus Eisen an den Nullpunkt deines Lineals. Schiebe den Magneten langsam auf den Gegenstand zu. Notiere den Abstand, bei dem sich der Gegenstand bewegt. |4

11 Steckbriefe von Magneten

Die untersuchten Eigenschaften des Stabmagneten könnt ihr in einem Steckbrief-Plakat zusammentragen und in der Klasse ausstellen. |6
Erstellt auch Steckbriefe für Scheibenmagnete, Bügelmagnete und Hufeisenmagnete. So bekommt ihr eine Magnete-Infowand.

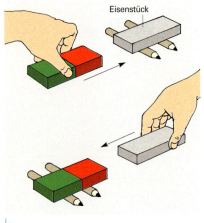

|2

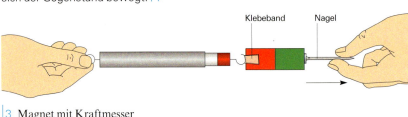

|3 Magnet mit Kraftmesser

|4

Grundlagen Die Eigenschaften des Stabmagneten

Magnete können dir bei der Suche nach bestimmten Stoffen helfen. *Ein Magnet zieht nämlich nur Eisen und Stahl stark an. Nickel zieht er schwach an.*

Die Stellen eines Magneten, an denen die magnetische Wirkung am größten ist, heißen Pole. *Jeder Magnet besitzt zwei Pole, einen Nord- und einen Südpol.*

Wenn man zwei Magnete zusammenbringt, beobachtet man Folgendes: *Nordpole oder Südpole stoßen einander ab. Nord- und Südpol ziehen einander an.*

Steckbrief: Stabmagnet

Er zieht Gegenstände aus Eisen und Nickel an und wird selbst auch von ihnen angezogen.

An den Enden ist er am stärksten. Die Enden heißen Nord- und Südpol.

Wenn er auf einen anderen Magneten trifft und sich gleiche Pole begegnen, geht er ihm aus dem Weg. Er zieht ihn zu dem anderen hin, wenn unterschiedliche Pole aufeinander treffen.

Seine anziehende Wirkung reicht über … cm. Sie durchdringt fast alle Materialien – außer Eisen und Nickel. Zwei Magnete können ihre Wirkung verstärken, aber auch schwächen …

Zuletzt gesehen am … im Physikraum der Schule.

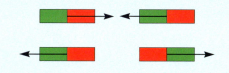

| 6 Steckbrief Stabmagnet

A Wie von Geisterhand geführt, bewegt sich die Figur aus Eisen auf dem Karton. |7 Erkläre das Kunststück.

B Baue ein Geschicklichkeitsspiel, bei dem ein kleines Auto aus Eisen durch eine kurvenreiche Rennstrecke auf einem Karton geführt werden muss. Fallen dir weitere Spiele und Zaubereien mit Magneten ein?

C Die Einzelteile eines Fahrrads sind aus verschiedenen Materialien hergestellt. Wie könntest du die Eisen- oder Stahlteile herausfinden? Beschreibe die Untersuchungsmethode und notiere die Ergebnisse in einer Tabelle.

Gegenstand	Material
Lenker	Stahl
Rahmen	?
Sattel	?
Sattelstütze	?
Schutzblech	?
Klingel	?
Felge	?
Speiche	?
Rücklicht	?
Pedal	?
…	?

D Im Buch *Jim Knopf und die Wilde 13* beschreibt Michael Ende eine geniale Erfindung: Von einem Magnetberg nehmen Jim und Lukas zwei Brocken mit. Sie bauen daraus einen Magnetmotor für ihre Lok. |8 Wie soll der Antrieb funktionieren? Ob es wohl klappt? Beschreibe einen Versuch, mit dem du diese Frage überprüfen kannst.

E Überprüfe die Eigenschaften von Haushaltsmagneten. Wo sind Nord- und Südpol? Wie weit reicht ihre Wirkung? … Fertige ein Protokoll an.

|7 Figur, die sich bewegt

|8 Erfindung – Magnetantrieb für Lokomotive

Mit Magneten die Richtung finden – der Kompass

1

Was ist ein Kompass?
Wie funktioniert er?

1 Wohin zeigt der schwebende Magnet?

Hänge einen Stabmagneten in einem Papierstreifen an einem Faden auf. 2 Achte darauf, dass der Magnet weit weg von Metallteilen schwebt.

a Lass den Magneten auspendeln, bis er zur Ruhe kommt. Notiere die Richtung, in die der Nordpol zeigt.

b Wiederhole den Versuch an verschiedenen Stellen des Raums oder auf dem Schulhof. Notiere immer die Richtung, in die die Magnetpole zeigen. Fällt dir etwas auf? Kannst du deine Beobachtung erklären?

2 Bauanleitung
MEIKO – der selbst gebaute Kompass

Diesen Kompass gibt es nicht zu kaufen. Du musst ihn selber bauen. Von ihm kannst du dann sagen: „Das ist MEIKO (MEIn KOmpass)." 3

Du brauchst:
1 Stabmagnet, z. B. 5 mm dick, 15 bis 20 mm lang (aus Elektronikgeschäft);
2 Eisennägel mit flachem, breitem Kopf (z. B. Dachpappenägel), 2 mm dick und 20 mm lang;
1 Holzbrettchen, z. B. 80 mm · 80 mm, 10 mm dick;
1 Kupferdraht, 20 cm lang, z. B. 1,5 mm Durchmesser;
1 Stückchen Nähgarn oder -seide;
1 Windrose. 4

So wird's gemacht:
1. Übertrage die Windrose auf ein Blatt Papier und ergänze die Himmelsrichtungen.
2. Schneide deine Windrose aus und klebe sie auf das Brett. Die Haupthimmelsrichtungen sollen auf die Mitte der Kanten zeigen.
3. Bohre in einer Ecke des Bretts ein Loch (etwa 2,5 mm Durchmesser).

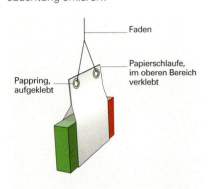

2

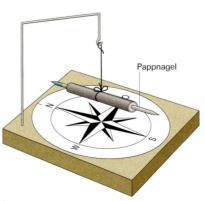

3 Kompass zum Selberbauen

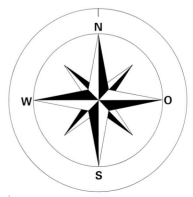

4 Zeichenvorlage Windrose

Grundlagen Wie ein Kompass funktioniert

Funktionsweise und Benutzung
Früher glaubte man, dass der Kompass sich nach dem Nordstern ausrichtet. Heute weiß man:

Die Erde ist ein Magnet mit einem Nord- und einem Südpol. Auch eine Kompassnadel ist ein Magnet. Die ungleichnamigen Pole von Erde und Kompassnadel ziehen einander an. Dadurch wird die Nadel ausgerichtet.

Benutzung des Kompasses
Ein moderner Kompass besteht aus einer drehbaren Kompassnadel und einer Windrose mit den Himmelsrichtungen. |5 Die Kompassnadel ist ein leichter Stabmagnet und hat am Nordpol eine blaue Spitze.

Der Draht soll gerade hineinpassen. Biege ihn zu einer Aufhängung.
4. Knote um den Stabmagneten genau in der Mitte einen Faden Nähgarn.
5. Hänge den Magneten so auf, dass er 1 cm über der Windrose kreisen kann.
6. Setze auf die Pole des Magneten je einen Nagel. Der Stabmagnet wird so zur Kompassnadel.
7. Wenn sich die Kompassnadel nicht frei drehen kann, musst du den Kupferdraht zurechtbiegen.
Falls die Kompassnadel nicht waagerecht hängt, verschiebst du den Knoten am Magneten.
Wenn der Magnet richtig hängt, kannst du den Knoten mit Klebstoff festkleben.
8. Sorge dafür, dass sich kein Gegenstand aus Eisen oder Stahl in der Nähe befindet.
Die eine Nagelspitze wird dann dorthin zeigen, wo mittags die Sonne steht. Diese Nagelspitze ist der *Südpol* der Kompassnadel.
Die andere Spitze ist der *Nordpol*. Färbe sie blau (mit einem Folienstift).

Zum Auffinden der Himmelsrichtungen bringt man den stets nach Norden weisenden Nordpol der Kompassnadel mit dem N (Norden) der Windrose zur Deckung. Wenn man weiß, wo Norden liegt, kann man leicht auch die anderen Richtungen bestimmen.

Lage der Magnetpole der Erde
Der Nordpol der Kompassnadel zeigt nach Norden. Also befindet sich der magnetische Südpol der Erde in der Nähe des geographischen Nordpols. |6 Der magnetische Südpol liegt hoch im Norden Kanadas und wandert Jahr für Jahr ein wenig weiter in Richtung Sibirien. Der magnetische Nordpol liegt in der Nähe des geographischen Südpols weit südlich von Australien.
Ein Kompass zeigt daher nicht ganz genau in Nord-Süd-Richtung. Bei uns ist diese *Missweisung* zurzeit aber sehr gering.

|5 Wanderkompass

A Erkläre, wie ein Kompass funktioniert.
B Die Kompassnadel des Wanderkompasses hat an ihrem Nordpol eine blaue Spitze und eine Leuchtmarke. |5 Zu welchem Magnetpol der Erde zeigt die blaue Spitze? Wo liegt der angezeigte Erdmagnetpol?
C Wer im fernen Ausland einen Kompass benutzt, sollte die Missweisung kennen. Was bedeutet das?
D Auf U-Booten, großen Schiffen, in Flugzeugen und auch im Auto wird ein normaler Kompass nicht richtig die Nord-Süd-Richtung anzeigen. Hast du dafür eine Erklärung?

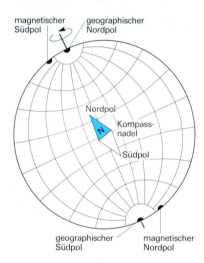

|6 Die magnetischen Pole der Erde

Wissenswertes Mit Kompass und Karte wandern

Mit einem Kompass und einer genauen Landkarte findest du immer zum Ziel. |1 Dazu musst du wissen, wie der Kompass benutzt wird.

Zunächst musst du die Karte einnorden. Dazu stellst du den Kompass so auf die Karte, dass die Nordrichtung der Windrose zum oberen Kartenrand zeigt. |2
Drehe dann die Karte zusammen mit dem Kompass so lange, bis die blaue Nadelspitze genau über der Nordmarke der Windrose liegt. Nun zeigt der obere Blattrand der Karte nach Norden und die Himmelsrichtungen der Karte stimmen mit denen der Landschaft überein. Ein Weg hat somit auf der Karte die gleiche Richtung wie im Gelände.

Bestimme nun die Richtung und den Weg zu deinem Ziel. Dazu musst du deinen Standort kennen. Suche einen markanten Punkt, der auf der Wanderkarte eingezeichnet ist. Straßen, Wasserläufe, Berggipfel oder Täler bieten sich dazu an. Zeichne von deinem Standort auf der Karte aus eine Linie zu deinem Zielort. Lege dann deinen Kompass auf diese Linie. Die Kompassnadel muss weiterhin nach Norden zeigen. Nun kannst du an der Windrose deine Wegrichtung ablesen. |3
Im dargestellten Beispiel müsstest du dich hauptsächlich in östlicher Richtung (und etwas nach Süden) bewegen. Suche dir einen Pfad, der in diese Richtung führt.

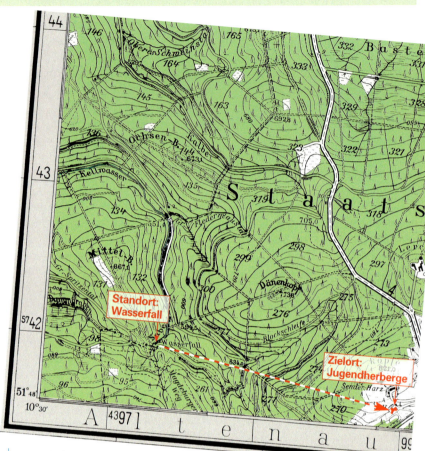

|1 Wanderkarte

|2 Aufgelegter Kompass

|3 Eingenordete Karte

A Besorge dir eine Karte deines Wohnorts, auf dem die Schule eingezeichnet ist. Beschreibe einen Weg in der Form: 150 m nach NO, 50 m nach NW, 100 m nach S … Lass deine Tischnachbarn das Ziel bestimmen. Beachte den Kartenmaßstab.

B Gehe zu einer markanten Stelle in deinem Wohnort, zum Beispiel zur Kirche, zum Marktplatz oder zum Rathaus. Du darfst von dort die Schule nicht sehen.
Bestimme mit Ortsplan und Kompass die Wegrichtung zu deiner Schule.

C Bestimme die Himmelsrichtung, in der ein Baum, ein Haus oder ein Turm liegt, die du vom Fenster aus siehst.

Zusammenfassung

Eigenschaften von Magneten

Gegenstände aus Eisen (Nickel oder Cobalt) und ein Magnet ziehen sich gegenseitig an.

Die Stellen eines Magneten, an denen die magnetische Wirkung am größten ist, heißen Pole. Jeder Magnet besitzt einen Nordpol und einen Südpol.

Gleichnamige Pole stoßen einander ab. Ungleichnamige Pole ziehen einander an.

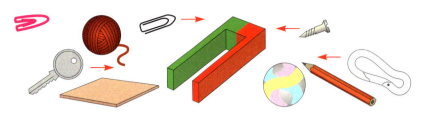

4 Magnetisch – unmagnetisch

5 Nord- und Südpol

6 Nord- und Südpol

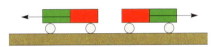

7 Abstoßung und Anziehung

Die Erde als Magnet – der Kompass

Die Erde ist ein großer Magnet. Ihre Magnetpole liegen in der Nähe der geographischen Pole.
Ein Kompass enthält eine drehbar gelagerte Magnetnadel. Die Pole von Erde und Kompassnadel ziehen sich gegenseitig an.

8 Magnet als Kompass

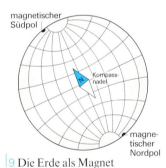

9 Die Erde als Magnet

Alles klar?

A Manche Geldstücke sehen aus, als seien sie aus Messing oder Kupfer. Sie werden aber von Magneten angezogen. Was kannst du daraus schließen?

B Ton- und Videobänder, Disketten, Scheckkarten und Parkscheine enthalten dünne magnetische Schichten. In diesen sind Töne, Bilder, Texte oder auch Zahlen gespeichert.
Warum dürfen solche „Datenspeicher" nicht in die Nähe von Magneten gebracht werden?

C Die blaue Spitze einer Kompassnadel ist selbst ein magnetischer Nordpol. Von welchem Magnetpol der Erde kann sie deshalb nur angezogen werden? Wo liegt dieser Magnetpol?

D Deine Freundin behauptet, ihr Magnet ist stärker als deiner.
1 Ob sie Recht hat? Beschreibe zwei Versuche, mit denen ihr den stärkeren Magneten herausfindet.
2 Wie könnt ihr mit den beiden Magneten einen noch kräftigeren bauen?

E Bei vielen Stabmagneten ist die eine Hälfte rot und die andere grün lackiert. Andere Stabmagnete sind unlackiert.
1 Erkläre, was die Farben bedeuten.
2 Du sollst die schwarzen Magnete auch rot und grün lackieren. Wie gehst du vor, damit die richtige Farbe auf die richtige Seite kommt?
3 Wie kannst du einen Stabmagneten als Kompass verwenden?

Stoffeigenschaften

Tausende Stoffe für unseren Alltag

Nicht nur „Jeansstoff" hat etwas mit Stoffen zu tun. In unserem Haushalt begegnen uns weit über 3000 verschiedene Stoffe. Dazu gehören z. B. Farbstoffe, Klebstoffe, Putzmittel, Medikamente, Kunststoffe, Werkstoffe oder Lebensmittel.
Um welche Stoffe geht es in den Bildern |1 bis |7 ?

1 Stoffe, die Leben retten

2 Stoffe zum Waschen, Pflegen, Stylen

3 Stoffe, die Spaß machen

4 Stoffe zum Schminken

5 Stoffe, die schmecken und sättigen

6 Stoffe für jeden Zweck

7

Die Gegenstände von Bild |8 haben alle eines gemeinsam.

In Bild |9 gibt es auch eine Gemeinsamkeit. Es ist aber eine andere ...

8

9

Probier's mal!

1 Auf Stoffsuche
Nicht nur „Jeansstoff" hat etwas mit Stoffen zu tun. Das verraten dir die vielen Begriffe, die auch mit „-stoff" enden. Finde mindestens fünf solcher Begriffe.

2 Dein Fahrrad – nicht nur aus einem einzigen Stoff
a Versuche herauszufinden, aus welchen Stoffen (Eisen, Aluminium, Gummi, Glas, Kunststoff …) dein Fahrrad besteht.
b Warum bestehen die einzelnen Teile deines Fahrrads gerade aus diesem Stoff? Was vermutest du?

3 Aus welchen Stoffen bestehen Stifte?
a Nimm dir z. B. einen Füller oder einen Kugelschreiber. Schraube ihn vorsichtig auseinander. Fertige eine Skizze der Teile an.
b Untersuche alle Teile. Was ist wohl ihre Aufgabe? Aus welchen Stoffen könnte der Stift bestehen: Holz, Kunststoff, Farbstoff, Metall (Eisen?), Filz, Tinte, Glas, Pappe?
c Fertige eine Tabelle zu den Teilen und ihren Stoffen an.

Grundlagen Alle Körper bestehen aus Stoffen

Wir können Gegenstände nach ihrer Form und Größe einteilen. |8
Es gibt Gegenstände, die die Form einer Tasse, eines Rohrs oder eines Baums haben. Wir können Gegenstände auch danach einteilen, aus welchem Werkstoff sie bestehen. |9
So gibt es Rohre aus Kupfer, Kunststoff oder Glas.
Naturwissenschaftler sprechen hierbei nicht von Gegenständen und Werkstoffen, sondern von *Körpern* und den *Stoffen*, aus denen sie bestehen. Mit Stoffen sind also nicht nur Stoffe für Kleidung (Wolle, Seide …) gemeint.
Die meisten Körper bestehen aus mehreren Stoffen. Limonade ist beispielsweise eine komplizierte Mischung aus Wasser, Geschmacksstoffen, Farb- und Süßstoffen. Außerdem enthält Limonade das Gas Kohlenstoffdioxid. |10
Alle Körper, ob „natürlich" oder vom Menschen hergestellt, bestehen aus Stoffen: Felsen aus Marmor, Fensterrahmen aus Aluminium oder Kunststoff, Schneekristalle aus festem Wasser, Bläschen im Mineralwasser aus Kohlenstoffdioxid usw.

Luftballon
Stoffe: Kunststoff, Luft

Limonadenflasche
Stoffe: Kunststoff, Luft, Limonade, Papier, Druckfarbe (Etikett)

|10 Körper und Stoffe

A Zu den Körpern gehören nicht nur feste Körper. Nenne Beispiele.
B Im „Kasten der Stoffe" haben sich leider sechs falsche Begriffe eingeschlichen. |11
1 Schreibe die echten Stoffe heraus.
2 Welche dieser Stoffe eignen sich für einen Fahrradrahmen? Begründe!

4 Ein Stoff – verschiedene Formen
a Schau dich zu Hause um, welche Gegenstände zum Teil oder ganz aus Glas bestehen. Erstelle eine Liste.
b Woran kann man erkennen, dass ein Gegenstand aus Glas und nicht aus Kunststoff ist?
c Wo wird Glas noch verwendet? Informiere dich z. B. in einem Lexikon.
d Welche Berufe haben mit dem Stoff Glas zu tun?

5 Gleiche Form – gleicher Stoff?
a Welche Materialien (Stoffe) kennst du, aus denen der Körper *Becher* gemacht sein kann?
b Welche würdest du für ein Picknick im Freien auswählen? Warum?
c Campinggeschirr gibt es aus Metall (Aluminium oder Stahl) und Kunststoff. Welche Eigenschaften sprechen für Geschirr aus Metall, welche sprechen dagegen?

Baum   Bonbon   Gold
Wasser   Zucker
Rohr   Stuhl
Hose   Stofftier   Eisen
Sauerstoff   Öl

|11 Körper oder Stoff?

Stoffeigenschaften erkennen – ohne Hilfsmittel

1

Kennst du noch mehr Sinne? Welche Sinne helfen dir, mehr über Stoffe zu erfahren?

2 3 4

Probier's mal!

1 Zucker, Mehl oder Stärke?
Du befindest dich zu Hause in der Küche. Kannst du Puderzucker von Mehl unterscheiden?
a Welche Sinne helfen dir dabei?
b Schwerer wird es, wenn du Puderzucker mit Kartoffelstärke (Mondamin®) vergleichst.
c Kannst du die beiden Stoffe auch unterscheiden, ohne zu kosten? Kannst du beide Stoffe vielleicht nur durch Ertasten unterscheiden? Schreibe alle deine Beobachtungen und Erfahrungen genau auf.

2 Gerüche auf dem Weg zur Schule
Es gibt Tiere, die ihren Weg hauptsächlich mit der Nase finden. Könntest du das auch schaffen?
Notiere z. B. deine Geruchseindrücke von zu Hause bis zur Schule. Du könntest vielleicht so beginnen: „Ich verlasse meine Wohnung, in der es nach Kaffee riecht, und gehe durch den Flur. Dort riecht es nach Putzmitteln …"

Alltag Deine Sinne verraten dir Stoffeigenschaften

Lebensmittel sollen nicht nur satt machen. Damit unsere Sinne beim Essen *verwöhnt* werden, sind heutzutage in vielen Lebensmitteln Zusatzstoffe wie Geschmacksverstärker, Farbstoffe und künstliches Aroma enthalten. 5
Ob allerdings die vielen Zusatzstoffe auf Dauer ohne negative Folgen für unsere Gesundheit sind, ist nicht sicher.

Das Schmecken und Riechen von Nahrung ist kein unnötiger Luxus – es kann lebenswichtig sein. Wir können erkennen, ob unsere Nahrung schon verdorben ist und somit giftige Stoffe entstanden sind.

Stoffeigenschaften können dir sogar helfen, dich in deiner Umwelt zurechtzufinden. Der Geruch von Rauch würde dich rechtzeitig vor einem Brand warnen. Bei vielen Tieren ist der Geruchssinn noch viel besser ausgebildet als bei uns. Sehr vielseitig ist auch dein Tastsinn. Wie kannst du einen Plastikbecher von einem Metallbecher unterscheiden, wenn beide weiß sind? Der Metallbecher fühlt sich kühler an!

5 Zusatzstoffe in Lebensmitteln

Grundlagen **Stoffeigenschaften**

Jeder Stoff hat sehr viele Eigenschaften. Kennt man einige seiner Stoffeigenschaften, so hat man eine Art „Fingerabdruck". Mit ihm kann man den Stoff von anderen unterscheiden und erkennen. Form oder Größe spielen dabei keine Rolle. So ist z. B. Zucker (ob als Würfelzucker oder als Zuckerwatte) immer wasserlöslich und schmeckt immer süß.

Viele Stoffeigenschaften kannst du ohne komplizierte Geräte erforschen. Schon mit deinen Augen erkennst du folgende Eigenschaften:
- Welchen *Aggregatzustand* hat der Stoff bei Zimmertemperatur? Ist er fest, flüssig oder gasförmig?
- Besteht der Stoff aus *Kristallen*, wie Zucker oder Salz? (Unter der Lupe sind die Kristalle besser zu erkennen.) |6
- *Farbe* und *Glanz* des Stoffs.

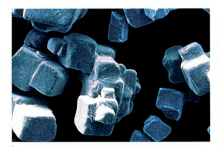

|6 Kochsalzkristalle sind würfelförmig.

A Worin unterscheiden sich Kandiszucker und Salz? Worin stimmen sie überein?

B Zum Knobeln: „Unter etwas Alufolie verbirgt sich ein dunkelbrauner Stoff. Er lässt sich leicht ritzen, schmilzt allmählich bei Handtemperatur und schmeckt gut …"

1 An welchen Stoffeigenschaften hast du diesen Stoff erkannt?

2 Wähle dir selber einen Stoff zum Knobeln aus. Beschreibe seine Stoffeigenschaften möglichst genau. Wer erkennt deinen Stoff?

Arbeitsweise **Sicherheit beim Experimentieren**

Achtung Zuerst die Anweisungen lesen!

|7

Achtung Nur mit Schutzbrille arbeiten! Die Öffnung von Gefäßen vom Körper weg halten!

|8

Achtung Bei Geruchsproben nur vorsichtig zufächeln! Auf keinen Fall Geschmacksproben vornehmen!

|9

Es ist wichtig, dass ihr lernt, selbstständig zu experimentieren. Leider kann es beim selbstständigen Experimentieren aber auch sehr ernste Verletzungen geben. Beachtet daher die Regeln für sicheres und erfolgreiches Experimentieren an Lernstationen:

1. Lest vor dem Experiment die Versuchsanleitung genau durch. Besprecht sie untereinander oder mit eurer Lehrerin oder eurem Lehrer.
2. Bereitet das Experiment in Ruhe vor. Stellt alle nötigen Geräte bereit. Falls ihr unsicher seid, zeigt ihr den Versuchsaufbau erst eurer Lehrerin oder eurem Lehrer.
3. Beim Experimentieren mit Chemikalien, mit Wärmequellen oder mit zerbrechlichen Glasgeräten müsst ihr euch mit Schutzbrille und Schutzhandschuhen schützen.
4. Wenn mit offener Flamme gearbeitet wird, dürft ihr keine brennbaren Flüssigkeiten benutzen.
5. Denke auch an die deiner Mitschüler. Lass keine heißen Gegenstände oder unbeschrifteten Chemikalien herumliegen, ohne deine Mitschüler zu warnen.
6. Es geht nicht darum, schneller als die anderen Gruppen zu sein oder gar die größere Flamme zu erzeugen. Ruhiges, gründliches Experimentieren liefert die besten Ergebnisse.
7. Gebt Abfälle nicht einfach in den Abfluss oder in den Papierkorb. Beachtet Entsorgungshinweise.

1 Sichtbare Stoffeigenschaften

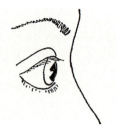

Ihr benötigt eine Lupe, Schmirgelpapier oder eine Feile und verschiedene Stoffe (beschriftet): Eisen, Kupfer, Aluminium, Messing, Stein, Zucker, Salz, Holz …

a Beobachtet Farbe und Glanz der Körper. Tragt die Ergebnisse in eine Tabelle ein.

b Schmirgelt oder feilt die Metallkörper an einer kleinen Stelle blank. Beobachtet erneut und ergänzt eure Tabelle.
Vielleicht hat eine Gruppe vor euch schon an einer Stelle geschmirgelt oder gefeilt. Vergleicht mit eurer frisch gefeilten Stelle.

Zusatzaufgaben:

c Betrachtet Salz und Zucker mit einer Lupe. Zeichnet. Lassen sich die beiden Stoffe an ihrer Kristallform unterscheiden?

d Silberlöffel verfärben sich nach einiger Zeit braun bis schwarz, der Spiegel im Bad nicht. Findet eine Erklärung.

Sichtbare Stoffeigenschaften

Gegenstand / Stoff	Farbe	Glanz	Kristalle?
Rohr / Kupfer alt	rotbraun	kaum	nein
Rohr / Kupfer blank	…	…	…

2 Lebensmittel nur am Geschmack erkennen?

Vorsicht: Nur bei bekannten Lebensmitteln sind Geschmacksproben erlaubt. Ansonsten besteht die Gefahr der Vergiftung! Im Chemie-Fachraum ist das Essen oder Trinken immer verboten – Tische oder Geräte könnten ja mit schädlichen Stoffen verunreinigt sein.

Ihr benötigt verschiedene weiche Lebensmittelproben, z. B. Quark, Apfelmus, Erdnussbutter, Marmelade. Außerdem braucht ihr einige Zahnstocher und eine Augenbinde.

a Einer von euch soll mit zugehaltener Nase kosten. Zuvor verbindet ihr ihm die Augen und gebt ihm erst dann mit dem Zahnstocher etwas von Probe Nr. 1. Er muss nun den Geschmack beschreiben und vermuten, um was es sich handelt.
Jetzt verbindet ihr dem Nächsten die Augen und gebt ihm mit einem neuen Zahnstocher die nächste Probe.

b Wiederholt Versuch a, jetzt aber mit offener Nase. Wie ändert sich der Geschmackseindruck? Wie steht es also um den Geschmack von Lebensmitteln, wenn du eine verstopfte Nase hast?

(Nach den Versuchen werft ihr die benutzten Zahnstocher in den Papierkorb.)

Geschmack (Nase geschlossen)

Probe Nr.	vermutete Nahrung	sauer	salzig	bitter	süß
1	Erdbeerjoghurt	+	0	0	++
2	…				

3 Geruch von Gewürzen und Kräutern

Ihr benötigt nummerierte, schwarze Filmdöschen. Verborgen unter etwas Watte befinden sich dort verschiedene Gewürze, z. B. Kakao, Vanillezucker, Zimt, Kamille oder Rumaroma. Ein *Extra*-Filmdöschen dient als Vergleich. Auf ihm steht, was es enthält.

a Riecht an dem *Extra*-Filmdöschen. Könnt ihr diesen Geruch bei den nummerierten Döschen wiedererkennen?

b Riecht an den anderen Proben. Notiert Geruch und vermuteten Stoff in einer Tabelle. Findet auch eigene Geruchsbegriffe.

Zusatzaufgabe:
c Mit unserem Geruchssinn können wir viele Stoffe sehr genau erkennen. Dabei reagiert unsere Nase teilweise schon auf winzige Mengen, und das auch bei größerer Entfernung. Listet im Heft Tierarten auf, bei denen der Geruchssinn noch viel empfindlicher ist.

Gerüche von Gewürzen und Kräutern

Probe Nr.	vermuteter Stoff	kräftig	angenehm	ähnlich wie	...
1	Shampoo	+	+++	Apfel	
2	...				

4 Stoffe ertasten

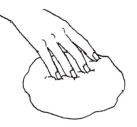

Ihr benötigt einen Schuhkarton, in dem nummerierte Körper mit möglichst gleicher Form liegen. Sie bestehen aus verschiedenen Stoffen. Ein Beispiel wären Kugeln aus Holz und aus Eisen, ein Flummi und eine Glasmurmel.

a Verbindet einem von euch die Augen und gebt ihm der Reihe nach die Gegenstände in die Hand. Er soll durch Ertasten möglichst viel in Erfahrung bringen. Wechselt untereinander und tragt eure Ergebnisse in einer Tabelle zusammen.

Zusatzaufgabe:
b „Metalle haben nicht die Stoffeigenschaft *glatt*." Könnt ihr in eurem Heft ein Beispiel notieren, das diese Aussage bestätigt?

Stoffe ertasten

Probe Nr.	vermuteter Stoff	glatt	schwer	weich	...
1	Metall	+++	+++	0	kühl
2	...				

Stoffeigenschaften untersuchen – mit einfachen Hilfsmitteln

Aus dem Stoff *Milchstein* |1 werden Schmucksteine hergestellt.

Wie aber wird Milchstein hergestellt? Aus Milch?

|1 Ein Kugelschreiber aus dem Stoff *Milchstein*

1 Milch reagiert auf Säuren – ein Biokunststoff entsteht!

Milch enthält den wichtigen Nährstoff Eiweiß. Er hat die Eigenschaft, sich bei Zugabe von Säuren zu verändern. Mit etwas Geschick kannst du dir einen eigenen Biokunststoff herstellen. Fertige ein Versuchsprotokoll an. Dazu gehören Materialliste, Skizze, eine kurze Beschreibung, was du tust, und alle deine Beobachtungen.
Du brauchst:
2 Töpfe, 1 Küchenhandtuch aus Baumwolle, Herdplatte, 1 feinmaschiges Küchensieb, Löffel oder Glasstab, einen Viertelliter Vollmilch, 3 Esslöffel Essig.
So wird's gemacht:

a Wenn du willst, kannst du den Viertelliter Milch z. B. mit Rotkohlsaft anfärben. Lass die Milch kurz aufkochen, gib 3 Esslöffel Essig dazu und rühre um. Beobachte und notiere Geruch und Aussehen.

b Lass die Mischung einige Minuten abkühlen und gieße sie langsam durch das Küchensieb in den zweiten Topf. Der klumpige Stoff im Sieb ist unser Kunststoff: „Milchstein". Die ungiftige wässrige Brühe (Molke) kann in den Abfluss gegossen werden.

c Den Brei gibst du auf ein Küchenhandtuch. Presse die restliche Molke heraus (über dem Waschbecken).

d Mit etwas Geschick kannst du aus dem leicht krümeligen Brei Figuren formen.

e Nach dem Trocknen stellst du den Milchstein zum Aushärten bei etwa 90 °C in den Backofen. Sehr schnell gelingt das Aushärten in der Mikrowelle – ohne vorheriges Trocknen. Vorsicht, Milchstein verkohlt dabei schnell!

|2 Der Rohstoff für *Milchstein*

2 Was kann unser Milchstein?

Ist Milchstein sehr hart, schwimmt er, löst er sich in Wasser auf …?

a Untersuche diesen Stoff mit deinen Sinnen. Beschreibe Aussehen und Geruch. Wie fühlt er sich an?

b Plane einfache Versuche und trage deine Ergebnisse in eine Tabelle ein. |3

c Sind seine Stoffeigenschaften eher wie bei einem Stein, Holz, Kunststoff (Joghurtbecher) oder gar einem Metall?

d Wozu lässt sich unser Milchstein am besten nutzen? Lass deiner Fantasie und Kreativität freien Lauf!

Milchstein	Holz	Kunststoff (PP oder PS)
lässt sich mit einem Nagel ritzen	?	?
schwimmt in Wasser	?	?
in kochendem Wasser …	?	?
lässt sich sägen, bohren …	?	?
zerbricht beim Fall aus 1 m Höhe	?	?
lässt sich gut mit Wasserfarbe bemalen	?	?

|3 Mustertabelle zur Untersuchung von Milchstein

3 Stoffe mit einfachen Hilfsmitteln untersuchen

Spezialgeräte aus dem Labor |4 sind nicht immer notwendig. Oft reicht ein Teelicht-Schälchen, ein Stück Grillanzünder, eine Wäscheklammer aus Holz …

a Nenne jeweils Stoffe mit den Eigenschaften:
hart – weich
schmelzbar – nicht schmelzbar
in Wasser löslich – in Wasser unlöslich
brennbar – nicht brennbar
leitet Strom – leitet Strom nicht
leitet Wärme – leitet Wärme kaum

b Welche Stoffeigenschaften könntest du mit den gezeigten Geräten untersuchen? |4

c Plane zu einigen dieser Stoffeigenschaften Versuche. Verwende die gezeigten Geräte. Welche Stoffe willst du untersuchen – den Milchstein oder Zucker, Wachs, Kartoffel, Gummibärchen …? Schreibe zu jedem durchgeführten Versuch ein Versuchsprotokoll ähnlich wie in Bild |5.

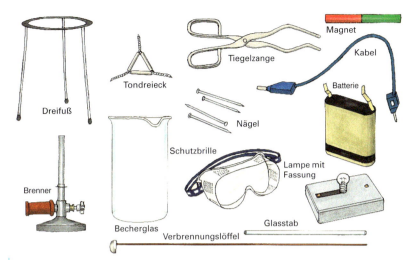

|4 Laborgeräte

Fragestellung: Hart oder weich?

Untersuchte Stoffe: Glas, Holz, Eisen …

Durchführung: Mit dem Fingernagel und dem Eisennagel wird versucht, Muster in den Stoff zu ritzen.

Ergebnis: Stoffe vom härtesten zum weichsten angeordnet: Glas – …

|5 Beispiel für ein Versuchsprotokoll

4 Schwimmen oder untergehen?

a Fülle ein hohes Gefäß etwa zur Hälfte mit eiskaltem Wasser. Lasse vorsichtig eine Dose Cola und dann eine Dose Cola „light" in das Wasser sinken. Vorsicht, das Wasser könnte überlaufen! Beschreibe den Versuch und versuche ihn in eigenen Worten zu erklären.

b Teste weitere Stoffe, z. B. Kunststoff von CDs, ein Stück einer leeren PET-Flasche oder einer Einkaufstüte …

5 Was leitet besser Wärme?

a Halte eine große Münze am Rand und erhitze sie am gegenüberliegenden Rand mit einem Streichholz. |6
Wo wird dir zuerst heiß – an der Münze oder am Streichholz?

b Stelle einen hölzernen Kochlöffel und eine Suppenkelle aus Metall in heißes Wasser (z. B. in einen Wasserkocher). Fasse sie nach einigen Minuten vorsichtig oben an. Was kannst du zu den Temperaturen sagen?

|6

6 Welche Stoffe leiten besser Elektrizität?

Untersuche mit Batterie und Glühlampe, welche Stoffe (nicht Körper) den elektrischen Strom leiten. Teste Körper aus Eisen, Kupfer, Glas, Aluminium, Kunststoff, Holz oder Kohlenstoff (Bleistiftmine). |7
Teste auch Flüssigkeiten (Milch, Salzwasser, Öl …).
Leuchtet die Glühbirne auf, dann leitet der Stoff den Strom gut. Trage deine Ergebnisse in eine Tabelle ein.

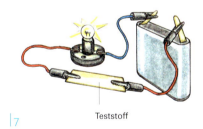

|7

7 Welcher Stoff löst sich besser in Wasser?

Fülle zwei gleiche Gläser zur Hälfte mit Wasser. Gib in das eine 2 Teelöffel Salz und in das andere 2 Teelöffel Zucker. Rühre etwa eine halbe Minute.
Gib wieder jeweils 2 Löffel dazu usw. Bei welchem Stoff bleibt zuerst ein ungelöster Bodensatz?

Stoffgruppen bringen Übersicht

1 Wie könnte man alle diese Stoffe ordnen?

Diese Gegenstände bestehen aus einer Vielfalt an unterschiedlichen Stoffen. Das wirkt sehr unübersichtlich.

Übersichtlicher wird es, wenn ihr Stoffe mit ähnlichen Eigenschaften in Gruppen einteilt. Welche Einteilungen würdet ihr wählen?

Probier's mal!

1 Stoffe einteilen
Schreibe in eine Liste zehn der in Bild 1 gezeigten Stoffe. Teile sie jeweils nach den folgenden Stoffeigenschaften ein:
– löst sich gut in Wasser – löst sich schlecht in Wasser;
– ist fest – flüssig – gasförmig;
– ist klebrig – nicht klebrig.

2 Schwarzer Tee und Säure
Schwarzer Tee verändert seine dunkle Farbe durch Saures.
Teste Essig, Seifenlauge, Wasser, Zitronensaft und Spiritus.
Was geschieht jeweils mit der Farbe des Tees? Teile die Flüssigkeiten in zwei Gruppen ein.

3 Magnetisch oder nicht?
a Untersuche, ob ein Magnet an Gegenständen aus Kupfer, Glas, Eisen, Holz, … haften bleibt. Teile die Stoffe in magnetisch und nichtmagnetisch ein.
b Finde heraus, ob ein 2-Cent-Stück nur außen aus Kupfer besteht. Beschreibe, wie du vorgehst. Welches Metall ist im Innern verborgen?

4 Leitfähigkeit der Metalle
Prüfe, ob die Metalle unten wirklich alle sehr gut den elektrischen Strom leiten.

5 Verformbarkeit der Metalle
Lege kleine Stücke aus Zink, Kupfer, Aluminium und Eisennägel auf eine stabile Unterlage (Amboss, Stein). Bearbeite die Stücke mit einem Hammer. Sind Metalle spröde und zerbrechlich wie Glas oder Stein?

6 Was ist Edelstahl?
Untersuche einen Kochtopf aus Edelstahl und einen Eisennagel mit einem Magneten. Besteht Edelstahl demnach aus reinem Eisen?

Grundlagen Zwei Stoffgruppen

Es gibt zahlreiche Möglichkeiten, Stoffe in Gruppen einzuteilen: brennbare oder giftige Stoffe, Klebstoffe, reine Stoffe oder Stoffgemische …
Zwei ausgewählte Stoffgruppen sind die Metalle und die Säuren.

Metalle
Metalle haben Gemeinsamkeiten:
– Sie glänzen metallisch (wenn sie frisch poliert sind).
– Sie sind verformbar, ohne spröde zu sein.
– Sie leiten Wärme gut.
– Sie sind gute elektrische Leiter.
Nur wenn ein Stoff alle diese Eigenschaften hat, gehört er zur Stoffgruppe der Metalle.

Säuren
Säuren haben Gemeinsamkeiten:
– Säuren schmecken sauer.
– Manche Farbstoffe (Universalindikator) werden durch Säuren rot gefärbt.
– Sie greifen Kalk und viele Metalle an.
Nur wenn ein Stoff alle diese Eigenschaften hat, gehört er zur Stoffgruppe der Säuren.

Wissenswertes **Erst Stahl ermöglicht gigantische Brücken und Gebäude**

|2 Über 500 m hoch – dank Stahl

Fundament und Decken von Häusern werden meistens aus Stahlbeton gemacht. Erst ein Gitter aus Tausenden dicken Eisendrähten – versteckt im Beton eingegossen – verleiht dem Beton die nötige Bruchfestigkeit und Stabilität.
Mit einer Höhe von 509 Metern und 101 Stockwerken ist „Taipei 101" das derzeit höchste Gebäude der Welt. Der Wolkenkratzer bietet Büroräume für 10 000 Menschen sowie Shoppingcenter, Restaurants … |2
Das riesige Gebäude steht in Taiwan, wo es oft Erdbeben oder Orkane gibt. Daher reicht spröder Beton nicht – er würde brechen. Ein Rückgrat aus 60 000 Tonnen Stahl gibt ihm die nötige Stabilität und Bruchfestigkeit. Erster erfolgreicher Prüfstein war das Erdbeben vom März 2002 mit einer Stärke von 6,8.

Wissenswertes **„Alltags"-Metalle**

|3 *Eisen* – Farbe: grau; schmilzt erst bei 1600 °C; Verwendung: Schienen, Brücken, Nägel …

|5 *Aluminium* – Farbe: silbrig; schmilzt bei 700 °C; Leichtmetall; Verwendung: Fensterrahmen, Fahrräder, Flugzeuge …

|4 *Zink* – Farbe: bläulich grau; schmilzt bei 500 °C; Verwendung: Rostschutz durch Verzinken, Regenrinne …

|6 *Kupfer* – Farbe: rötlich; schmilzt bei 1100 °C; Verwendung: elektrische Kabel, Ziergeräte …

Die Stoffgruppe der Säuren – nicht nur eine Frage des Geschmacks[Z]

Die gleiche Säure soll in Limonade und in Badreiniger enthalten sein?

Schaut nach!

1 Säurehaltige Limonade

2 Säurehaltiges Reinigungsmittel

Probier's mal!

1 Säuren in Getränken und Lebensmitteln
Viele Getränke und Lebensmittel enthalten Säuren: Cola, Früchtetee, Orangensaft, Sauerkraut, Joghurt … Fanta® enthält gleich drei unterschiedliche Säuren.
Informiere dich auf den Etiketten der Flaschen bzw. Dosen und lege eine Tabelle an.

Lebensmittel	Enthaltene Säure
Cola	…
…	…

2 Entkalker zerstören Kalk
Welche Stoffe sind in Entkalkern enthalten? Beschreibe ihre Wirkung.

3 Tiere und Pflanzen verteidigen sich mit Säuren
Schaut im Lexikon nach: Welche Insekten stoßen bei Bedrohung eine Säure aus und erzeugen schmerzhafte Bisse? Welchen Namen hat diese Säure? Auch die Blätter einer bekannten Pflanze brennen ähnlich auf der Haut.

4 Saure Lebensmittel halten länger
Säuren sind nicht nur ätzend, sie können – je nach Verdünnung – auch Bakterien abtöten.
Welche Lebensmittel werden durch Zusatz von Säuren haltbar gemacht? Befragt hierzu eure Eltern oder schlagt im Lexikon nach. Stichwörter: „eingelegter Hering", „Sauerbraten" …

5 Rotkohlsaft zeigt es: sauer oder nicht
a So fertigt man Rotkohlsaft an: |3
Frische, zerkleinerte Rotkohlblätter werden mit Wasser einige Minuten lang gekocht.
Die rote Lösung wird nun abgegossen oder besser durch einen Kaffeefilter gegossen. Man erhält dann eine klare, dunkelrote Lösung.
b Gib einige Tropfen des Rotkohlsafts zu folgenden Lösungen und du erhältst eine Farbenreihe: |4
Zitronensaft (oder Entkalkerlösung), Haushaltsessig (farblos), Leitungswasser, Kernseife in Spiritus, Kernseife in Wasser, Kaisernatronlösung (gesättigt mit Bodensatz), Vollwaschmittellösung (gesättigt mit Bodensatz), Sodalösung (gesättigt mit Bodensatz).
c Wo liegen in der Farbskala saure Stoffe, wo neutrales Wasser?

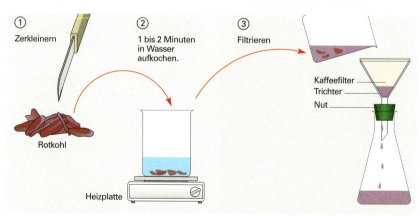

3 Herstellung von Rotkohlsaft

4 Rotkohlfarben von sauer bis alkalisch

Grundlagen Saure und alkalische Lösungen

|5 Farben des Universalindikators

Säuren schmecken sauer und töten Bakterien ab. Schwache Säuren kommen in Lebensmitteln vor. Stärker saure Lösungen sind ätzend. Sie greifen manche Metalle (z. B. Aluminium, Eisen) und Kalk (Marmor, Muscheln) an.

Säuren lassen sich mit Indikatoren erkennen. Ein feuchter Streifen Universalindikator zeigt mit seiner Farbe an, wie stark sauer eine Lösung ist. |5 Die Farbskala reicht von Rot (extrem sauer, pH-Wert 0) über Orange zu Gelbgrün (neutral, pH-Wert 7) und weiter über Grün bis Blau (pH-Werte 8 bis 14) zum extremen Gegenteil der Säuren. Das sind die alkalischen Lösungen.

Starke Säuren und alkalische Lösungen können schwere Verätzungen hervorrufen.
Daher gehören sie nicht in den Abfluss. Sie schaden deiner Umwelt!

A Gib einen Teelöffel Essig in ein Glas Wasser. Vergleiche den Geschmack dieses Getränks mit dem Geschmack von Cola. Welches Getränk schmeckt saurer?
Vergleiche die Säurestärken auch mit einem Streifen Universalindikator. Finde eine Erklärung für deine Beobachtungen.

6 Stoffe im Haushalt untersuchen
Erforsche nun, welche Stoffe aus dem Haushalt sauer sind und welche nicht. |6

7 Wenn Sprudel schal wird
Gib Rotkohlsaft zu einem Glas mit frischem Mineralwasser. Wie ändert sich die Farbe, wenn du eine Weile rührst und die Gasbläschen entweichen? Beschreibe und vermute.

Gesundheit Saure Stoffe greifen Zähne an

Nicht nur Kinder verzichten ungern auf süße Naschereien. Leider kann diese Ernährung zu Karies führen. Zucker schmeckt verlockend süß. Er schmeckt aber nicht nur uns Menschen, sondern auch vielen Bakterien in unserem Mund. Sie bauen Zucker zur Energiegewinnung unter anderem zu Säuren ab. Diese Säuren greifen den harten Zahnschmelz an.

Auch regelmäßiges Trinken von säurehaltigen Fruchtsäften und Limonaden weicht ihn auf und führt zu einer Beschädigung der Zähne. Forscher haben die Wirkung von solchen Getränken untersucht. Sie ließen Freiwillige einen Viertelliter Zitronensäurelösung trinken. Das entspricht dem Säuregehalt vieler Limonaden. Dann drückten sie mit einer feinen Metallspitze in den Zahnschmelz. Es war eine deutliche Erweichung des Zahnschmelzes festzustellen, die über Tage hinweg andauerte.
Ob da spezielle Kaugummis helfen, die unerwünschte Säuren in unserem Mund auszugleichen? Vielleicht sollten wir auch unsere Trink- und Essgewohnheiten überdenken oder wenigstens häufiger einmal den Mund ausspülen.

|6 Saure und alkalische Lösungen in Alltagsstoffen?

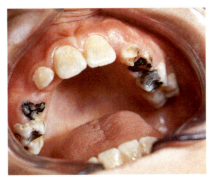

|7 Zahnschäden durch Karies

Stoffe vergleichen und zuordnen

Max wettet mit Klaus: „Hier sind sieben verschiedene Stoffe. Fülle mir – ohne dass ich zuschaue – von einem Stoff etwas auf ein Uhrglas. Anschließend finde ich mit wenigen Versuchen heraus, welches der weißen Pulver du ausgewählt hast."

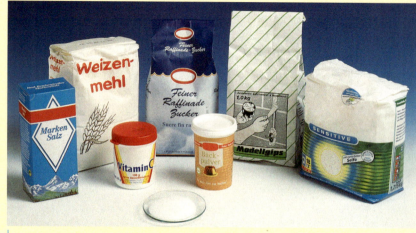

1 Stoffe zum Vergleichen

1 Erkennst du den Stoff?

Die Wette von Max klingt ziemlich gewagt ...
Mit etwas Konzentration und Ausdauer schaffst du es aber auch.

a Lege in deinem Heft eine Tabelle an. Dort sollst du die Eigenschaften der bekannten Stoffe und des unbekannten Stoffs eintragen. |2
Ergänze die Tabelle durch weitere Stoffeigenschaften.

b Plane zu den einzelnen Stoffeigenschaften kleine Versuche. Welche Geräte und welche Stoffe benötigst du dazu?

c In Bild |1 kommen zwei verschiedene *Mischungen* von Stoffen vor.
Tipp: Ein Blick auf die Etiketten verrät dir, woraus sie bestehen.

Wissenswertes Stoffe erkennen in der Kriminalistik

Wenn die Polizei einem Täter auf der Spur ist, muss sie möglichst viele Indizien und Informationen vom Tatort sammeln, z. B.:
– Vielleicht hat der Täter einen klebrigen Fleck hinterlassen. Ist es Kaugummi, und wenn ja, welche Sorte? Wie lange klebt er schon dort?
– Möglicherweise hat der Täter Staub von seinen Schuhen hinterlassen. Von welcher Sorte Erde stammt der Staub? Gibt es diese Erde in der Nähe?

Da es sich meistens nur um winzige Stoffmengen handelt, werden Mikroskope |3 und spezielle hoch empfindliche Messgeräte eingesetzt.

3 Stoffe unter dem Mikroskop

Unbekannter Stoff	Verhalten in Wasser	Lösung ist sauer	Lösung leitet Strom	Bei starkem Erhitzen	...
Stoff A					
Stoff B					
Stoff C					
...					

2 Stoffeigenschaften im Vergleich

A Die Stoffgruppen der Metalle und der Säuren kennst du schon. Die Bilder auf dieser Seite zeigen Stoffe aus weiteren Stoffgruppen. |5–|10

1 Welche Bilder passen zur Stoffgruppe der Kunststoffe?
2 Welche Fotos zeigen etwas aus Glas oder Kalk?
3 Welche der Abbildungen hat etwas mit Säuren zu tun?
4 Wo werden Metalle gezeigt?

B Woran erkennt man Metalle? Nenne je fünf Metalle und fünf Stoffe, die keine Metalle sind.

C Wie erkennst du mit einem Universalindikator, ob ein Stoff eine Säure ist?

D Lässt sich Citronensäurepulver von Zucker unterscheiden – ohne Indikatorpapier und ohne Geschmacksprobe?

E Die Minen von Bleistiften bestehen meist aus dem Stoff Grafit.
Bleistiftminen aus Grafit leiten den elektrischen Strom.
Untersuche Grafit genauer. Ist Grafit ein Metall? Erkläre!
Entwirf einen Steckbrief für Graphit.

F Steckbriefe verraten Stoffgruppe und Stoff.
Zu welcher Stoffgruppe gehört der folgende Stoff? |4
Welcher Stoff könnte es sein?

Steckbrief

Aggregatzustand:	fest
Farbe:	weiß
löslich in Wasser:	fast nicht
leitet elektrischen Strom:	nein
macht Wasser sauer:	nein
bei starkem Erhitzen:	verkohlt

|4 Steckbrief eines unbekannten Stoffs

|5

|6

|7

|8

|9

|10

Stoffeigenschaften messen – Schmelz- und Siedetemperatur

|1 Festes Zink

|2 Schmelzendes Zink

Ein Stück Zink wird in einer Eisenkelle geschmolzen. |1 |2
Dazu ist sicherlich eine höhere Temperatur erforderlich als bei Eis. Schätzt!

Eisen und selbst Steine können flüssig sein – wenn man sie stark genug erhitzt. |3 |4
Können *alle* Stoffe flüssig sein?

|3 Flüssiges Eisen

|4 Vulkanausbruch

Probier's mal!

1 Schmelzen von Mehl?
Kann man Mehl, Zucker oder Holz schmelzen?
Erhitze eine kleine Portion Mehl oder Zucker vorsichtig in einem alten Kochtopf. Erhältst du flüssiges Mehl?

2 Werden Nudeln in gesalzenem Wasser schneller gar?
Tom meint dazu: „Nudeln werden in Salzwasser gekocht. Das verkürzt die Kochzeit, da Salzwasser heißer wird als reines Wasser." Überprüfe diese Behauptung in zwei Versuchen.
a Gib zu 200 ml Wasser einen halben Teelöffel Salz und rühre. Welchen Siedepunkt misst du?
b Wiederhole Teil a mit 5 Teelöffeln Salz.

3 Siedetemperatur von Spiritus
Achtung: Spiritus (Alkohol) ist leicht entzündlich! Raum während des Versuchs gut lüften! Keine offene Flamme verwenden!
Stelle ein Reagenzglas mit etwas Spiritus in ein Becherglas mit Wasser. |5
Füge ein Siedesteinchen zu. Es sorgt für gleichmäßiges Sieden.
Erhitze nun das Wasser. |6 Bestimme die Siedetemperatur von Spiritus. Beschreibe deine Beobachtungen und vergleiche deinen Messwert mit den Werten auf der rechten Seite.

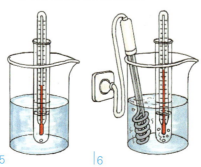
|5 |6

4 Schmelzen von Kerzenwachs
Zünde ein Teelicht an und warte, bis der größte Teil des Wachses geschmolzen ist.
Puste die Kerzenflamme vorsichtig aus und tauche schnell die Spitze eines Thermometers (Messbereich 0 °C bis mindestens 100 °C) in das flüssige Wachs.
Wenn die Temperatur nicht mehr steigt, kannst du sie ablesen.
Wie viel Grad Celsius (° C) beträgt also die Schmelztemperatur?

5 Glas verformen
Erhitze ein Reagenzglas mit der Brennerflamme kräftig an seinem runden Boden. Dabei musst du das Glas ständig drehen.
Was kannst du beobachten, wenn du danach kräftig in das Reagenzglas hineinbläst?
Vorsicht: Erhitztes Glas bleibt sehr lange heiß!

Grundlagen Schmelz- und Siedepunkt

Viele Stoffe können fest, flüssig oder gasförmig sein. Wenn man z. B. flüssigen Alkohol erhitzt, verdampft er. Kühlt man ihn ab, erstarrt er. |7
Je nach Stoff unterschiedlich sind allerdings die Temperaturen, bei denen diese Zustandsänderungen eintreten. Während z. B. Eis bei 0 °C schmilzt, liegt die Schmelztemperatur von Alkohol bei –114 °C.

Viele Stoffe lassen sich anhand der Schmelz- und Siedetemperaturen unterscheiden.

Es gibt auch Stoffe, die sich nicht schmelzen lassen. Mehl z. B. zersetzt sich beim Erhitzen. Flüssiges Mehl gibt es also nicht.

A Du findest eine unbeschriftete Flasche mit einer farblosen Flüssigkeit. Wie kannst du – ohne zu schmecken – testen, ob es Wasser sein könnte?
B Schmelz- und Siedetemperaturen können sehr unterschiedlich sein. |8
1 Welche Stoffe sind bei 20 °C (Zimmertemperatur) flüssig?
2 Welche Stoffe sind bei 150 °C gasförmig?
3 Welche Stoffe sind bei 1000 °C (Brennerflamme) flüssig?

Technik Feste Stoffe verformen – durch Verflüssigen

Glocken werden gegossen. Das Metall für die Glocke wird geschmolzen und in eine Form gegossen. Auch andere feste Stoffe kann man schmelzen und in der gewünschten Form erstarren lassen.

Auch Glas kann man erhitzen und dann verformen. Bei etwa 1200 °C ist Glas eine zähe Flüssigkeit, die sich in jede erdenkliche Form *gießen* lässt.

Das Fensterglas wird nach dem *Schwimmverfahren* hergestellt: Eine Glasschmelze wird auf flüssiges Zinn (ein Metall) geleitet, das eine völlig glatte Oberfläche hat. Dort schwimmt das Glas als endloses Band. |9

|9 Herstellung von Fensterglas

Auf seinem Weg auf dem Zinn kühlt sich das Glas auf ca. 600 °C ab. Das endgültige Abkühlen auf Raumtemperatur erfolgt in Kühlöfen und auf einem offenen Rollengang.

|7 Zustandsänderungen von Alkohol

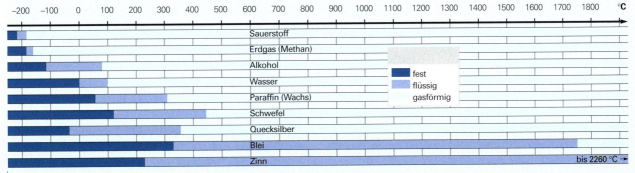

|8 Aggregatzustände einiger Stoffe

Zusammenfassung

Körper und Stoff

Man unterscheidet zwischen Körpern (Gegenständen) und den Stoffen (Materialien), aus denen sie bestehen. |1|2
Es gibt Tausende von Stoffen: lebenswichtige (Luft, Wasser), nützliche (Kunststoffe, Metalle), angenehme (Duftstoffe), giftige (Lösemittel).

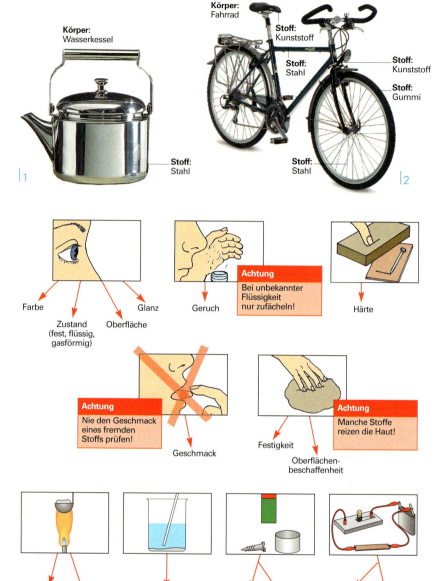

Stoffeigenschaften |3

Jeder Stoff unterscheidet sich in seinen Eigenschaften. Sie sind wie ein „Fingerabdruck", an dem man den Stoff erkennen kann. Wir können Stoffeigenschaften mit unseren Sinnen oder durch Versuche herausfinden.
Beispiele für messbare Stoffeigenschaften sind die Säurestärke sowie die Schmelz- und Siedetemperatur.

|3 Stoffeigenschaften erkennen – mit den eigenen Sinnen und mit Hilfsmitteln

Aggregatzustände |4

Viele Stoffe können je nach Temperatur in fester, flüssiger oder gasförmiger Form vorliegen. Man spricht von Aggregatzuständen.
Wird ein Stoff in Wasser gelöst, so erhält man keinen flüssigen Aggregatzustand, sondern eine Lösung.

|4 Die drei Aggregatzustände und ihre Übergänge

Stoffgruppen

Um Übersicht über die Millionen unterschiedlicher Stoffe zu erhalten, teilt man sie in Stoffgruppen ein:
- Metalle und Stoffe, die keine Metalle sind,
- organische und nichtorganische Stoffe,
- saure und alkalische Lösungen,
- Gefahrstoffe – der Umgang mit ihnen erfordert besondere Vorsicht.

5 Vertreter verschiedener Stoffgruppen

Metalle glänzen, wenn man sie blank schmirgelt. Sie sind verformbar, ohne spröde zu sein. Außerdem leiten sie gut Wärme und elektrischen Strom.

Säuren schmecken sauer, greifen Kalk und viele Metalle an. Mit dem Universalindikator lassen sich Säuren (rot) nachweisen. Neutrales Wasser ergibt eine grüne Farbe.

6 Granit ist ein nichtorganischer Stoff.

7 Nachweis von sauren Stoffen

T+: sehr giftig Xn: gesundheitsschädlich
T: giftig   Xi: reizend

E: explosions-   F+: hoch entzündlich
   gefährlich   F: leicht entzündlich

C: ätzend   O: brandfördernd

Symbole nach DIN 58 126 Teil 2 und Gefahrstoffverordnung

N: umweltgefährlich

8 Wichtige Gefahrstoffsymbole

Alles klar?

A Woran erkennt man Metalle?

B Bei welchem Naturphänomen hat Gestein einen flüssigen Aggregatzustand?

C Tim hat Wasser erhitzt. Plötzlich steigt die Temperatur nicht mehr an. Ist die Herdplatte kaputt? Erkläre!

D Martina hat in der Küche eine Tüte mit einem weißen Stoff gefunden, vermutlich Salz oder Zucker. Wie könnte sie – ohne zu kosten – feststellen, um welchen Stoff es sich handelt?

E Ein Stück Kunststoff einer Fanta®-Flasche (aus PET) geht in Wasser unter, ein Stück Kunststoff einer anderen Flasche dagegen nicht.
1 Bestehen beide Stücke aus dem gleichen Kunststoff?
2 Wozu ließe sich dieser Unterschied technisch nutzen?

F Manche Bleistiftanspitzer bestehen aus Metall. Mit deinem Wissen über Magnete und Strom kannst du Genaueres herausfinden.
1 Plane einen Versuch, der dir zeigt, ob Gehäuse, Schraube und Klinge des Anspitzers tatsächlich aus Metall bestehen.
2 Prüfe, welche der drei Teile aus dem Stoff Eisen bestehen.

Stoffe mischen und trennen

Auf die Mischung kommt es an

Ob beim Backen oder beim Malen: Auf die richtige Mischung kommt es an. Finde Beispiele.

Gibt es in der Küche mehr Reinstoffe oder mehr Gemische? Mach dich auf die Suche.

1 Backmischung

2 Farbmischung

Probier's mal!

1 Fanta® – ein Gemisch
Welcher Stoff ist in jedem Getränk hauptsächlich enthalten?
Aus wie vielen verschiedenen Stoffen besteht Fanta? Welche dieser Stoffe sind für den guten Geschmack und welche für die Farbe wichtig?

2 Wir mischen ein Sahnebad
Besorge dir einen sauberen Becher, zum Abmessen 1 Messbecher, 1 Teelöffel und 1 Esslöffel, zum Rühren einen Schneebesen oder eine Gabel, ca. 50 ml Schlagsahne (oder 100 ml Milch), ca. 1 Esslöffel Olivenöl, ca. 1 Teelöffel Badezusatz, einige Tropfen ätherisches Öl (z. B. Lavendel).
a Gib die Sahne und das Öl in den Becher und rühre kurz. Nun mit dem Badezusatz zu einer einheitlichen Masse rühren. Das ätherische Öl kann nach Belieben hinzugefügt werden, muss aber nicht. Teste das Sahnebad in einer Schüssel Wasser und tauche deine Hände ein. Wie fühlt es sich an?
b Erforsche, warum der Badezusatz zugegeben wird: Wie mischt sich etwas Öl mit Wasser? Wie mischen sich Öl und Wasser mit einigen Tropfen Badezusatz?
Sahne und Öl pflegen die Haut und machen sie geschmeidig. Je nach Hauttyp erübrigt sich sogar das Eincremen nach dem Bad. Die ätherischen Öle können medizinische oder aber auch nur angenehme Wirkungen haben.

Wissenswertes Orangennektar – von der Frucht bis zum Produkt

Der Orangensaft, den du trinkst, kommt meist aus Brasilien, dem größten Land Südamerikas. Dort werden die Orangen in großen Plantagen angebaut und von Mai bis Januar geerntet. Dabei müssen alle mithelfen, auch die Kinder. Ein Plantagenarbeiter pflückt in der Woche ungefähr 10 000 kg Orangen. Er bekommt dafür etwa 25 Euro. Das reicht dort gerade für die wichtigsten Dinge.
Nach der Ernte werden die Orangen zunächst sortiert, gewaschen und ausgepresst. In Deutschland angekommen, wird Wasser dazugemischt. Je nach Menge entstehen so Orangensaft, Orangennektar oder Orangensaftgetränk.
Nur der *Orangensaft* bietet den puren Genuss des ursprünglichen Safts. *Fruchtnektar* klingt zwar hochwertiger, doch enthalten 100 ml Nektar nur 25 bis 50 ml Orangensaft. Der Rest ist Wasser und vielleicht etwas Zucker.
Orangensaftgetränk enthält am wenigsten Orangensaft: In 100 ml Getränk sind nur etwa 6 ml Orangensaft enthalten. Orangensaftgetränk besteht vor allem aus Wasser und etwas Zucker.

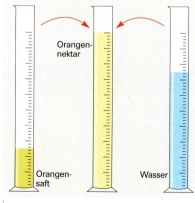

3 Fruchtnektar – ein Gemisch

Grundlagen **Gemische**

In unserer Umwelt gibt es fast nur Stoffgemische.
Beispielsweise werden zur Herstellung von Beton, Brausepulver oder Tütensuppen verschiedene Stoffe miteinander gemischt. Granit, Schlamm, Mineralwasser, Milch und Luft sind weitere Beispiele für Stoffgemische.
Reinstoffe wie Zucker, Salz oder Gold müssen erst aus Stoffmischungen abgetrennt werden. Reinstoffe enthalten keine zusätzlichen Stoffe mehr und kommen in der Natur nur sehr selten vor (z. B. Goldnuggets).

A Sieh dir Zucker und Brausepulver – möglichst mit der Lupe – genau an. Liegt ein Gemisch oder ein Reinstoff vor?
B Finde zu jeder Sorte Gemisch in den Bildern |4 bis |9 zwei weitere Beispiele.
C Zu welcher Sorte Gemisch gehört „Studentenfutter"?

3 Wir mischen uns Orangennektar
a Wie viele Orangen muss man auspressen, um etwa 100 ml Saft zu erhalten? Wie viel Nektar ließe sich mit Wasser daraus mischen?
b Mische dir aus Orangensaft und etwas Zucker selber Orangennektar. Vergleiche Geschmack und Kosten deines Orangennektars mit dem von käuflichem Nektar.

Wissenswertes **Verschiedene Gemische**

Es gibt viele Beispiele für Gemische. Bei einigen kann man die enthaltenen Bestandteile mit bloßem Auge unterscheiden.
– Vogelfutter besteht aus verschiedenen Körnerarten. Ein solches Gemisch nennt man Gemenge. |4

In vielen Gemischen aber sind die unterschiedlichen Stoffe so fein verteilt, dass man sie mit bloßem Auge für Reinstoffe halten könnte.
– Wasserfarbe ist eine Aufschlämmung fester Stoffe in Wasser (Suspension). |6 |7
– Milch enthält winzige Fetttröpfchen in Wasser (Emulsion).
– Der Rauch über einer rußenden Kerze enthält feste Rußteilchen und Abgase. |9

– Zucker, Alkohol oder Kohlenstoffdioxid können sich völlig einheitlich in Wasser lösen (Lösung). |5
– Wenn farbloser Wasserdampf kondensiert, bildet sich sichtbarer Nebel: feinste Wassertröpfchen in Luft. |9
– Wenn verschiedene Metalle miteinander verschmolzen werden, erstarren sie zu einem völlig einheitlichen Stoff (Legierung).

|4 Granit ist ein Gemenge.

|5 Lösung

|6 |7 Suspensionen

|8 Rauch

|9 Nebel

„Was ist da drin?"

Ein mehrfarbiger Halbedelstein?

Dieser unbekannte Gegenstand besteht aus unterschiedlichen Stoffen. Woran erkennst du das?
Wie viele verschiedene Stoffe sind es mindestens?

Probier's mal!

1 Mehrere Inhaltsstoffe?
Informiere dich über die Inhaltsstoffe von Smarties® und von Vollmilchschokolade. Schau z. B. auf der Verpackung nach.

2 Ein trennbares Gemisch?
Zerdrücke auf einer weißen Untertasse einige Smarties gleicher Farbe mit einem Löffel.
a Sieh dir die Bruchstücke genau an, am besten mit einer Lupe.
b Offenbar sind Smarties kein Reinstoff, sondern ein Gemisch mehrerer Reinstoffe. Da ist etwas Buntes (ein Lebensmittelfarbstoff), etwas Weißes und etwas Braunes zu sehen. Überprüfe, ob man zerkleinerte Smarties durch einfaches Auslesen in ihre Bestandteile zerlegen kann. Geht es vielleicht mit einer Pinzette?
c Gib zerkleinerte Smarties in ein grobes Sieb. Lässt sich das Gemisch durch Sieben trennen?

3 Wir zerlegen Smarties
Wir versuchen nun das Gemisch „Smartie" auf andere Weise zu zerlegen – nämlich durch Lösen in Wasser und anschließendes Eindampfen.
a Schwenke ein unzerdrücktes blaues Smartie in sehr wenig kaltem Wasser (ein Esslöffel voll). Wende es gegebenenfalls, bis der Farbstoff sich vollständig gelöst hat.

Durch vorsichtiges Abgießen wird das überstehende Wasser vom Smartie abgetrennt.
b Schwenke das Smartie kurz in etwas heißem Wasser, bis es seine weiße Farbe verliert. Gieße die Lösung ab und dampfe sie vorsichtig ein. Welcher Stoff bleibt zurück?

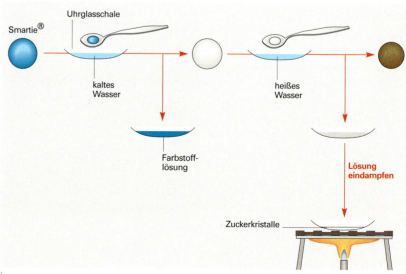

2 Trennen des Gemischs „Smartie"

4 Dem Täter auf der Spur

Jemand hat dir mit Filzstift in dein Tagebuch gekritzelt. Mit *Chromatografie* kannst du herausfinden, mit welcher Sorte Filzstift der Täter geschrieben hat. Du brauchst dazu: farbige Filzstifte von unterschiedlichen Herstellern, ein Stück saugfähiges Küchenpapier, ein Glas, Wasser und Spiritus.

a Schneide Küchenpapier so zurecht, dass es in das Becherglas passt. |3

b Klebe eine schmale Seite des Papiers um den Bleistift. |4

c Unten ziehst du 1 cm vom Rand entfernt mit Bleistift eine dünne Linie. Setze einige Farbpunkte auf die Linie. |5

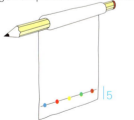

d Hänge das Papier ins Glas mit Wasser als Fließmittel. |6

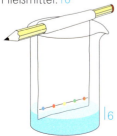

e Wiederhole den Versuch mit Spiritus (leicht entzündlich!) als Fließmittel.

5 Trennung von Kunststoffmüll

a Besorge dir Stücke aus verschiedenen Kunststoffen: alte CD-ROMs, Joghurtbecher (meistens aus PS), Tüten (aus PE), Getränkeflaschen (aus PET). Du brauchst außerdem zwei Becher und Kochsalz.

b Erzeuge einen „Müllberg", indem du aus den Kunststoffgegenständen Streifen (etwa 1 cm breit) schneidest.

c Fülle beide Becher zur Hälfte mit Wasser. In einen der Becher rührst du so lange Kochsalz, bis etwas auf dem Boden ungelöst bleibt. Dieses Salzwasser hat eine Dichte von ca. 1,2 g pro ml. |7

d Gib etwas „Kunststoffmüll" in die Bechergläser und rühre um. Welche Streifen schwimmen, welche gehen unter?

e Welche Stoffeigenschaft wird hier zur Trennung der Kunststoffe genutzt?

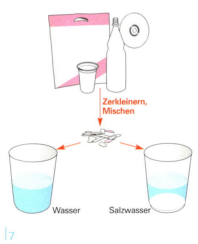

|7

6 Trennung von Schmutzwasser

Stell dir Schmutzwasser aus Wasser und Erde her. Rühre gut um. Lass das Schmutzwasser 5 Minuten lang stehen. Was stellst du fest?

7 Wasser ist nicht gleich Wasser

Dampfe in einem sauberen Reagenzglas einige Milliliter destilliertes Wasser, Leitungswasser, Mineralwasser oder Bachwasser vollständig ein. Vergleiche die Rückstände vor schwarzem Hintergrund und beschreibe sie.

8 Farbstoffe untersuchen

Grüne Gummibärchen enthalten den Farbstoff „Blattgrün", abgekürzt „E 140".
Enthalten auch Pflanzenblätter diesen Farbstoff? Oder färbt vielleicht ein Gemisch aus blauen und gelben Farbstoffen die Blätter grün?
Haltet euch bei eurer Untersuchung genau an die drei Schritte von Bild |8.

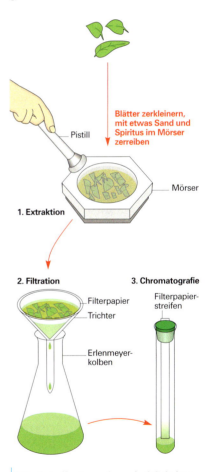

|8 Farbstoffuntersuchung in 3 Schritten

Trennverfahren und ihre Anwendung

Grundlagen So lassen sich Stoffgemische trennen

Absetzen lassen
Soll z. B. eine Bodenprobe „aufgetrennt" werden, verrührt man sie mit Wasser. Nach längerem Stehen können sich die unlöslichen Bestandteile absetzen. |1
Die überstehende klare Lösung wird nun vorsichtig abgegossen.

Filtrieren
Besser als das Absetzenlassen ist das Filtrieren. Ein Filterpapier wirkt wie ein feines Sieb. An seinen kleinen Poren bleiben die festen Bröckchen hängen. Die Flüssigkeit, die durch den Filter läuft, ist nun klar. |2

Extrahieren
Hier wird ein Stoff aus einem Stoffgemisch herausgelöst und anschließend z. B. durch Filtrieren abgetrennt. |3

Chromatografie
Sollen Farbstoffe getrennt werden, so reicht es, eine winzige Menge davon auf ein saugfähiges Papier zu tupfen. Saugt das Papier nun z. B. Wasser auf, so nimmt das Wasser auf seinem Weg die verschiedenen Farbstoffe unterschiedlich weit mit. In der Kriminalistik ist dies sehr nützlich.

Eindampfen
Ist ein fester Stoff in Wasser gelöst, so lässt er sich nicht durch Filtrieren abtrennen. Man kann jedoch durch Erhitzen das Wasser verdampfen. Zurück bleibt der feste Stoff, oft in Form von kleinen Kristallen.

|1 Absetzenlassen einer Suspension

|2 Filtrieren

|3 Extrahieren

A Rohsalz enthält außer Kochsalz noch andere Stoffe, z. B. Sand. Mit welchem Trennverfahren würdest du reines Kochsalz gewinnen? Gelingt es durch Sieben oder Filtrieren? Erkläre!

B Jemand ist allergisch gegen die Walnüsse im Studentenfutter und muss sie herauspicken. Wie könnte man dieses Trennverfahren nennen?

C Oft läuft beim Filtrieren die Flüssigkeit erst schnell, dann immer langsamer durch den Filter. Woran liegt das?

Technik Destillieren

Soll Trinkwasser aus Meerwasser gewonnen werden, nützt Eindampfen nichts. Das begehrte Wasser ginge als Wasserdampf verloren. Man muss den heißen Wasserdampf kühlen, bis er sich verflüssigt (kondensiert). So erhält man destilliertes Wasser.
Wichtig ist eine gute Kühlung. Die Bilder auf der rechten Seite zeigen dazu zwei Möglichkeiten: einen sehr einfachen Versuchsaufbau und eine moderne Laborapparatur. |5 |6
Man kann auch verschiedene Flüssigkeiten voneinander trennen. Destilliert man beispielsweise Wein, so erhält man Alkohol. Wasser bleibt zum größten Teil im Destillierkolben zurück, da es eine höhere Siedetemperatur hat.

Alltag **Apfelsaft – naturtrüb oder klar**

Wenn man zerkleinerte Äpfel presst, entsteht Apfelsaft. Dieser enthält noch Teile des Fruchtfleischs. Sie schweben in der Flüssigkeit. Nun schleudert man das Gemisch wie bei einem Karussell äußerst schnell im Kreis herum. Durch dieses *Zentrifugieren* wird der Saft (gemeinsam mit den kleineren Schwebstoffen) abgetrennt. Danach ist der Apfelsaft aber nicht klar; er ist „naturtrüb".

In einem elektrischen Entsafter gehen das Zerkleinern und das Zentrifugieren Hand in Hand: |4 Die Trommel im Entsafter wird durch einen Motor in schnelle Drehungen versetzt. Dabei werden die Früchte zerrieben und gegen die durchlöcherte Wand der Trommel gepresst. Diese wirkt wie ein Sieb: Sie hält das Fruchtfleisch zurück und lässt den Saft hindurch.

Wenn naturtrüber Apfelsaft eine Zeit lang steht, setzen sich die Schwebstoffe ab. Er sollte daher vor dem Trinken geschüttelt werden.

Manche Leute bevorzugen klaren Saft. Der naturtrübe Apfelsaft muss dann von den Schwebstoffen befreit werden: durch Filtrieren. Man presst den naturtrüben Saft durch einen feinen Filter. Da die Schwebstoffe größer als die Poren des Filters sind, werden sie zurückgehalten.

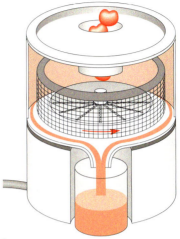

|4 Elektrischer Entsafter

A Auch das Zentrifugieren ist ein Trennverfahren. Beschreibe es.
Tipp: Untersuche eine Salatschleuder.
B Was wird bei einer Salatschleuder getrennt?
C Beschreibe das Filtrieren von naturtrübem Apfelsaft mit dem Teilchenmodell (s. folgende Seiten).

|5

1 Deine eigene Destillationsanlage
Beim Aufbau mit der Glasplatte |5 entweicht zu viel Wasserdampf ungenutzt. Einen teuren Liebig-Kühler hast du vielleicht nicht – kein Problem! Erfinde ein eigenes Destillationsgerät aus einfachen Dingen: Glasrohr, Lappen, Schlauch, Topf mit kaltem Wasser, Föhn (auf kalt gestellt) ...
Welches eurer Geräte kann am meisten reines Wasser auffangen?

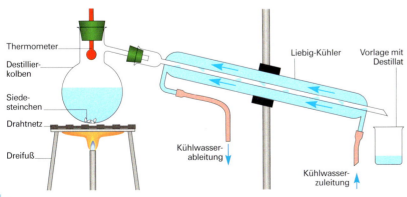

|6

Mischen und Trennen besser verstehen

1 Die Stoffe Zucker und Wasser

2 Wo ist der Stoff Zucker geblieben?

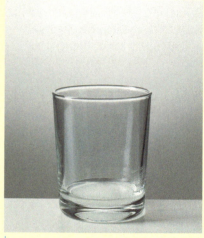

3 Eine Woche später: Wo ist das Wasser?

Grundlagen Bestehen alle Stoffe aus kleinsten Teilchen?

4 Einheitlich grüner Rasen besteht aus einzelnen Teilen.

Bei vielen Dingen sind auf den ersten Blick keine Einzelheiten zu erkennen. So sieht ein Fußballrasen von weitem einfach nur gleichmäßig grün aus. Erst bei genauerem Hinschauen erkennt man, dass er aus einzelnen Grashalmen besteht. 4

Folgende Idee ist nun nahe liegend: *Wir stellen uns vor, dass jeder Stoff aus extrem kleinen Teilchen besteht. Diese Teilchen könnten winzige Kugeln sein. Je nach Stoff (Eisen, Wasser, Luft ...) stellt man sie sich verschieden groß und schwer vor.*

Diese Vorstellung vom Aufbau der Stoffe nennt man *Kugelteilchenmodell*.
Modelle können helfen, bestimmte Sachverhalte verständlich zu machen. Sie haben aber auch Mängel. Beispielsweise ist der Globus ein Modell für unsere Erde. Seine Mängel sind:
– Im Nord- oder Südpol der Erde steckt keine Drehachse.
– Der Globus ruht – im Gegensatz zur Erde, die einmal im Jahr die Sonne umkreist.

1 Könnten die kleinsten Teilchen kleiner sein als Staub?
Du kannst in einem Versuch eindrucksvoll verdeutlichen, wie extrem winzig die kleinsten Teilchen sein könnten.
a Verteile z. B. etwas grüne Wasserfarbe in Wasser. Gieße die einheitlich grüne Mischung durch einen Kaffeefilter. Sind die Farbbröckchen kleiner als die winzigen Poren des Filterpapiers?
b Schaue dir die Mischung unter dem Mikroskop an. 5
Reicht eine hundertfache Vergrößerung, um die Farbbröckchen zu erkennen? (Und die kleinsten Farbbröckchen könnten ihrerseits wieder aus Zigtausenden kleinster Teilchen bestehen!)

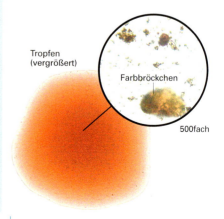

5 Farbe in Wasser

2 Die Zeichnungen geben Vorstellungen von den kleinsten Teilchen wieder. |6 – |8 Ordne sie den Fotos oben auf der Nachbarseite zu. |1 – |3 Erläutere!

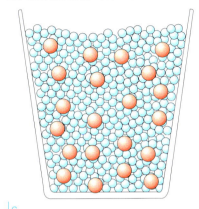

|6

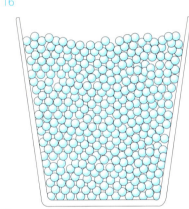

|7

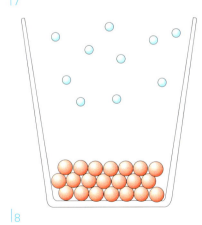

|8

Wissenswertes **Wassergewinnung im Teilchenmodell**

Aus nassem Sand oder schlammigem Schmutzwasser lässt sich ganz einfach reines Wasser gewinnen: |9 Fülle einen leeren Becher etwa zur Hälfte mit nasser Erde. Verschließe ihn oben mit einem Gummi und einem Stück Frischhaltefolie. Lege einen Kieselstein auf die Mitte der Folie, damit sie trichterförmig durchhängt. Beleuchte das Ganze nun beispielsweise mit einer Schreibtischlampe – das ist deine „Sonne". Durch die Wärme der Lampe erwärmt sich die nasse Erde stark. Das Wasser verdunstet und wird gasförmig. Es steigt nach oben, kühlt sich an der Folie ab und wird wieder flüssig. An der Folie sammeln sich Wassertröpfchen aus sauberem, reinem Wasser.

Im Teilchenmodell kann man sich dies so vorstellen: *Beim Erwärmen von flüssigem Wasser entweichen einige einzelne Teilchen nach oben. An der Folie rücken diese Teilchen wieder näher aneinander. Dadurch bildet sich wieder sichtbares, flüssiges Wasser.* Der Sand dagegen kann bei diesen Temperaturen nicht verdunsten. Im Teilchenmodell würde man sagen: *Die Sandteilchen kleben besonders dicht und fest aneinander.*

Mit dem Teilchenmodell lässt sich auch der Aggregatzustand von Stoffen (fest, flüssig oder gasförmig) gut veranschaulichen:
Ist ein Stoff *fest*, so kann man annehmen, dass die Teilchen dicht und fest aneinander gepackt sind. Die Kügelchen kleben fest aneinander und bilden eine feste Gestalt.
Ist ein Stoff *flüssig*, so hängen die Teilchen nur locker aneinander. Sie können sich leicht umeinander bewegen – eine feste Gestalt ist nicht möglich.
Ist ein Stoff *gasförmig*, so sind seine Teilchen sehr weit voneinander entfernt und können sich frei bewegen.

A Wie könntest du deine Wassergewinnungsanlage verbessern?

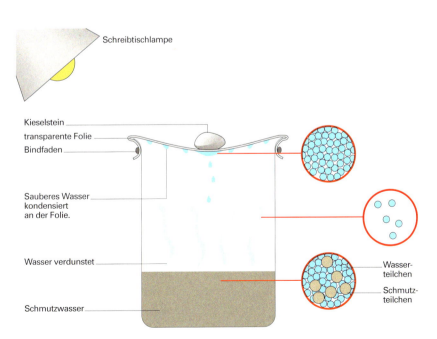

|9 Sauberes Wasser aus Schmutzwasser

Ein teures Gemisch – Müll

1 Müllberge türmen sich auf.

2 Pressholz aus Verpackungsmüll

Möbel – hergestellt aus recyceltem Verpackungsmüll. Ist das wirklich möglich?

A Wo bleibt der ganze Müll? Schreibe auf, was du vermutest.
B Wie viele verschiedene Mülltonnen gibt es bei euch? Wozu dienen sie?
C Erkundigt euch bei euren Eltern, wie viel ihr für die Entsorgung des Mülls im Jahr bezahlt.

Alltag Müll, grüner Punkt und gelber Sack

Stoffe, für die man keine Verwendung mehr hat, nennt man oft geringschätzig „Abfall" oder „Müll". Das Wegwerfen von Müll auf Mülldeponien ist jedoch ab 2005 verboten – es gibt nicht ausreichend Platz für die enormen Müllberge. Besser ist es, die im Abfall enthaltenen Rohstoffe und die Energie zu nutzen. Recycling gelingt aber nur, wenn der Müll vorher getrennt wird.
Dies kann schon beim Verbraucher geschehen (gelber Sack, Biomüll, Altpapier, Glascontainer ...). Künftig werden wohl Maschinen dies billiger und schneller erledigen.
Nicht alles, was für die Wiederverwertung vorgesehen ist, wird wirklich wiederverwertet. Vieles gelangt auf Umwegen doch zur Müllverbrennung.
Gesammeltes Glas und Papier werden tatsächlich größtenteils zu neuen Produkten verarbeitet. Aus dem eingeschmolzenen Glas werden wieder Flaschen, aus dem Altpapier wird Recyclingpapier hergestellt. Der Abfall aus den gelben Säcken aber kann zurzeit nicht einmal zur Hälfte wiederverwertet werden.

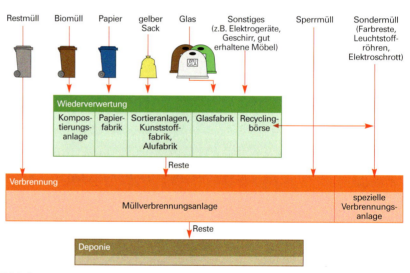

3 Müllentsorgung – nach Stoffgruppen getrennt

D Welche Stoffe kommen in den gelben Sack? Woran könnte es liegen, dass dieser Müll nicht vollständig weiterverarbeitet werden kann?
E Aufwand und Kosten für das Sammeln und Verwerten von Verpackungsabfällen mit dem gelben Sack sind hoch. Kritiker meinen: „Es lohnt sich nur, Flaschen, Dosen, Papier und Pappe zu sammeln. Der meiste Kunststoff wird aus Kostengründen sowieso nur verbrannt." Sieh dir die Übersicht an und bewerte die Aussage. 3

F Der „grüne Punkt" auf vielen Verpackungen bedeutet nicht, dass die Verpackung besonders umweltfreundlich wäre. Versuche herauszufinden, was der „grüne Punkt" wirklich bedeutet.

Technik Tetrapaks

Tetrapaks haben die Form von Ziegelsteinen. Sie lassen sich daher viel besser stapeln und transportieren als Glasflaschen. Außerdem sind diese Verpackungen sehr leicht und kaum zerbrechlich. Sie bestehen nämlich hauptsächlich aus Pappe. |4
Reine Pappe würde jedoch durch das Getränk aufweichen. Daher wird bei der Herstellung der Kunststoff PE (Polyethylen) auf die Pappe aufgeschmolzen. Auf der Innenseite der Packung sorgt zusätzlich eine hauchdünne Alufolie für einen guten Schutz vor Licht. Viele Vitamine in den Getränken würden nämlich bei der Lagerung durch Licht zerstört.
Man nennt solche Verpackungen auch Verbundstoffe. Der Schichtenaufbau und die Alufolie behindern leider das Verrotten auf der Mülldeponie. Recycling ist daher die bessere Lösung. Hierzu werden beispielsweise gebrauchte, klein gehäckselte Getränkekartons bei hohem Druck und 170 °C Hitze zusammengepresst. Dabei schmilzt der Kunststoffanteil der Kartonverpackung

und verklebt die Schnitzel zu einer Platte.
Diese vielseitig verwendbare Pressplatte ist feuchtigkeitsbeständig und schalldämmend. Der Werkstoff eignet sich für Schul- und Büromöbel sowie für Fußböden. Er lässt sich seinerseits leicht recyceln.
Solch ein Stoffkreislauf spart Kosten, wertvolle Rohstoffe und schont unsere Umwelt.

G „Stoffe recyceln" ist zwar gut, es ist aber nur die „zweitbeste Lösung". Besser ist es, Müll zu vermeiden.
1 Eine Möglichkeit ist es, Getränkeverpackungen zurückzugeben, damit sie nach dem Reinigen wieder verwendet werden können. War aus dieser Sicht die Einführung des Dosenpfands sinnvoll? |5
2 Wie könntest du selber dazu beitragen, die Müllmengen zu verringern?

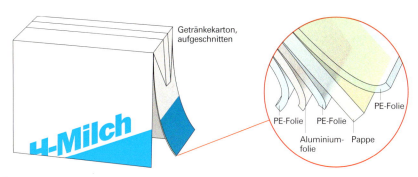

|4 Aufbau eines Getränkekartons

1 Verbundverpackungen zerlegen
Überprüfe an einer leeren Getränkepackung, ob sie aus mehreren Schichten besteht. Eine Pinzette und eine Lupe können dir dabei helfen.
Wenn du kleine Stückchen in kochendem Wasser einweichst (möglichst in einem Dampfdrucktopf), gelingt dir vielleicht eine Trennung dieses Stoffgemischs.

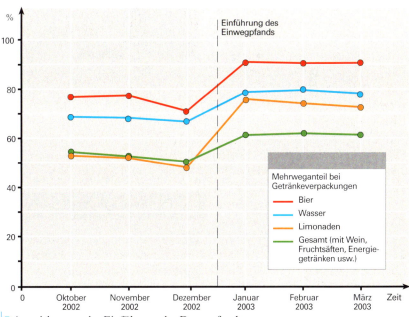

|5 Auswirkungen der Einführung des Dosenpfands

Zusammenfassung

Stoffgemische trennen

Im Gegensatz zu Reinstoffen lassen sich Gemische durch Trennverfahren in unterschiedliche Bestandteile trennen:

Trennen von Feststoffen:
- Auslesen oder Sieben
- Herauslösen (Extrahieren)

Trennen von Suspensionen:
- Filtrieren
- Absetzenlassen
- Zentrifugieren (Schleudern, funktioniert besser und schneller)

Trennen von Lösungen:
- Eindampfen (nur der Feststoff bleibt zurück)
- Destillieren (auch die flüssigen Stoffe werden aufgefangen)
- Chromatografieren (lösliche Farbstoffe wandern unterschiedlich schnell)

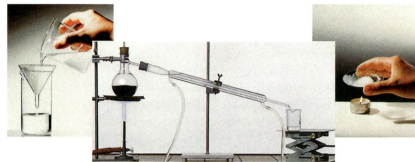

|1

Kleinste Teilchen

Eine Wasserfarben-Suspension enthält winzige Farbklümpchen. Diese sind so klein, dass sie durch Papierfilter einfach hindurchgehen und selbst im Mikroskop kaum zu sehen sind.
Es gibt aber heutzutage superfeine Spezialfilter, die Poren von nur 1 millionstel Millimeter haben. Durch solche Poren können selbst die kleinsten Farbstoffteilchen nicht hindurch. Stoffe wie Farbstoffe, Salz und Zucker sind nicht beliebig in immer kleinere Portionen teilbar.

In der Naturwissenschaft nimmt man an, dass alle Stoffe aus extrem kleinen einzelnen Teilchen bestehen.

Alles klar?

A Nenne Gemeinsamkeiten und Unterschiede von Filter und Sieb.
B Beschreibe den wesentlichen Unterschied zwischen Eindampfen und Destillieren.
C In diesem Kapitel wurden mehrere Möglichkeiten erwähnt, wie man Meerwasser entsalzen kann. Nenne diese Möglichkeiten.
D Was spricht dafür, dass Stoffe (Salz, Farbstoffe, Zucker, Alkohol ...) aus kleinsten Teilchen bestehen?
E Du kennst das: Du rührst etwas Zucker in Wasser und plötzlich ist er „weg".
1 Wie kann man leicht nachweisen, dass der Zucker nicht wirklich weg ist?
2 Warum ist der Zucker nicht mehr zu sehen? Versuche das mit dem Teilchenmodell zu erklären.
F Kochsalz wird in Wasser geschüttet. Man erhält so eine Salzlösung. Wie kannst du daraus reines Wasser zurückgewinnen? Plane einen Versuch dazu.

Kontrolliere deinen Lernstand

A In einer Kiste findest du mehrere Kupferkabel, verschiedene Lampen und eine Flachbatterie.
1 Du sollst testen, ob die Lampen funktionieren. Wie gehst du vor?
2 Wenn keine der Lampen leuchtet, sind alle kaputt! – Oder?
3 Zeichne einen Schaltplan für deinen Lampentester.

B Dein Freund behauptet, es sei möglich, mit einer Batterie und einem Kabel eine Lampe zum Leuchten zu bringen.
1 Ist das tatsächlich möglich?
2 Gibt es solch einen Stromkreis in der Praxis? Wenn ja, nenne ein Beispiel.
3 Kannst du den Stromkreis aufbauen? Zeichne dazu eine Schaltskizze.
4 Erkläre, wie der Stromkreis funktioniert.

C In einer Bastelkiste findest du einen runden, flachen Magneten. Dein Vater meint, solch ein Magnet hat nur einen einzigen Magnetpol.

|2

1 Stimmst du der Meinung zu?
2 Wie kannst du die Anzahl der Pole feststellen? Plane einen Versuch.
3 Wie kannst du herausfinden, welcher Pol der Nordpol ist? Nenne die Hilfsmittel und beschreibe dein Vorgehen.

D „Nordpol bleibt Nordpol und Südpol bleibt Südpol!"
1 Gibt es Magnete, die Nord- und Südpol vertauschen können?
2 Mit einem Kompass kannst du herausfinden, wo der Nord- und der Südpol eines Magneten liegen. Beschreibe dein Vorgehen.
3 Wie könntest du herausfinden, ob ein Magnet seine Pole vertauscht?
4 Wenn du einen Magneten kennst, der seine Pole vertauschen kann: Beschreibe einen Versuch, mit dem du dies deinen Mitschülern vorführst.

Die Lösungen findest du im Anhang.

Schätze deine Kenntnisse und Fähigkeiten ein:

Aufgabe	Ich kann ...
A	... Versuche mit elektrischen Schaltungen planen und Schaltpläne zeichnen.
B	... ungewöhnliche Stromkreise erkennen.
C	... Versuche planen und durchführen, um die Wirkung von Magneten herauszufinden.
D	... Versuche zum Umpolen eines Elektromagneten beschreiben.

Auswertung
Ordne deiner Aufgabenlösung im Heft ein Smiley zu:
☺ Ich habe die Aufgabe richtig lösen können.
😐 Ich habe die Aufgabe nicht komplett lösen können.
☹ Ich habe die Aufgabe nicht lösen können.

Kontrolliere deinen Lernstand

|1

E Dein Fahrrad besteht aus unterschiedlichen Stoffen. |1
1 Zähle möglichst viele auf.
2 Warum sind die einzelnen Teile deines Fahrrads nicht aus anderen Stoffen gemacht?
3 Welche Vorteile hat ein Fahrradrahmen aus Aluminium?
4 Welche Stoffeigenschaften sollte der ideale Fahrradrahmen haben?

F Wasser siedet bei einer bestimmten Temperatur.
1 Plane einen Versuch, um die Siedetemperatur von Wasser zu bestimmen.
2 Ist ein Fieberthermometer zum Ablesen der Wassertemperatur geeignet?
3 „Erhitze Wasser bloß nicht mit einem Gasbrenner! Die Flamme eines Gasbrenners ist über 1000 °C heiß. 1000 °C heißes Wasser ist lebensgefährlich!" Was sagst du zu solch einer Warnung?

G Du findest im Chemieraum zwei unbeschriftete Gläser mit einem weißen Pulver. Die beiden Etiketten „Zucker" und „Citronensäure" sind leider abgefallen und liegen daneben.
1 Warum darfst du zur Unterscheidung keinesfalls deinen Geschmackssinn nutzen?
2 Plane zwei Versuche zur Unterscheidung der beiden Stoffe.
3 Welche Stoffeigenschaften werden zur Unterscheidung verwendet?

H Auf einem Abflussreiniger steht folgendes Symbol: |2
1 Auf welche Gefahren weist es ihn?
2 Was bedeutet das für den Umgang mit diesem Reiniger?

|2

I Ein spitzer, harter, glänzender Gegenstand – eine farblose und geruchlose Flüssigkeit – ein unsichtbares Gas.
1 Könnte damit ein und derselbe Stoff gemeint sein?
2 Welcher Stoff könnte es sein?
3 Mit welchen Versuchen könntest du deine Vermutung überprüfen?
4 Erkläre die unterschiedlichen Aggregatzustände mit dem Teilchenmodell.

J Hänge einen Beutel Schwarztee in heißes Wasser.
1 Beschreibe die Beobachtungen.
2 Beim Entstehen des fertigen Getränks sind zwei Trennverfahren wichtig. Welche sind es?
3 Was geschieht bei Zugabe von Grapefruitsaft? Erkläre!

K Aus Salzwasser kann man reines Wasser gewinnen.
1 Nenne zwei Trennverfahren, mit denen die Gewinnung von reinem Wasser gelingen kann.
2 Warum kann man durch Eindampfen kein reines Wasser gewinnen?
3 Beschreibe das Eindampfen mit dem Teilchenmodell.

Die Lösungen findest du im Anhang.

Schätze deine Kenntnisse und Fähigkeiten ein:

Aufgabe	Ich kann …
E	die Begriffe „Material" oder „Stoff" und „Körper" richtig verwenden.
H	mit vielen Stoffen, auch mit manchen Gefahrstoffen, richtig umgehen.
E, G, H	mindestens zehn unterschiedliche Stoffeigenschaften nennen.
G, I	Steckbriefe für Stoffe, z. B. für Zucker und Citronensäure, erstellen.
F, K	Versuche planen und durchführen, z. B. um Meerwasser zu entsalzen.
I, K	Beobachtungen mit dem Teilchenmodell erklären.

Auswertung
Ordne deiner Aufgabenlösung im Heft ein Smiley zu:
☺ Ich habe die Aufgabe richtig lösen können.
😐 Ich habe die Aufgabe nicht komplett lösen können.
☹ Ich habe die Aufgabe nicht lösen können.

Anhang

Projekt Windräder

Der Wind wird genutzt

2 Projektarbeit

1 Windgeneratoren

An der Nordseeküste stehen Tausende von Windrädern. Sie sind die modernen Nachfolger der Windmühlen. |1
Windmühlen nutzten die Energie des Winds, um Korn zu mahlen oder Wasser zu pumpen. Heute baut man Windräder, um Dynamos anzutreiben. Auf diese Weise kann man Windenergie in elektrische Energie umwandeln. Und Wind gibt's kostenlos …
Vielleicht stehen Windräder in deiner Heimat. Oder bläst der Wind bei euch nicht stark genug? Wann lohnt es sich überhaupt, eine solche „Energiemühle" aufzustellen? Kann man sie als Modell selbst bauen?

Das Thema „Windräder" kann in Form eines *Projekts* behandelt werden. Ein Merkmal dieser Arbeitsweise ist, dass Teilbereiche des Themas in Gruppen erarbeitet werden. |2

1 Wir erstellen einen Projektfahrplan
Die folgenden Fragen und Aufgaben sollen euch Anregungen geben, in welche Bereiche ihr das Thema „Windräder" auffächern könnt.
Anregungen zum Thema Windräder:
– Wie misst man Windstärken?
– Wie stark weht der Wind in verschiedenen Gegenden Deutschlands?
– Welche Typen von Windmühlen gibt es?
– Wir bauen und vergleichen einfache Windräder.
– Wir erzeugen Strom mit unseren Windrädern.
– Welche Bauarten moderner Windräder gibt es?
– Wie viel Energie steckt eigentlich im Wind?

a Bildet Arbeitsgruppen mit drei bis vier Mitgliedern. Überlegt euch, welches Teilthema ihr übernehmen wollt.
b Erstellt einen Zeitplan.
c Trefft euch in regelmäßigen Abständen.
d Am Ende eurer Projektarbeit soll ein Produkt entstehen, das ihr erarbeitet habt. Jeder Einzelne soll darin seinen Beitrag wiedererkennen. Ihr könnt z. B. eine Ausstellung gestalten.

Weitere Tipps:
Informationen über die Nutzung der Windenergie findet ihr nicht nur in diesem Buch. Besorgt euch Bücher aus der Leihbücherei oder Material von Umweltorganisationen.
Vielleicht könnt ihr auch ein Interview mit einem Müller oder dem Energieberater der Stadtwerke (Elektrizitätswerke) führen. Überlegt euch vorher eure Fragen und zeichnet das Gespräch mit einem Kassettenrekorder auf.

Umwelt Der Wind bläst, wie er will …

An manchen Tagen herrscht völlige Windstille, meist jedoch bewegt sich die Luft etwas und spielt mit den Blättern der Bäume. Bei einer frischen Brise schwanken schon kleine Bäume. Bei Sturm sehen wir, wie viel Energie im Wind stecken kann: Autos können umgekippt, Bäume entwurzelt und Dächer abgedeckt werden. Ein Orkan zerstört alles, was ihm im Weg steht und nicht fest genug gebaut ist.

Mithilfe einer Tabelle (s. Kapitel *Sonne – Wetter – Jahreszeiten*) kannst du Windstärken und Windgeschwindigkeiten schätzen – durch Beobachtung von Blättern, Zweigen und Ästen. Dabei musst du allerdings bedenken, dass die Windgeschwindigkeit immer in 10 m Höhe in freiem Gelände gemessen wird. Auch die Angaben in der Tabelle gelten für diese Höhe. In Bodennähe ist die Windgeschwindigkeit stets kleiner.

Mit einem Kompass kannst du die Windrichtung bestimmen. Der Wind bekommt seinen Namen immer von der Richtung, aus der er kommt. Der Westwind weht also aus Westen.

Der Wind bleibt selten über längere Zeit gleich, sondern er ändert sich oft innerhalb von Sekunden. Der Wind ist eben nicht berechenbar und auch nicht zu beeinflussen. Er bläst, „wann und wo und wie er will".

Die Windkarte
Einige Windregeln stimmen fast immer:
- An der Küste bläst der Wind stärker als im Binnenland.
- Je höher man auf Berge steigt, desto stärker weht der Wind.
- Bei uns in Deutschland gibt es häufig Westwinde. Sie kündigen meist unbeständiges Wetter an.

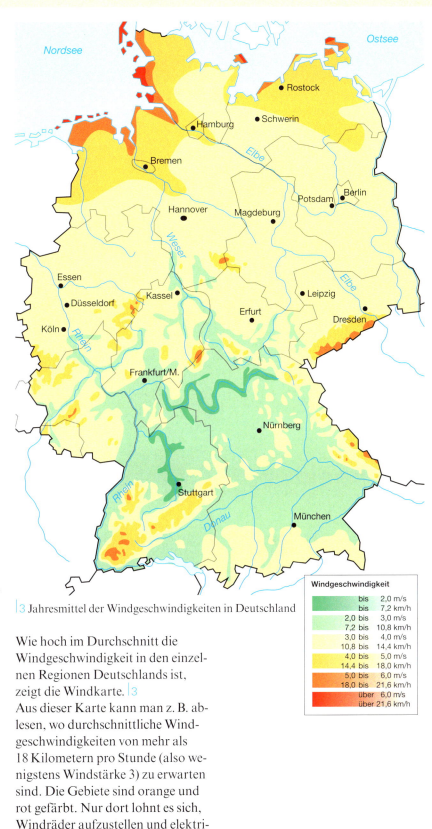

3 Jahresmittel der Windgeschwindigkeiten in Deutschland

Wie hoch im Durchschnitt die Windgeschwindigkeit in den einzelnen Regionen Deutschlands ist, zeigt die Windkarte. 3
Aus dieser Karte kann man z. B. ablesen, wo durchschnittliche Windgeschwindigkeiten von mehr als 18 Kilometern pro Stunde (also wenigstens Windstärke 3) zu erwarten sind. Die Gebiete sind orange und rot gefärbt. Nur dort lohnt es sich, Windräder aufzustellen und elektrische Energie zu erzeugen.

Geschichte Bockwindmühle und Kappenwindmühle

Die Energie des Winds nutzten zuerst die Seefahrer. Um 300 v. Chr. fuhren schon Segelboote auf dem Nil. Es ist nicht sicher, ob es damals bereits Windmühlen gab, um Wasser zu pumpen oder Korn zu mahlen. Da man sich auf den Wind nicht verlassen kann, setzte man für diese Arbeiten lange Zeit die Kraft von Tieren und Menschen (Sklaven) ein. Überliefert ist, dass um 900 n. Chr. in Persien mit Windenergie Mühlsteine gedreht wurden, um Korn zu mahlen.

In Europa gibt es seit dem 12. Jahrhundert Windmühlen. Wegen der symmetrischen Gewichtsverteilung besitzen fast alle Windmühlen vier Flügel.

Die *Bockwindmühle* ist aus Holz gebaut und steht drehbar auf einem pyramidenförmigen Bock – ebenfalls aus Holz. |1 Je nach Windrichtung dreht der Müller das ganze Mühlenhaus an einem langen Balken (dem „Stert") von Hand in den Wind.

Im 17. Jahrhundert setzte sich eine in Holland erfundene Bauweise durch: Das Mühlengebäude ist aus Stein gemauert und bleibt fest stehen, nur die „Kappe" mit den Flügeln wird von Hand gedreht. Man spricht von einer *Kappenwindmühle*.

Damit der Müller die Kappe bequem drehen kann, führt oft ein Balkon – die Galerie – um das Mühlenhaus herum. Solche Mühlen heißen *Galerie-Holländer*. |2 Sie werden benutzt, um Korn zu schroten oder zu mahlen, Wasser zu pumpen, Holz zu sägen, Gewürze oder Raps (für Öl) zu mahlen.

|1 Bockwindmühle

|2 Kappenwindmühle

Geschichte **Weitere Windmühlen**

|3 Segelstangen-Windmühle

|4 Horizontal-Windmühle

|5 Kleine Windmühle „Tjasker"

In etlichen Ländern rund ums Mittelmeer stehen heute noch *Segelstangen-Windmühlen*. |3 Häufig ist ihre Kappe nicht drehbar, weil der Wind in vielen Ländern beständiger aus einer Richtung weht als bei uns.

Der Entwurf für eine Horizontal-Windmühle stammt aus dem Jahr 1615. |4 Das Windrad mit seiner senkrechten Achse dreht sich horizontal. Die runden Windschaufeln haben Ähnlichkeit mit einer modernen Wasserturbine.

Der „Tjasker" ist eine kleine Windmühle aus den Niederlanden. |5 Er wurde ausschließlich zum Pumpen von Wasser eingesetzt. Die Flügel sind direkt mit einer „archimedischen Schraube" (in dem Holzrohr) verbunden.

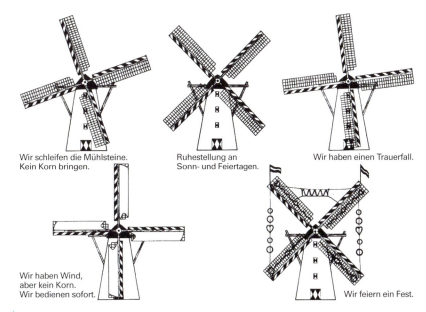

|6 Beispiele aus der Mühlensprache

A Beschreibt die Besonderheiten der verschiedenen Mühlentypen. Wie wurde ihre Leistung an wechselnde Windstärken und -richtungen angepasst? Welche Mühlenantriebe gibt es noch – außer Wind?

B Wenn nicht gemahlen wurde, benutzten viele Müller die Flügel zur Übermittlung von Nachrichten. |6 Erkundigt euch, ob es etwas Ähnliches auch bei euch gab.

C Wo es eine Mühle gab, durfte kein Bauer sein Korn von Hand mahlen. Er wurde vom Landesherrn gezwungen, die Mühle zu benutzen. Gab es auch in deiner Heimat solchen Mühlenzwang? Wo lassen die Bauern heute mahlen?

D Sammelt Geschichten und Sagen über Mühlen oder Müller.

E Möller, Miller, Möhlmann, Mylius … – Sucht nach Familiennamen, die etwas mit Mühlen zu tun haben.

Projekt Windräder

Windräder könnt ihr aus einfachen Materialien leicht selbst herstellen.

2 Bauanleitung für den Rahmen

Alle Windräder sollten in den gleichen *Rahmen* passen. Er wird aus Leisten mit Leim oder Klebstoff zusammengefügt. |1 Für alle übrigen Verbindungen eignet sich Heißkleber aus einer Klebepistole.

In die Mitte der langen Seiten kommen die *Lager* für die Achse. Schneidet dazu vier Streifen aus einem Joghurtbecher. Die Streifen 1 und 2 für das untere Lager werden fest verklebt. Beim oberen Lager wird nur der Streifen 3 geklebt. Den Streifen 4 befestigt ihr mit einer Reißzwecke. So könnt ihr ihn zur Seite drehen und die Achse einsetzen oder austauschen.

Mit einem heißen Nagel schmelzt ihr in die Streifen 2 und 3 je ein Loch. Vorsicht, benutzt dabei eine Zange!

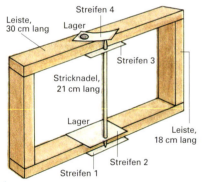

|1 Rahmen für die Windräder

Materialliste für Windräder
Ihr braucht:
1 Holzleiste (1 m lang, Querschnitt: 1 cm · 2 cm),
1 Stricknadel (21 cm lang),
Papier, Pappe, Korken, Joghurtbecher und Getränkedosen, Leim oder Klebstoff, Heißkleber, Reißzwecke.
So wird's gemacht:
Um eure Modelle vergleichen zu können, solltet ihr als Achsen gleich lange Stricknadeln verwenden. Wichtig ist, dass sich die Achsen leicht und ohne viel Reibung in den Lagern drehen.

3 Windrad aus Kunststoffbechern

Dieses Windrad wird aus vier Kunststoffbechern zusammengeklebt. |2 Geeignet sind auch halbierte Tischtennisbälle oder Esslöffel aus Kunststoff. Das Windrad sieht dann so ähnlich aus wie ein Windmesser.

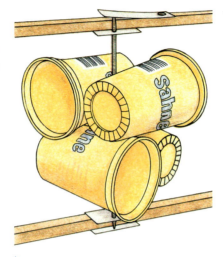

|2

4 S-förmiges Windrad

Ein solches Windrad sieht man manchmal als rotierendes Reklameschild. |3 Es lässt sich besonders einfach bauen. Das Windrad besteht nur aus einer S-förmig gebogenen Pappe, durch die man die Achse steckt.

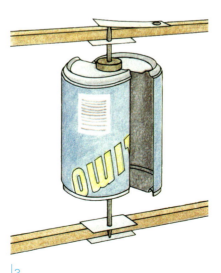

|3

5 Windrad aus Getränkedosen

Aus Getränkedosen könnt ihr ein Windrad bauen, dessen Form 1920 in Finnland von Savonius erfunden wurde. |4 Vorsicht beim Durchschneiden der Dose! Die Ränder sind scharf. Bittet eventuell jemanden um Hilfe.

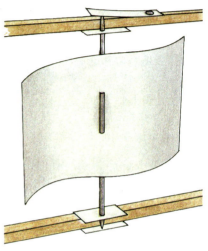

|4

6 Spielzeugwindmühle

Diese Windmühlen gibt es auch als Spielzeug. |5 Man schneidet sie aus einem quadratischen Stück Papier oder Pappe (ca. 20 cm · 20 cm).
Die gelochten Zipfel werden hochgebogen, übereinander gelegt, auf die Achse gesteckt und dort mit Heißkleber befestigt.

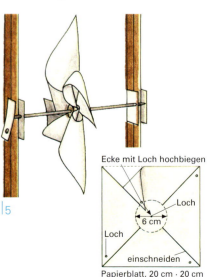

|5

Papierblatt, 20 cm · 20 cm

7 Windrad aus Kunststoff

Mit einem Messer wird ein Korken ringsum schräg eingeschnitten. Die Flügel werden aus einem Joghurtbecher gefertigt. Heißkleber hält das Ganze zusammen. |6
Falls das Windrad nicht „rund" läuft, muss es durch Abschneiden der Flügelenden ausgewuchtet werden.

8 Zwölfteilige Windturbine

a Diese zwölfteilige Windturbine wird aus Pappe geschnitten und zwischen zwei Scheiben aus Kork geklebt. |7 Solche Windturbinen standen früher in Nordamerika auf jeder Farm zum Pumpen von Wasser oder zur elektrischen Energieversorgung.

b Wenn ihr eine Windfahne an den Rahmen klebt und das Ganze auf eine zweite Achse steckt, dreht sich euer Windrad von selbst in den Wind. |8
Das „feste" Lager muss auf der gleichen Seite wie die Windfahne liegen.

Grundlagen Windräder

Wenn der Wind auf ein Hindernis trifft, übt er auf das Hindernis eine Kraft aus.
Bei einem windschnittigen Hindernis ist die Kraft gering. Das ist z. B. der Fall, wenn der Wind auf die gewölbte Seite einer Halbkugel bläst. Trifft er von vorn in eine offene Halbkugel, ist die Kraft groß. |9
Bei vielen Windmühlen sind Flächen als „Hindernisse" schräg in den Wind gestellt. Der Wind wird dadurch aus seiner Richtung abgelenkt. Diese Umlenkung des Winds setzt das Hindernis „rückwärts" in Bewegung.

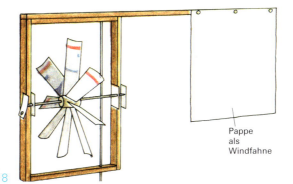

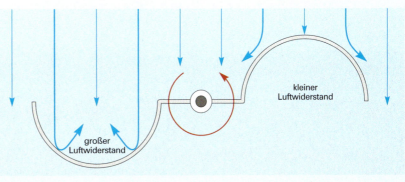

|9 Windrad in strömender Luft

Elektrische Energie aus Windenergie

Schon vor mehr als 100 Jahren liefen auf vielen Farmen in Amerika Windturbinen. |1 Man pumpte damit Grundwasser auf die Felder. Und man erzeugte elektrische Energie für den Eigenbedarf, wenn man vom Elektrizitätswerk zu weit entfernt wohnte.

Ein besonderer Vorteil der amerikanischen Windturbine ist, dass sie bereits bei Windstärke 1 anläuft – wegen ihrer großen Flügelfläche. Aus dem gleichen Grund wird sie von einem Sturm leicht zerstört.

An der Nord- und Ostseeküste weht der Wind das ganze Jahr über – im Durchschnitt herrscht wenigstens Windstärke 3. Das reicht aus, um mit Windrädern große Dynamos (Generatoren) zu drehen, die elektrische Energie erzeugen.

An der Küste und anderen windreichen Orten sind Windräder mit zwei oder drei Propellerflügeln weit verbreitet. Ihre Flügel sind 7 bis 15 m lang und drehen sich automatisch in den Wind. |2

Keine Rolle spielt die Windrichtung bei dem nach seinem Erfinder benannten Heidelberg-Rotor. |3 Seine Flügel sind wie die Tragflächen eines Flugzeugs geformt. Solche Rotoren liefern elektrische Energie ab Windstärke 3 und müssen erst bei Windstärke 11 abgestellt werden.

Seit 1991 arbeiten Heidelberg-Rotoren in den bayerischen Alpen und am Südpol. Sie haben bereits Temperaturen von –55 °C und Stürme mit mehr als 220 km/h ohne Schaden überstanden.

|1 Amerikanische Windturbine

|3 Heidelberg-Rotor

|2 Windgeneratoren

A Die Windgeschwindigkeiten in unterschiedlichen Höhen sind nicht gleich. |4 (Gemessen wurde an einem Sendemast.)
Was bedeutet das für die Flügel eines großen Windrads? Wie schützt man Windräder bei Sturm?

B Fragt bei eurem Elektrizitätswerk nach: Plant oder betreibt es Windenergieanlagen?
Fragt nach den Vor- und Nachteilen und den Kosten.

C Um ein Kohlekraftwerk zu ersetzen, sind 2500 Windräder wie in Bild |2 nötig. Überlegt die Folgen.

D Windräder laufen nicht geräuschlos und sie benötigen möglichst gleichmäßigen Wind. Deshalb plant man vor den Küsten große Windanlagen im Meer. Erkundigt euch danach.

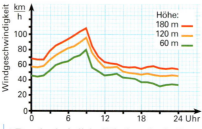

|4 Durchschnittliche Windgeschwindigkeiten an einem Sturmtag

1 Bauanleitung: Wir bauen ein kleines Windkraftwerk

Ob die von euch gebauten Windräder einen kleinen Generator antreiben können? Zum Ausprobieren benötigt ihr einen passenden Dynamo. Ein Fahrraddynamo ist leider völlig ungeeignet, denn er lässt sich zu schwer drehen. Für das Windrad ist ein Solarmotor der geeignete Dynamo. Nanu, wirst du jetzt wohl denken, wieso ein Motor? Im Prinzip kann jeder Elektromotor als Generator verwendet werden. Man muss nur die Motorwelle mit der Hand drehen – dann gibt er elektrische Energie ab. Je schneller du die Welle drehst, desto stärker schlägt das Messgerät aus. |5

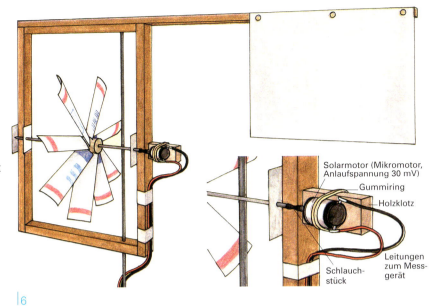
|6

|5 Solardynamo am Messgerät

a Ihr müsst das Windrad umbauen. Der Solardynamo wird am festen Lager des Windrads befestigt. |6 Seine Achse wird mit der Achse des Windrads durch ein Stückchen Schlauch verbunden (Schrumpfschlauch oder Ventilgummi). Achtet darauf, dass beide Achsen auf einer Linie liegen und nicht verkantet sind. Prüft, ob sich die Achse des Dynamos mitdreht, wenn das Windrad läuft.
b Jetzt fehlt nur noch die Verbindung zu einem empfindlichen elektrischen Messgerät. Stellt euer kleines Elektrizitätswerk in den Wind und beobachtet den Zeiger des Messgeräts.
c Besonders schnell lässt sich dieses Windrad aufbauen. |7 Sein Dynamo besteht ebenfalls aus einem Solarmotor. Er erzeugt bei starkem Wind ausreichend Energie für eine Leuchtdiode. Erzeuge den Wind mit einem Haartrockner. Schaffst du es auch durch Anpusten?

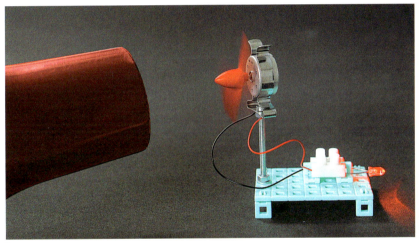
|7

Grundlagen Wie viel Energie steckt im Wind?

Wie viel Energie im Wind steckt, hängt von seiner Geschwindigkeit ab. Bei doppelter Windgeschwindigkeit strömt in jeder Sekunde achtmal (2·2·2) so viel Energie vorbei. Bei dreifacher Windgeschwindigkeit ist es die 27fache (3·3·3) Energie!
Beispiel: Trifft der Wind mit einer Geschwindigkeit von 15 km/h (Windstärke 3) senkrecht auf eine Fläche von einem Quadratmeter, so würde die Windenergie ausreichen, um eine 50-Watt-Lampe leuchten zu lassen.

Bei Windstärke 7 ist die Windgeschwindigkeit viermal so groß (60 km/h). Auf die gleiche Fläche wird nun so viel Energie übertragen, wie man für 64 Lampen (4·4·4) oder für drei Staubsauger braucht. Außerdem ist die Größe der Fläche wichtig, auf der der Wind trifft. Je größer sie ist, umso besser. Bei jedem Windrad in Bild |2 reicht Windstärke 6, um 100 Einfamilienhäuser mit elektrischer Energie zu versorgen (theoretisch sogar für 300 Häuser).

Zum Nachschlagen

Ausdehnung flüssiger Körper bei Erwärmung

Körper ($1\,l = 1\,dm^3$)	Ausdehnung bei Erwärmung um 1 °C
Wasser	$0,2\,cm^3$
Quecksilber	$0,2\,cm^3$
Heizöl	ca. $0,9\,cm^3$
Alkohol	$1,1\,cm^3$
Benzol	$1,2\,cm^3$

Ausdehnung fester Körper bei Erwärmung um 1 °C

Körper (1-m-Stab)	Ausdehnung bei Erwärmung um 1 °C
Normalglas	0,009 mm
Beton	0,012 mm
Eisen	0,012 mm
Kupfer	0,016 mm
Messing	0,018 mm
Aluminium	0,024 mm
Zink	0,027 mm
Eis	0,037 mm

Ausdehnung gasförmiger Körper bei Erwärmung

Wird ein Gas um 1 °C erwärmt, so nimmt sein Volumen um $\frac{1}{273}$ seines Volumens bei 0 °C zu.

Schmelz- und Siedetemperaturen einiger Stoffe

Stoff	Schmelztemp.	Siedetemp.
Alkohol	−115 °C	78 °C
Aluminium	660 °C	2467 °C
Benzol	5,5 °C	80 °C
Blei	327 °C	1740 °C
Eisen	1535 °C	3070 °C
Graphit	3650 °C	4827 °C
Gold	1063 °C	2807 °C
Iod	114 °C	184 °C
Kochsalz	801 °C	1413 °C
Paraffin ca.	50 °C	230 °C
Quecksilber	−39 °C	357 °C
Schwefel	119 °C	445 °C
Spiritus	−98 °C	65 °C
Wasser (dest.)	0 °C	100 °C
Wolfram	3410 °C	5700 °C

Ausdehnung fester Körper bei Erwärmung um 100 °C

Körper (1-m-Stab)	Erwärmung von 0 °C auf 100 °C
Porzellan	0,3 mm
Granit	0,5 mm
Glas	0,9 mm
Platin	0,9 mm
Sandstein	1,0 mm
Beton	1,2 mm
Eisen (Stahl)	1,2 mm
Emaille	1,2 mm
Gold	1,4 mm
Kupfer	1,6 mm
Messing	1,8 mm
Silber	1,95 mm
Aluminium	2,4 mm
Zink	2,7 mm
Asphalt	20,0 mm

So kannst du dir einen Milliliter vorstellen

Im Bild siehst du einen großen, weißen Würfel. Er hat 10 cm lange Kanten. In einen solchen Würfel passt ein Liter Wasser hinein. |2
Der kleine, blaue Würfel stellt einen Milliliter dar. Er hat 1 cm lange Kanten. Tausend solcher Milliliter-Würfel passen in den großen Liter-Würfel hinein.
Um allein die Grundfläche eines Liter-Würfels mit Milliliter-Würfeln zu füllen, benötigt man 10 Reihen von 10 Milliliter-Würfeln, also 10 · 10 = 100 Würfel.
Erst wenn man zehn solcher Schichten von je 100 Milliliter-Würfeln übereinander legen würde, wäre der Liter-Würfel gefüllt.
In einen Fingerhut passen ungefähr drei Milliliter Wasser. |2

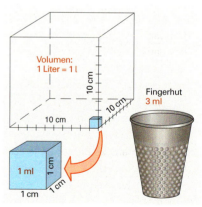

|2

Gefahrensymbole und Code-Buchstaben |1

Folgende Gefahrensymbole stehen auf Gefäßen mit Chemikalien. Die Code-Buchstaben, die darunter stehen, findest du auch in Versuchsbeschreibungen.

T+: sehr giftig
T: giftig
Xn: gesundheitsschädlich
Xi: reizend
E: explosionsgefährlich
F+: hochentzündlich
F: leicht entzündlich
C: ätzend
O: brandfördernd
N: umweltgefährlich

|1 Symbole nach DIN 58126 Teil 2 und Gefahrstoffverordnung

Eigenschaften einiger Metalle

Name	Aussehen	Härte	Leitet elektrischen Strom	1 Kubikzentimeter wiegt	Schmelztemperatur	Siedetemperatur
Aluminium	weiß glänzend	weich	ja	2,70 g	660 °C	2467 °C
Blei	bläulich weiß glänzend	sehr weich	ja	11,34 g	327 °C	1751 °C
Eisen	grauweiß glänzend	hart	ja	7,87 g	1535 °C	2750 °C
Gold	hellgelb glänzend	weich	ja	19,32 g	1063 °C	2807 °C
Kupfer	braunrot glänzend	weich, aber härter als Gold	ja	8,92 g	1083 °C	2567 °C
Magnesium	weiß glänzend	mittelhart	ja	1,74 g	649 °C	1107 °C
Quecksilber	weiß glänzend	flüssig	ja	13,55 g	−39 °C	357 °C
Zink	grauweiß glänzend	hart und spröde	ja	7,14 g	420 °C	907 °C
Zinn	weiß glänzend	sehr weich, aber härter als Blei	ja	7,29 g	232 °C	2260 °C

Eigenschaften einiger Nichtmetalle

Name	Aussehen	Geruch	Löslich in Wasser	Löslich in Alkohol (96 %)	Leitet den el. Strom	1 Kubikzentimeter wiegt	Schmelztemperatur	Siedetemperatur
Kohlenstoff								
Diamant	farblos, durchsichtige Kristalle	geruchlos	nein	nein	nein	3,52 g	3550 °C	4827 °C
Graphit	grauschwarz; glänzende Schuppen	geruchlos	nein	nein	ja	2,24 g	ca. 4000 °C	4827 °C
Schwefel	gelb, glänzende Kristalle	geruchlos	nein	etwas	nein	1,96 g	119 °C	445 °C
Iod	blauschwarze Kristalle	stechend	etwas	gut	nein	4,93 g	114 °C	184 °C
Phosphor (rot)	weinrotes Pulver	geruchlos	nein	nein	nein	2,20 g	590 °C	–

Eigenschaften einiger anderer Stoffe

Name	Aussehen	Zustand bei 20 °C	Geruch	Löslich in Wasser	Löslich in Alkohol (96 %)	Leitet den el. Strom?	Schmelztemperatur	Siedetemperatur
Kerzenwachs (z. B. Stearin)	weiß, oft gefärbt; matt	fest	geruchlos	nein	nein	nein	ca. 50 °C	ca. 230 °C
Zucker	weiße Kristalle	fest	geruchlos	ja	sehr wenig	nein	ca. 180 °C	
Alkohol (Weingeist)	farblos, klar	flüssig	herb, scharf	ja		nein	−115 °C	78 °C
Benzin	farblos, klar	flüssig	mild	nein	ja (nur in reinem Alkohol)	nein		60–95 °C
Glycerin	farblos, klar	dickflüssig	geruchlos	ja	ja	nein	18 °C	290 °C
Spiritus	farblos, klar	flüssig	leicht stechend	ja	ja	nein	ca. −98 °C	65–78 °C
Kochsalz	weiße Kristalle	fest	geruchlos	ja	etwas	nein	801 °C	1413 °C
Porzellan	meist weiß, glasiert	fest	geruchlos	nein	nein	nein	1670 °C	
dest. Wasser	farblos, klar	flüssig	geruchlos	ja	nein	0 °C	100 °C	

Gebräuchliche Legierungen

Name	Bestandteile	Verwendung
Edelstahl	71 % Eisen, 20 % Chrom, Rest Nickel u. a.	harter Spezialstahl
Weißgold	ca. 70 % Gold, bis 20 % Silber, Rest Nickel	Schmuck, Münzen
Bronze	86–94 % Kupfer, Rest Zinn	Glocken, Münzen, Maschinenlager
Messing	63–72 % Kupfer, Rest Zink	Schrauben, Beschläge, Griffe, Maschinenteile
Konstantan	60 % Kupfer, 40 % Nickel	elektrische Widerstände
Münzmetall	ca. 55 % Kupfer, Rest Zinn	Münzen
Lötzinn	ca. 60 % Zinn, ca. 37 % Blei, Rest Antimon	Löten

Kontrolliere deinen Lernstand – Lösungen

Sonnne – Wetter –Jahreszeiten (S. 236)

A1 Die Platte strahlt Wärme ab. Der Topf nimmt sie auf.

A2 Der Boden sollte möglichst aus Kupfer sein, weil Kupfer ein guter Wärmeleiter ist.

A3 Das Wasser wird zuerst unten heiß, es strömt dann nach oben. Von oben sinkt kaltes Wasser nach unten.

A4 Die Wärme geht in die Luft im Raum. Die Temperatur steigt. Wenn der Raum klein ist, müsste man mit einem empfindlichen Thermometer eine Temperaturerhöhung feststellen.

A5 Mögliche Antworten: Topf ins Bett stellen, Kochkiste aus Hartschaum bauen, Topf in Karton mit Wolle oder Styroporflocken stellen.

A6 Beispiele aus Natur und Technik: Vögel plustern sich auf. Tiere haben ein dichtes Winterfell oder ein Speckschicht. Hohlziegel werden beim Hausbau eingesetzt. Außenwände werden mit Hartschaumplatten isoliert, Dächer mit Glaswolle. Doppelfenster verringern die Wärmeverluste.

B1 Das Wasser ist zu Eis geworden. Das Eis wölbst sich nach oben. Das Volumen des Wassers ist beim Gefrieren größer geworden.

B2 Geplatzte Flaschen im Eisfach, geplatzte Wasserrohre, Frostaufbrüche von Straßen.

B3 Das Schmelzwasser hat eine Temperatur von 0 °C.

C1 fest (Eis), Flüssig (Wasser), gasförmig (Wasserdampf)

C2 0 °C (schmelzen und erstarren), 100 °C (verdampfen und kondensieren)

C3 *Eis:* Die Teilchen haben feste Plätze. Der Zusammenhalt ist stark. Die Abstände zwischen den Teilchen sind klein.
Flüssigkeit: Die Teilchen können sich gegeneinander verschieben. Der Zusammenhalt ist schwächer. Der Abstand zwischen den Teilchen ist klein.
Wasserdampf: Die Teilchen bewegen sich im ganzen Raum, der ihnen zur Verfügung steht. Zwischen ihnen gibt es keinen Zusammenhalt. Die Abstände zwischen den Teilchen sind groß.

D1 Die Lampe ersetzt die Sonne, auf der beleuchteten Seite der Erde ist es jetzt Tag, auf der im Schatten Nacht.

D2 Im größten Teil Afrikas ist es Tag, in Asien Nacht. (In Amerika ist es ebenfalls Tag, in Australien Nacht.)

D3 Deutschland liegt an der Schattengrenze. Hier geht die Sonne gerade unter. Wir würden sie im Westen sehen.

D4 Der Globus muss nach rechts gedreht werden. (Beim Blick auf den Nordpol also entgegen dem Uhrzeigersinn.)

D5 Der Südpol. Dort sieht man auch um Mitternacht die Sonne über dem Horizont.

D6 Die Bahn verläuft länger auf der kalten Nachtseite der Erde. Bei uns ist Winter.

D7 Deutschland müsste genau unter dem Haltebügel des Globus liegen.

B8 Es gibt zwei Möglichkeiten: Entweder muss der Globus umgestellt werden (Haltebügel auf der linken Seite) oder die Lampe muss auf der rechten Seite stehen (und den Globus von der Seite des Haltebügels aus beleuchten).

D9 Immer, also zu jeder Jahres- und Tageszeit, liegt genau die Hälfte der Erdoberfläche im Sonnenlicht bzw. auf der Nachtseite.

D10 Ohne die Schrägstellung gäbe es keine Jahreszeiten.

Mein Körper – meine Gesundheit (S. 296)

A1 Muskeln ziehen sich zusammen.

A2 Als Gegenspieler arbeiten Muskeln paarweise zusammen: Zieht sich ein Muskel zusammen, ist sein Gegenspieler entspannt und wird gedehnt.

A3 Siehe Tabelle unten. |1

A4 Fehlhaltungen sind unnatürliche Veränderungen am Skelett (Wirbelsäulenverkrümmung, Rundrücken, Bandscheibenvorfall, Spreiz-, Plattfüße …).

A5 Vorbeugung gegen Fehlhaltungen:
– aufrechte Sitzhaltung,
– Anheben schwerer Gegenstände aus den Knien heraus und
– Tragen von Lasten auf dem Rücken.
Durch Training kann ich die Muskeln stärken und Schäden am Bewegungsapparat vermeiden.

B1 Lungenkreislauf und Körperkreislauf werden voneinander unterschieden.

B2 Die linke Herzkammer treibt den Körperkreislauf an, die rechte den Lungenkreislauf.

Organ	Eigenschaften	Aufgabe
Muskeln	Sie können sich verkürzen.	Sie bewegen den Körper, geben ihm Aussehen und Halt. Entspannte Muskeln sind dehnbar.
Sehnen	fest, straff, reißfest, kaum dehnbar	Sie verbinden Muskeln und Knochen.
Knochen	hart, elastisch, schwer zerbrechlich	Sie stützen den Körper.
Gelenke	beweglich	Verbindung zwischen Knochen
Nerven	Sie durchziehen den ganzen Körper.	Sie leiten Befehle vom Gehirn zum Muskel.

|1 Tabelle zu Aufgabe A3

C1 Die Lungenarterie führt sauerstoffarmes Blut, die Lungenvene sauerstoffreiches.
C2 Sauerstoffreiches Blut erscheint hellrot, sauerstoffarmes dunkelrot.

D1 Der Mundspeichel braucht Zeit, um in dem Speisebreigemisch seine Wirkung zu entfalten. Kohlenhydrate werden zerkleinert.
D2 Mund und Zähne: mechanische Zerkleinerung, Vorverdauung von Kohlenhydraten durch den Mundspeichel;
Speiseröhre: Transport;
Magen: Spaltung von Eiweißen, Abtöten von Krankheitserregern durch die Magensäure;
Dünndarm (Zwölffingerdarm): Spaltung von Kohlenhydraten, Eiweißen und Fetten durch den Saft der Bauchspeicheldrüse und die Gallenflüssigkeit, Aufnahme der Nährstoffe ins Blut;
Dickdarm: Rückgewinnung von Wasser
Mastdarm: Sammlung unverdaulicher Reste, Ausscheidung durch den After.
D3 Auf dem Weg durch den Körper wird der Sauerstoff verbraucht, im Darmbereich werden Nährstoffe aufgenommen und weitertransportiert.

E1 Primäre Geschlechtsmerkmale sind zuerst vorhanden. Die sekundären Geschlechtsmerkmale treten erst mit Eintritt der Pubertät auf.
E2 *Primäre Geschlechtsmerkmale*
Frau: Schamlippen mit Klitoris, Scheide, Gebärmutter mit Eileitern und Eierstöcken;
Mann: Hoden mit Nebenhoden und Hodensack, Penis mit Harnsamenleiter, Vorsteherdrüse mit Hilfsdrüsen, Samenleiter.
Sekundäre Geschlechtsmerkmale
Frau: Brüste, Fettablagerungen in Hüften und Oberschenkeln, Achsel- und Schamhaare, stärkere Körperbehaarung, Eizellen reifen, Stimme wird tiefer;
Mann: Der Brustkorb wird breiter, die Muskulatur wird stärker, die Körperbehaarung verstärkt sich, Bartwuchs tritt auf, Penis und Hoden vergrößern sich und Spermien werden produziert.

F1 Natürliche Methode: Die Frau ermittelt morgens ihre Körpertemperatur; Barrieremethode: das Kondom; hormonelle Methode: die Hormonpille (Antibabypille).
F2 Die Änderung der Körpertemperatur zeigt den Tag des Eisprungs und somit die befruchtungsfähigen Tage an. Das Kondom verhindert, dass Samenzellen in die Gebärmutter eindringen können. Die Hormonpille verhindert einen Eisprung.

G1 Zuwendung, Liebe, Blickkontakt, Berührung, Sprechen mit dem Säugling.
G2 Schwärmerei aus der Ferne (Sportler, Stars), Verliebtheit oder Liebe zum Freund oder zur Freundin, Zuneigung zu Menschen aus anderen Kulturen, Liebe zu seinem Haustier, Freundschaft.
G3 Sprich mit einer Person deines Vertrauens darüber (Eltern, Lehrerin oder Lehrer, Pfarrer oder Pfarrerin). Wende dich an den Kinderschutzbund.

Geräte und Stoffe im Alltag (S. 359)
A1 Ich baue einen Stromkreis mit einer Lampe und der Batterie auf. Dazu schließe ich mit den Kupferkabeln je einen Batteriepol mit einem Lampenkontakt zusammen. Ich kann auch die Lampenkontakte direkt an die Batteriepole halten.
A2 Falls keine Lampe leuchtet, könnte auch die Batterie leer sein.
A3 Schaltskizze.

B1 Solche Stromkreise können funktionieren.
B2 Beim Fahrrad gibt es solch einen Stromkreis. An den Scheinwerfer wird vom Dynamo nur ein Kabel geführt. Der Stromkreis wird über den leitenden Rahmen geschlossen.
B3 Von der Batterie führe ich ein Kabel zu einem Lampenkontakt. Den zweiten Lampenkontakt verbinde ich mit dem anderen Batteriepol durch einen leitenden Gegenstand, z. B. Schere oder Münze (Zeichnung des Aufbaus).
B4 Alle leitenden Gegenstände eignen sich, um einen Stromkreis zu schließen.

C1 Nein, denn jeder Magnet hat immer mindestens zwei Pole, einen Nord- und einen Südpol.
C2 Ich halte einen Eisennagel an einem Band über den Magneten. Der Nagel wird von einem Pol angezogen, weil hier die Anziehung am stärksten ist. Dann drehe ich den Magneten und suche weitere Pole. (Skizze anfertigen.)
C3 Wenn ich weiß, wo die Pole des Magneten sind, kann ich mit einer Kompassnadel Nord- und Südpol unterscheiden. Ich führe die Kompassnadel mit ihrem Nordpol (blaue Seite) an den Magnetpol. Richtet sie sich darauf aus, so habe ich einen Südpol gefunden. Dreht sie sich um, so handelt es sich um einen magnetischen Nordpol.

D1 Ja, es gibt solche Magnete.
D2 Wenn ich weiß, wo die Pole des Magneten sind, kann ich mit einer Kompassnadel bestimmen, wo der Nordpol und wo der Südpol ist. Ich führe eine drehbare Kompassnadel mit ihrem Nordpol (blaue Seite) an den Magnetpol. Richtet sie sich darauf aus, so habe ich einen Südpol gefunden. Dreht sich die Kompassnadel um, so handelt es sich um einen magnetischen Nordpol.
D3 Ich muss nochmals die Pole mit der Kompassnadel untersuchen. Wenn sich die Magnetpole geändert haben, so reagiert jetzt die Kompassnadel genau umgekehrt wie vorher.
D4 Ich benutze eine Spule mit einem Eisenkern und schließe die Kontakte der Spule an ein Netzgerät an. So habe ich einen Elektromagneten.
Ich zeige mit einer Kompassnadel, wo Nord- und Südpol sind. Danach vertausche ich am Netzgerät die Anschlusskabel (+ und –). Mit der Kompassnadel kann ich zeigen, dass sich dadurch die Magnetpole vertauschen.

E1 Aluminium, Eisen, Kunststoff, Glas, Kupfer.
E2 Ein Fahrradrahmen aus Glas würde leicht brechen, ein Sattel aus Holz wäre unbequem usw.: Die Stoffeigenschaften müssen passen.

E3 Aluminium ist ziemlich leicht (geringe Dichte) und rostet nicht.
E4 Der Stoff sollte nicht rosten, leicht und sehr fest, aber nicht spröde sein.

F1 Du brauchst ein hitzebeständiges Gefäß, eine Wärmequelle, einen Rührstab, sauberes Wasser und ein geeignetes Thermometer. Wenn die Temperatur nicht mehr steigt, kannst du sie ablesen (ohne das Thermometer aus dem kochenden Wasser zu nehmen).
F2 Nein. Es ist für Temperaturen über 45 °C nicht ausgelegt.
F3 Wasser (als Flüssigkeit) kann nur 100 °C heiß werden.

G1 Im Chemieraum darf grundsätzlich weder gegessen noch getrunken werden. Die Stoffe könnten gesundheitsschädlich oder verunreinigt sein.
G2 1. Jeweils eine kleine Probe wird in einem Reagenzglas stark erhitzt. Zucker verkohlt und wird schwarz, Salz nicht.
2. Jeweils eine kleine Probe wird in Wasser gelöst. Salzlösungen leiten den elektrischen Strom (Glühlampe als Nachweis), Zuckerlösungen nicht.

G3 Das Verhalten beim Erhitzen und die elektrische Leitfähigkeit

H1 Das Symbol warnt vor ätzenden Flüssigkeiten, z. B. vor sauren oder alkalischen Lösungen. Abflussreiniger ist stark alkalisch.
H2 Man darf diesen Reiniger nur sehr vorsichtig und in möglichst geringen Mengen verwenden. Man sollte möglichst Handschuhe oder Schutzbrille tragen. Den Reiniger nicht mit anderen Stoffen vermischen.

I1 Ja, da ein Stoff in verschiedenen Aggregatzuständen vorliegen kann.
I2 Es könnte Wasser sein. Es kann als hartes Eis, flüssiges Wasser oder als Wasserdampf vorliegen.
I3 Eis schmelzen, das Wasser verdampfen, anschließend kondensieren und wieder zu Eis erstarren lassen. Es ist der gleiche Stoff geblieben: Wasser.
I4 Im Eis sind die Wasserteilchen nahe beieinander. Beim Schmelzen bleiben es dieselben Teilchen, nur sind sie jetzt beweglich. Beim Wasserdampf nehmen Abstände und Beweglichkeit der Wasserteilchen noch mehr zu.

J1 Am Teebeutel bilden sich braune Schlieren, die zu Boden sinken. Nach längerer Zeit ist das Wasser gleichmäßig braun.
J2 Farb- und Aromastoffe werden zunächst aus den Teeblättern herausgelöst (Extraktion). Das „Teewasser" dringt nun durch die Poren des Teebeutels nach außen, während die Teeblätter innen zurückbleiben (Filtration).
J3 Der dunkle Schwarztee hellt sich auf, weil Grapefruitsaft sauer ist.

K1 1. Destillieren von Wasser (verdampfen und kondensieren).
2. Das Salzwasser wird durch ein Spezialfilter gepresst.
K2 Beim Eindampfen verdampft und „verschwindet" das Wasser. Statt des gewünschten Wassers bleibt Salz zurück.
K3 Die Wasserteilchen werden durch das Erhitzen so schnell, dass sie entweichen können, während die Salzteilchen in der Salzlösung „kleben" bleiben.

Sach- und Namenverzeichnis

Absetzen 352, 358
Aggregatzustand 207 f., 213, 345 f., 355
Akkumulator 314, 315, 317
Alkoholsucht 293
Aluminium 339
Amsel 178
Antibabypille 285
Apfelsaft 353
Arktis A4
Arterie 275, 278
Asthma 273
Atemvolumen 269
Atmung 268 ff.
Atmungsorgane 270 f., 277
Auslesen 358

Ballaststoff 260
Bandscheibe 248 f.
Bandscheibenschaden 249
Barometer 184, 230, 235
Batterie 314 ff.
Bauchatmung 270 f., 278
Baumaterialien 205
Baumbeobachtung 177, 185
Baustoff 218
Befruchtung 285
Beobachtungsergebnis (Darstellung) 185
Beobachtungsprotokoll 177 f.
Beton 218
Beuger 250, 257
Bewegung 240 ff.
Bewölkung 182 f.
Bimetall 225
Bimetallschalter 313
Bizeps 250
Blattgrün 351
Blut 276, 279
Blutgerinnung 276
Blutkreislauf 274 ff.
Bockwindmühle A8
Brenner 194 f.
Bronchien 271 ff.
Bronchitis 273
Brustatmung 270 f.

Calcium 260
Celsius, Anders 211
Chlorophyll 351
Chromatografie 351 f.,
Chromatografieren 358

Dämmstoff 212
Darm 265
Daumengelenk 243
Dehnungsfuge 225
Destillieren 352 f., 358
Diagramm 175, 207
Doppelfenster 205

Doppelverglasung 204
Dosenpfand 357
Drehgelenk 243 f.
Dromedar A4 f.
Dünndarm 265
Durchschnittstemperatur 174
Dynamo 308 f., 314 ff., 320

Edison, Thomas Alva 302
Eierstöcke 282
Eigenschutzzeit 199
Eileiter 282
Eindampfen 352, 358
Einnorden 328
Eisbär 204, A4
Eisen 260, 339, 344
Eiskristall 209
Eiweiß 259, 267
Eizelle 281 f., 285, 295 f.
Elektrizität 308 ff., 314 ff.
Elektrizitätswerk 317
Elektrounfall 311
Ellenbogengelenk 243
Embryo 287
Empfängnisregelung 285
Emulsion 349
Enährung 258 ff.
Energie 193, 258, 262, 267
–, chemische 193
–, elektrische 193, 314 ff., 320, A12
–, thermische 193
Energieaufnahme 261
Energiebedarf 262, 267
Energiegewinnung 267
Energiequelle 305, 321
Energieschema 317, 320
Energietransport 197
Energieumwandlung 318 f., 321
Energiewandler 316, 318 f.
Entsafter 353
Erde 186 ff.
Erdumdrehung 187
Ergänzungsstoffe 260
Ernährung 261 ff.
Ernährungskreis 261
erste Hilfe 256
Experimentieren 333
Extrahieren 352, 358

Fahrenheit, Daniel 211
Fahrradbeleuchtung 308 f., 315
Fastfood 263
Fensterverglasung 205
Fett 259, 267
Filtrieren 352 f., 358
Fixpunkt 210
Fluor 260

Fortbewegung 240 ff.
Fötus 287
Freundschaft 291
Frostaufbruch 221
Fruchtnektar 348
Frühling 191
Frühstück 266

Galerie-Holländer A8
Gasbrenner 194
Gebärmutter 282
Gebiss 265
Gefahrstoffsymbole 347
Gehirn 241, 257, 279
Gelenkbänder 243
Gelenk 241 ff., 257
Gelenkkapsel 243
Gelenkkopf 243
Gelenkpfanne 243
Gelenkspalt 243
Gemisch 348 ff., 358
Generator 320
Geräte, elektrische 300 ff.
Geruch 335
Geschlechtsmerkmale 282 f., 295
–, primäre 282
–, sekundäre 283
Geschlechtsreife 280, 295
Geschmack 334
Getränkekarton 357
Gewitterwolke 234
gleichwarm 205
Glühlampe 305, 320
Göbel, Heinrich 302
Golfstrom 201
Grad Celsius (°C) 174, 211
Grafit 343
Gramm (g) 229
Granit 347
Grenzwertgeber 219
Guericke, Otto von 230

Haargefäße 275
Haartrockner 312 f.
Hagel 209
Haltungsschaden 249
Hand 242 f.
Hauttypen 199
Heidelberg-Rotor A12
Heizungsanlage 200
Hektopascal (hPa) 184, 230
Herbst 191
Herz 276
Hochdruckgebiet 231 f., 235
Hoden 283
Horizontal-Windmühle A9
Hormon 281
Hüftgelenk 243

Igel 227
Iglu 193
Iod 260
Isobaren 233
Isolator 203, 311
Isolierstoff 212

Jahreszeiten 170, 172, 177 ff., 189, 191
Joule (J) 262

Kabel 311
Kaffeemühle 307
Kaltfront 232
Kammer 276
Kapillaren 275
Kappenwindmühle A8
Kartuschenbrenner 195
Kastanie 185
Keime 266
Kilogramm (kg) 229
Kilojoule (kJ) 262
Kinderschutzbund 289
Kindesmissbrauch 289
Klima 226 ff., 235
Klimazonen 235
Kniegelenk 244
Knochen 241, 245 ff., 257
Knochenerde 247
Knochenkalk 247
Knochenleim 247
Knorpel 247
Kochsalzkristall 333
Kohlenhydrate 259, 267
Kohlenstoffdioxid 272, 276 f., 279
Kompass 181, 326 ff.
Kompassnadel 327
Kondom 285
Konvektion 212
Körper 331, 346
Körperkontakt 289
Körperkreislauf 275, 278
Körperpflege 288
Körperschwerpunkt 248
Kugelgelenk 243 f.
Kunststoffmüll 351
Kupfer 339

Laborgeräte 337
Landwind 231
Längenausdehnung 215
Langzeitbeobachtungen 172 ff.
Legierung 349
Leiter 311, 320
Leitungstester 310
Lernstation 216 f., 217, 333
Lichtmorsegerät 305
Lichtschutzfaktor 199
Liebe 291

Lösung 349, 358
–, alkalische 341
–, saure 341
Luft 229
Luftdruck 184, 230, 234 f.
Luftfeuchtigkeit 228
Lufthülle 184
Lugol-Lösung 259
Lunge 272 f., 275 ff.
Lungenbläschen 277
Lungenentzündung 273
Lungenkreislauf 275, 278

Magen 264 f.
Magenschleimhaut 265
Magnet 322 ff., 329
Magnetismus 322 ff.
Magnetpol 323, 325, 327, 329
Masse 229
Menstruation 283 f.
Messkurve 207
Metall 338 f., 347
Milchstein 336
Milligramm (mg) 229
Mineralstoff 260
Missbrauch 289
Missweisung 327
Modell 208
Mond 190
Mondphasen 190
Morsezeichen 305, 307
Motorschaltung 307
Mühlensprache A9
Müll 356 f.
Müllentsorgung 356
Mundhöhle 264 f.
Muskeln 241, 250 f., 257
Muskulatur 251, 279

Nacht 186 f., 191
Nährstoff 258 ff., 267
Nährstoffgehalt 259
Nebel 209
Nerven 241, 257
Nervensystem 279
Nichtleiter 311
Niederschlag 182 f., 228
Niederschlagsmessung 183

Orangennektar 348 f.
Orangensaft 348

Pausensnack 266
Penis 283
Periode (Menstruation) 283 f.
pH-Wert 341
Pol 323, 325, 327
Polyethylen 357
Protein 259
Pubertät 280 ff., 288 f., 291, 295
Pulsschlag 274

Rauchen 294
Recycling 356 f.
Regen 209
Regenmesser 182 f.
Reiz 241, 257
Roboter 244
Rosskastanie 185
Rückenmark 248

Samenleiter 283
Samenzelle 281, 295
Sattelgelenk 243 f.
Sauerstoff 272, 276 f., 279
Säuren 338
Säuren 340 f., 347
Schalter 305, 320
Schaltplan 306
Schaltzeichen 306
Schamlippen 282
Scharniergelenk 243 f.
Schatten 186
Scheide 282
Schmelzen 344 f.
Schmelzpunkt 345
Schmelztemperatur 207 f., 210 ff., 346
Schmutzwasser 351
Schnee 209
Schnupfen 273
Schwangerschaft 286 f.
Schwimmverfahren 345
Seerose 188
Seewind 231
Segelstangen-Windmühle A9
Sehnen 242, 251, 257
Sieben 358
Siedepunkt 345
Siedetemperatur 207 f., 210 ff., 346
Sinnesorgan 241, 257
Skelett 242, 245, 279
Skorbut 260
Smartie 350
Solaranlage 198
Solarzelle 314 ff.
Sommer 191
Sonne 170, 172, 176, 186, 188 f., 192 f., 196 ff., 231
Sonnenbaden 199
Sonnenbeobachtung 185
Sonnenbrand 199
Sonneneinstrahlung 189
Sonnenenergie 196
Sonnenkollektor 197 f.
Sonnenschutzmittel 199
Sonnenstandswinkel 235
Sonnenstrahlung 199
Sonnenuhr 187 f.
Speiseröhre 264 f.
Spermien 283, 285
Sport 253
Sprinkler 214

Sprinkleranlage 219
Sprossen 266
Stabmagnet 323 ff.
Stahlbeton 218, 339
Stärke 259
Stoff 331, 334 f., 346
Stoffeigenschaften 330 ff.
Stoffgemisch 348 f., 358
Stoffgruppen 338, 340, 343, 347
Stofftrennung 358
Stoffuntersuchung 334 ff.
Strahlung 197, 212
Strecker 250, 257
Stretching 254
Stromkreis 304 ff., 311, 320 f.
Stromunfall 311
Styroporschneider 318
Sucht 292 f.
Suspension 349, 358

Tag 186 f., 191
Tageszeit 191
Tankwagen 218 f.
Taster 305, 320
Tauchsieder 195
Teilchenmodell 208, 215, 354 f., 358
Temperatur 174, 210 f.
Temperaturmessung 174 f.
Tetrapaks 357
Thermometer 174, 210 f.
Thermometerskala 210 f.
Tiefdruckgebiet 231 f., 235
Tischgenerator 314 f.
Tjasker A9
Tracheen 234
Training 252 ff.
Traubenzucker 259
Trennverfahren 350 ff.
Trizeps 250

Übergewicht 262
Umschalter 313
Universalindikator 341, 347
Untergewicht 262
Urvertrauen 290
UV-Strahlung 199

Venen 275, 278
Verbundstoff 357
Verdauung 264 f., 279
Verdauungsorgane 264 ff.
Verdunstung 207
Verhütungsmethoden 285
Verletzungen 256
Versuchsprotokoll 302 f.
Vitamine 260
Vogelbeobachtung 178, 185
Vollkornmüsli 266
Volumenänderung 224 f.
Vorhof 276

Wandzeitung A2
Wärme 193 ff., 200 ff., 208 ff., 216 ff.
Wärmeausbreitung 200 ff., 212
Wärmeausdehnung 214 ff.
Wärmedämmung 171, 204 f.
Wärmeleiter 203
Wärmeleitung 202 f., 212
Wärmemitführung 201
Wärmequellen 192 ff.
Wärmespeicherung 204
Wärmeströmung 200, 212
Wärmetauscher 198
Wärmetransport 200 f., 212
Warmfront 232
Warmwasserheizung 201
Wasser 206, 220 ff., 225, 260, 351
Wasserdampf 228
Wassergewinnung 355
Wasserkocher 319
wechselwarm 205
Wetter 170, 226 ff.
Wetterfront 232
Wetterhahn 180
Wetterkarte 233 f.
Wetterregeln 231, 234
Wetterstation 235
Wettervorhersage 233 f.
Wiese 179
Windenergie A12 f.
Windfahne 181
Windgenerator A6, A12
Windgeschwindigkeit A7
Windkarte A7
Windkraftwerk A13
Windmühle A8 ff.
Windplatte 181
Windrad A6 ff.
Windregeln A7
Windrichtung 180 f.
Windrose 326 f.
Windsack 180
Windstärke 180, A7
Windstärkemessung 180
Windturbine A11 f.
Winter 191
Wirbelknochen 248
Wirbelsäule 248 f.
Wolken 171, 182, 209, 228
Wolkenbildung 228

Zelle 247
Zentralheizung 200
Zentrifugieren 353, 358
Zink 339, 344
Zoo A2 ff.
Zustandsänderung 206 ff., 213
Zustandsform 206 ff.
Zuwendung 290
Zwillinge 286

Arbeitsweisen im Überblick

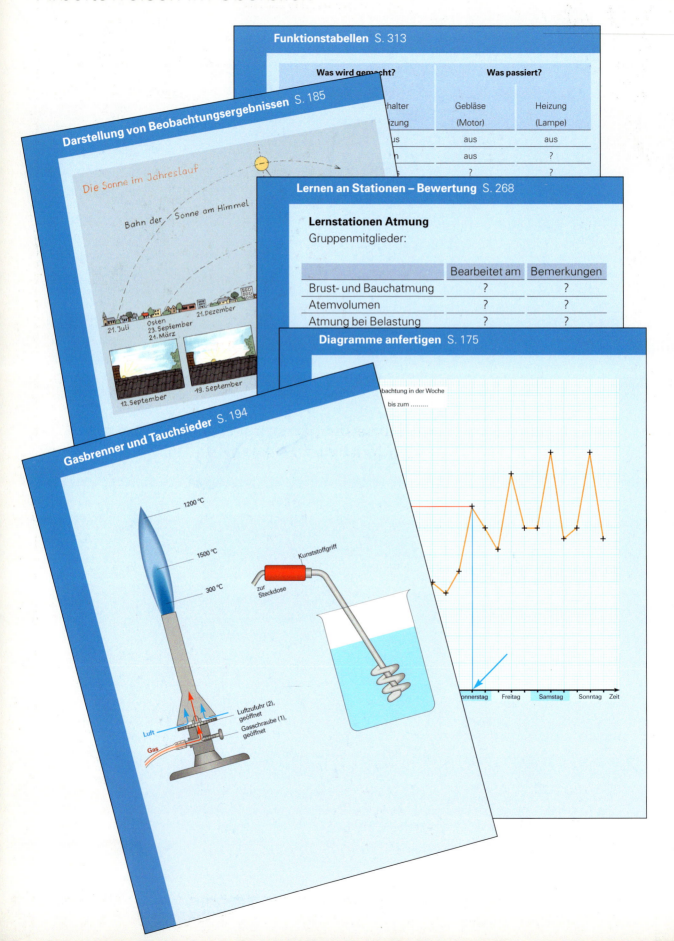